그림책으로 펼치는
**회복적 생활교육**

그림책으로 펼치는 회복적 생활교육

초판 1쇄 발행  2021년 10월 15일
초판 3쇄 발행  2023년 4월 21일

지은이  황진희

발행인  최윤서
편집장  김미영
디자인  신미연
마케팅  김수경, 최수정
펴낸곳  ㈜교육과실천
도서문의  02-2264-7775
인쇄  031-945-6554 두성P&L
일원화구입처  031-407-6368 ㈜태양서적
등록  2020년 2월 3일 제2020-000024호
주소  서울특별시 중구 창경궁로 18-1 동림비즈니스센터 505호
ISBN  979-11-91724-04-2 (13370)

책값은 뒤표지에 있습니다.
저작권법에 따라 한국 내에서 보호를 받는 저작물이므로 무단 전재 및 복제를 금합니다.

이미지  www.shutterstock.com / www.freepik.com

♥평화롭고 안전한 교실을 꿈꾸며♥

그림책으로 펼치는
# 회복적 생활교육

황진희 지음

교육과실천

 차례

여는 글 평화롭고 안전한 교실을 꿈꾸며 ················· 8

## Part 1 평화롭고 안전한 학급 공동체

### 1장 회복적 생활교육이란 무엇인가?
1. 응보적 정의와 응보적 생활지도 ················· 16
2. 회복적 정의와 회복적 생활교육 ················· 21
3. 평화로운 하부 구조를 통한 회복적 문화 ················· 27

### 2장 회복적 생활교육의 실천
1. 공동체 놀이 ················· 31
2. 서클 ················· 37
3. 평화 감수성 훈련 ················· 41

## Part 2 그림책으로 펼치는 회복적 생활교육

### 1장 첫 만남으로 관계 맺기
1. 선생님과 첫 만남 갖기 : 선생님 마인드맵 ················· 48
**이 책을 읽었어요** — 〈우리 선생님은 괴물〉

2. 긍정적 자아 정체성으로 나·너 만나기 : 긍정적인 내 이름 ················· 58
**이 책을 읽었어요** — 〈엄마소리가 말했어〉

3. 서로를 존중하는 학급 가이드라인 세우기 : 좋아요·싫어요 ················· 70
**이 책을 읽었어요** — 〈친구에게〉

4. 학기 초 관계 형성하기 : 나·너·우리를 알아가는 공동체 활동 ········ 80

## 2장 '평화롭고 안전한 교실' 기둥 세우기

1. 감정을 존중하는 안전한 공간 만들기 : 감정 신호등 ···················· 95
   **이 책을 읽었어요** — 〈오늘도 화났어!〉
2. 참여와 동의로 교실 약속 만들기 : 존중의 약속 ························· 104
   **이 책을 읽었어요** — 〈도서관에 간 사자〉
3. 소통의 창 마련하기 : 따뜻한 우체국 ······································ 117
   **이 책을 읽었어요** — 〈고구마〉
4. 실수를 포용하는 안전한 공간 만들기 : 씨앗 약속 ······················· 125
   **이 책을 읽었어요** — 〈나쁜 씨앗〉
5. 감정 조절 능력 키우기 : 화 사용 설명서 ································· 136
   **이 책을 읽었어요** — 〈볼 빨간 아이〉
6. 긍정적 타임아웃 공간 만들기 : 우주쉼터 ································· 146
   **이 책을 읽었어요** — 〈제라드의 우주쉼터〉

## 3장 공동체성 쌓아올리기

> **회복적 생활교육의 가치 : 존중■ 관계☐ 책임☐**

1. 다름을 인정하고 존중하기 : 색깔 전시회 ································ 159
   **이 책을 읽었어요** — 〈모모와 토토〉
2. 빛깔 있는 존재로 만나기 : 모둠 서클 ····································· 169
   **이 책을 읽었어요** — 〈너는 어때?〉

3. 속상한 마음 다독이기 : 마음 집게 …………………… 178
이 책을 읽었어요 — 〈궁디팡팡〉

4. 자존감 키우기 : 특별한 자화상 …………………… 188
이 책을 읽었어요 — 〈너는 특별하단다〉

> 회복적 생활교육의 가치 : 존중□ 관계■ 책임□

1. 서로에 대해 알아가기 : 소통의 비행기 …………………… 199
이 책을 읽었어요 — 〈나, 여기 있어〉

2. 서로 존중하는 건강한 관계 맺기 : 관계의 거리 …………………… 207
이 책을 읽었어요 — 〈똑, 딱〉

3. 함께 성장하는 관계 맺기 : 어울림 컵·어울림 퍼즐 …………………… 223
이 책을 읽었어요 — 〈길 아저씨 손 아저씨〉

4. 기쁘게 이별하기 : 추억 나무와 따뜻한 말 …………………… 235
이 책을 읽었어요 — 〈여우 나무〉

> 회복적 생활교육의 가치 : 존중□ 관계□ 책임■

1. 학급 가치 정하기 : 우리 반 가치와 이름 …………………… 244
이 책을 읽었어요 — 〈돌멩이 국〉

2. 주인 의식 갖기 : 모두의 리더십 …………………… 254
이 책을 읽었어요 — 〈검피 아저씨의 뱃놀이〉

3. 말의 힘을 알고 책임감 갖기 : 말과 책임 …………………… 267
이 책을 읽었어요 — 〈피바디 선생님의 사과〉

## 4장 평화 감수성 키우기

1. 갈등 인식하기 : 갈등 인식과 매듭 풀기 ······ 282
**이 책을 읽었어요** — 〈다리〉

2. 관계와 연결 느끼기 : 너와 나의 연결 고리 ······ 296
**이 책을 읽었어요** — 〈사랑하는 당신〉

3. 편견 자각하기 : 정체성 찾기 ······ 306
**이 책을 읽었어요** — 〈빨간 안경〉

4. 일상의 폭력을 감지하는 민감성 키우기 : 팀을 찾아라 ······ 319
**이 책을 읽었어요** — 〈이 선이 필요할까?〉

**닫는 글**  꽃피어야만 하는 것은, 꽃핀다 ······ 329
**주** ······ 332
**참고 문헌 및 자료** ······ 333

 여는 글

# 평화롭고 안전한 교실을 꿈꾸며

　　　　　　　　　　교사가 되어 처음으로 교실 문을 열던 순간이 떠오릅니다. 학생들과 눈이 마주친 순간, 배시시 웃음이 새어 나왔습니다. 저는 늘 웃는 교사였습니다. 하지만 수업과 학급 운영을 잘하기 위해서는 교사가 굳건한 컨트롤 타워로서 중심을 잡아야 한다고 믿었습니다. 그래서 '웃으니까 말귀를 못 알아듣네?' 싶은 순간에는 분노를 표출하기도 했습니다. 차가운 눈빛으로 아이들을 쏘아보았고, 큰 소리를 치며 분위기를 압도하려고도 했습니다. 교사의 눈빛과 손짓 하나에 학생들은 조용해졌으니 주기적으로 억압을 해야 교실이 잘 굴러간다고도 믿었습니다. 급식소에서 어수선한 옆 반과 달리 각을 맞춰 나란히 선 우리 반 아이들을 보고, '그래 이거지!' 하며 만족스러워하기도 했습니다. 저 혼자 학생들을 관리하는 게 힘에 부치면 제2의 교사를 만들기도 했습니다. 봉사위원에게 떠들고 장난치는 아이들의 이름을 쓰게 했고, 덕분에 '군기'가 잡혔습니다.

어느 날, 학부모로부터 전화가 왔습니다. 아이가 그것 때문에 힘들어한다는 얘기였습니다. 저는 소신대로 답했습니다. 교사는 한 명이고 학생은 여럿이니 원활한 학교생활을 위해서는 그런 방법도 필요하다고요. 그럴듯하게 통화는 마쳤지만 마음 한편이 무거웠습니다. 학생들을 위해서 하는 일이라고 여겼는데 '정말 맞는 건지' 의구심이 들기 시작했고, 제가 갑자기 폭력적인 교사가 된 것만 같았습니다. 분명 학급은 잘 굴러가고 있는 것 같은데 뒤통수가 당기는 듯 이상한 기분이 들던 참에, '회복적 생활교육'을 만났습니다.

첫 회복적 생활교육 연수에서 마주한 '힘의 피라미드'라는 말이 머리를 떠나지 않았습니다. 스스로 꽤 민주적이고 좋은 교사라 자신했는데 사실은 피라미드 꼭대기에서 군림하고 있었다는 사실을 받아들이기가 힘들었습니다. 카리스마 있는 교사가 되어 학생들을 옳은 길로 이끌어야 한다는 교육적 믿음 아래 그들을 제압하고 규칙을 강요했을 뿐이라는 사실에 괴로웠습니다. 피라미드 꼭대기에 서 있는 일도 쉽지만은 않았으니 모순도 이런 모순이 없습니다. 부단한 노력으로 학생들은 통제와 순응에 익숙해졌고, 교실은 '힘의 질서'로 운영되고 있었습니다. 충격이 몰려왔고, 그 순간부터 변화를 모색했습니다.

동료 교사의 손에 이끌려 우연히 들은 회복적 생활교육 연수의 핵심인 '회복적 정의'는 '응보적 생활지도'를 기본으로 받고 자라온 제게 완전히 새로운 패러다임이었습니다. 그동안 학생들을 위해 애써왔던 노력이 오히려 힘의 피라미드를 가르치고 있었다는 사실에 큰 충격을 받은 만큼, 우리 아이들과 함께 안전하고 평화로운 교실을 꾸리고 싶었습니다. 겨울방학 때부터 일찌감치 '새로 만나게 될 친구들과 어떤 이야기를 나누면 좋을까?' 들뜬 마음으로 1년을 함께할 서클을 구상하기 시작했습니다.

첫날 두근거림을 안고 시작한 서클의 모습은 어땠을까요? 오직 선생님만 바라보는 아이, 계속 자신의 손가락만 만지작거리는 아이, 실내화 신은 발을 꼼지락거리는 아이…. 겉으로는 학생들의 말을 듣는 척 고개를 끄떡였지만 제 마음도 혼돈 그 자체였습니다. 서클을 하면 서로의 마음을 나눌 수 있을 거라고 믿었는데, 분명히 좋은 거라고 배웠는데…. 서툰 교사의 첫 서클은 흐르는 땀과 함께 무참히 실패하고 말았습니다.

도대체 뭐가 문제였을까? 천천히 되짚어보니 교사인 저조차 아이들과 나눈 이야기가 기억나지 않았습니다. '우리 반'이라고는 하지만 제게도 아이들은 그저 이름 세 글자로 존재하는 학생들에 불과했습니다. 한 명 한 명 특정한 모습으로 다가오지 않았습니다. 학생들의 대답이 진심으로 궁금했을까, 그렇지 않았습니다. 그저 준비한 서클을 잘 해내고 싶은 마음만 앞섰던 거지요. 어른인 저조차 그랬으니 처음 만난 친구들 사이에서 이야기를 꺼내야 하는 아이들의 마음은 어땠을까요? '아, 서로가 서로에게 어떤 존재로 다가가기 위해서는 시간이 필요하구나. 그래 함께 놀자, 공동체 활동을 하자, 관계를 쌓아올리자!' 퍼뜩 이런 생각이 들었습니다.

이날의 경험을 계기로 다양한 공동체 활동을 시도했습니다. 점심 시간에는 학생과 급식 짝이 되어 함께 밥을 먹었고, 운동장으로 나가 정글짐과 구름사다리에 앉아 이야기를 나눴습니다. '용기 모자'를 만들 때는 각자가 무서워하는 것을 이야기했고, 친구에게 고마웠던 순간을 떠올리며 '사랑의 약'도 선물했습니다. 그렇게 한 달 넘게 서로를 알아가는 시간을 보내고 나니 한 가지 눈에 띄는 변화가 생겼습니다. 바로 우리 반 공동체를 상징하는 기린 인형, 찰스를 대하는 태도가 달라졌다는 것입니다. 찰스는 우리 반 토킹 스틱인데, 개학 첫날 신뢰 서클에서 학생들에게 소개해준 바 있었지요. "기린은 땅 위에 있는 동물 중에서 심장이 가장 커요. 풀을 먹으며 평화롭게 살아가지요. 키가 크니까 아주 멀리까지 바라보고, 다른 기린을 보호해야 할 때는 센 발굽으로 맞서요. 선생님은 우리 반이 기린처럼 서로를 돌보며 넓은 마음을 가졌으면 좋겠어요. 오늘처럼 우리가 서클을 할 때마다 토킹 스틱으로 쓸 거예요." 그러자 아이들이 물었습니다. "선생님, 기린 이름이 뭐예요?" "아직 이름이 없는데, 여러분이 지어줄래요?" 그렇게 기린의 이름은 '찰스'가 되었고, 아이들의 입에서 "우리 언제 서클해요?"라는 말이 나오기 시작했습니다.

회복적 생활교육과 만난 첫 번째 그림책은 〈오늘도 화났어!〉입니다. 책에 등장하는 주인공 소년은 엄마, 아빠, 동생을 비롯해 선생님, 친구들까지 화나게 합니다. 누군가와 함께 지내다 보면 언제나 화나는 일이 생깁니다. 그러던 어느 날 소년은 무릎이 살짝 부딪친 걸로 소리를 지르는 현이를 보게 됩니다. '아무 일도 아닌데' '그 정도도 참지 못하는' 현이가 이해되지 않았습니다. 하지만 곰곰이 생각해보니 주인공 소년도 화나는 순간이 많았지요. 특히, 친구인 준이가 감춘 신발을 돌려주며 미안하다고 할 때는 사과를 받고도 기분이 나빴습니다. 책을 읽는 내내 우리 반이 떠올랐습니다. 교실이라는 공간에서 쉽게 이해되지 않는 타인들을 만나 화내고 사과하며 어울려 살아가는 모습이 닮아 있었으니까요. 학생들과 함께 이 책을 읽고 질문을 던지자, 놀랍게도 쉽게 꺼내기 힘든 이야기까지 신솔하게 털어놓았습니다.

회복적 생활교육은 '존중·관계·책임'의 가치를 토대로 합니다. 서로를 존중해야 한다, 잘못한 건 스스로 책임져야 한다, 익숙한 말입니다. 하지만 아는 것이 삶으로 이어지지는 않습니다. '너는 왜 그래?'라며 친구의 다름을 밀어내는 모습을 볼 때마다, 잘못하고도 '저만 그런 거 아니에요, 쟤도 그랬는데요'라며 책임을 미루는 학생들을 마주할 때마다 깊은 고민에 빠집니다. 회복적 가치를 가슴으로 느끼며 '아!' 하는 마음 울림을 전달하는 일이 절실했습니다. 그림책은 세상에서 제일 먼 거리라 일컫는 '머리에서 가슴까지의 거리'를 좁혀주었습니다. 우리의 마음을 말랑말랑하게 녹여주고, 소통의 물꼬를 터주었습니다. 덕분에 활짝 열린 마음으로 자신들의 이야기를 꺼낼 수 있었고, 서로의 이야기에 귀 기울이며 삶을 나눌 수 있었습니다. 그리고 누군가를 깊이 들여다보는 기적 같은 경험으로 공동체성을 쌓아갔습니다. 그림책과 회복적 생활교육의 만남은 '존중과 배려, 책임과 관계, 공동체성'을 교실과 삶에 녹아들게 해주었습니다.

이 책에는 '나'로만 존재했던 교사와 학생들이 '우리'와 '공동체'로 성장하는 과정을 담았습니다. 선생님들이 이 책을 읽고 회복적 생활교육에 관심 가져주시기를, 한번쯤 도전해보시기를 소망합니다. 물론 다툼이 생기면 '117 학교폭력센터에 신고한다'는 말이 먼저 나오는 교실에서, 일부 학부모가 '저희 애는 선생님보다 제가 더 잘 아니까 간섭하지 말라'는 현실에서, 청소년 범죄가 일어날 때마다 더 강한 벌을 주자고 주장하는 이 사회에서 회복적 생활교육을 적용하는 일이 쉽지만은 않을 것입니다. 하지만 응보적 정의와 처벌을 강화할수록 역설적이게도 상황은 더 나빠졌습니다.

관계가 단절되고 공동체성을 상실해가는 이 시대에 정말 필요한 교육은 무엇일까요? 이제 학교는 '관계와 공동체성', '문제 직면하기와 자발적 책임지기'를 배울 수 있는 마지막 희망의 장이 되었습니다. 회복적 생활교육을 실천하는 과정은 멀리 돌아가는 것처럼 느껴질 수도 있지만 보이지 않는 곳곳에서 많은 교사들이 애쓰고 있다는 사실만은 알아주셨으면 합니다. 평화롭고 안전한 교실을 만들고자 하는 노력에는 더 나은 사회가 만들어지리라는 희망이 담겨 있습니다. 그 길을 동료 선생님들과 함께 가고 싶습니다.

## '그림책으로 펼치는 회복적 생활교육' 가이드 맵

| 나 | 나, 너 | 우리 | 공동체 |
|---|---|---|---|
| 3월<br>첫 만남으로<br>관계 맺기 | 3월~4월<br>'평화롭고 안전한<br>교실 기둥 세우기 | 5월~9월<br>공동체성<br>쌓아올리기 | 10월~2월<br>평화 감수성 키우기 |

| 나 | 나, 너 | 우리 | 공동체 |
|---|---|---|---|
| - 선생님 마인드맵<br>- 긍정적인 내 이름<br>- 좋아요·싫어요<br>- 나·너·우리를 알아<br>가는 공동체 활동 | - 감정 신호등<br>- 존중의 약속<br>- 따뜻한 우체국<br>- 씨앗 약속<br>- 화 사용 설명서<br>- 우주쉼터 | **존중**<br>- 색깔 전시회<br>- 모둠 서클<br>- 마음 집게<br>- 특별한 자화상<br><br>**관계**<br>- 소통의 비행기<br>- 관계의 거리<br>- 어울림 컵·어울림<br>퍼즐<br>- 추억 나무와 따뜻한<br>말(2월)<br><br>**책임**<br>- 우리 반 가치와 이름<br>- 모두의 리더십<br>- 말과 책임 | **평화 감수성**<br>- 갈등 인식과 매듭<br>풀기<br>- 너와 나의 연결 고리<br>- 정체성 찾기<br>- 팀을 찾아라 |

※ 평화롭고 안전한 교실(회복적 학급)의 기둥인 감정 신호등, 존중의 약속, 따뜻한 우체국, 우주쉼터는 1년 동안 상시 운영

# PART 1
## 평화롭고 안전한
# 학급 공동체

# 1장

# 회복적 생활교육이란 무엇인가?

## 1. 응보적 정의와 응보적 생활지도

오늘 하루도 활기차게 시작하겠다는 다짐을 하고 교실로 가고 있습니다. 그런데 갑자기 쨍그랑, 유리 깨지는 것처럼 날카로운 소리가 들립니다. 발걸음이 빨라지고, 다급하게 교실 문을 열고 들어갑니다. 이때 첫마디는 무엇일까요?

"누가 그랬어?"
"왜 그랬어?"
"어떻게 할 거야?"

교사로 또 부모로 살아가면서 이런 말을 한 번도 하지 않은 사람이 있을까요? 누가 잘못했는지, 무슨 잘못을 했는지, 어떤 벌을 받을 건지를 묻는 말들은 문제 상황에서 가장 쉽게 튀어나옵니다. 이것이 바로 '응보적 정의'입니다. 말에는 인간의 사고 체계와 가치가 담겨 있습니다. 응보적 정의에는 잘못을 했을 때는 그에 합당한 '벌'을 내림으로써 행동을 변화하게 하고, 사회를 통제할 수 있다는 믿음이 포함되어 있습니다. 오랜 세월 동안 학교의 가장 큰 역할이 '지식 전달'이었던 만큼 교사는 교과지도에 중심을 두었고, 생활지도는 문제가 생겼을 때에야 겨우 관심을 갖고 '투입'하는 부수적 개념이었습니다. 문제 행동을 한 학생은 처벌권자인 선생님에 의해 '처리'되었고요. 교과지도가 중심인 학교 현장에서는 잘못한 아이에게 벌을 내림으로써 학급을 통제하는 응보적 생활지도 역시 자연스러운 모습이었습니다. 결정권자인 교사의 판단에 따라 문제 상황은 빠르게 정리되었고, 특히 잘못한 만큼 벌을 받는 것은 다수가 공감할 만한 우리 사회의 지배적 정의였으니까요.

그런데 사회가 변했습니다. 이제는 누구도 학교에서 '공부만 잘 가르치기'를 원하지 않습니다. 아이가 건강한 몸과 마음을 함께 갖고 성장하기를 기대합니다. 다른 사람과 관계를 잘 맺고, 공동체 속에서 조화롭게 존재하며, 개성 있게 자신을 꽃피우기를 희망합니다. 겸손과 순응이 미덕이었던 과거와 달리 주체성과 다양성이 중요해지고, 나이나 직위에 상관없이 서로 존중하는 관계를 지향하게 되었습니다. 이런 사회적 변화와 아울러 '인권 감수성'도 높아졌습니다. 교사의 압력과 통제로 학생들을 대하는 방식에 문제의식을 드러내기 시작했고,

대학만 잘 가면 된다며 입시 중심의 면학 분위기를 강요한 교칙에도 '왜?'라는 의문을 품기 시작했습니다. 학교폭력의 경우에는 가해자에게 벌을 주느라 소외되었던 피해자를 살피자는 목소리가 높아졌지요. 이러한 사회적 변화는 자연스럽게 학교의 변화로도 이어져 교육 현장에 '현재의 방식이 교육적으로 바람직한가?', '응보적 생활지도는 효과가 있는가?' 하는 물음으로 되돌아오고 있습니다.

모둠원과 토의하는 시간에 학생이 계속 떠듭니다. 처음에는 좋은 말로 타일러보지만 금세 다시 떠들기 시작하고, 그 학생을 따라 주변에도 산만한 분위기가 형성됩니다. 선생님은 슬슬 화가 나고, 결국 떠드는 학생에게 다가가 말합니다. "교실 뒤에 서서 수업을 들으세요!" 이때 선생님이 기대하는 것은 무엇일까요? 학생이 수업에 참여하는 것입니다. 여러 번 좋게 말해도 바뀌지 않으니 교실 뒤에 서게 함으로써 자신의 잘못을 명확히 알기를 바라는 거지요. 아울러 이 학생의 모습을 통해 '수업 시간에 잡담을 하면 안 된다'는 메시지를 다른 학생들에게 전달하고 싶은 마음도 있을 것입니다. 바람직한 전개라면 아이가 "선생님, 죄송해요. 앞으로 떠들지 않고 수업에 참여할게요." 이렇게 말해야 하겠지만 실제로는 그렇게 되지 않습니다. "선생님, 저만 그런 거 아닌데요. 쟤도 같이 떠들었는데요?"라며 다른 학생을 지목합니다. 선생님 말에 납득할 수 없다는 언어적, 비언어적 행동이 따라오지요. 학생이 교실에서 공개적으로 이런 모습을 보이면 선생님은 당황하게 됩니다. '잘못한 게 무슨 말이 많아.' 괘씸한 마음에 큰소리를 내기도 하고, 때로는 교사의 권위가 무너질까 두려워서 호통을 치거나 잘못을 조목조목 짚어주기도 합니다. 하지만 반성을 기대하는 교사의 기대와 달리 돌아오는 것은 학생의 억울함과 짜증, 저항감뿐입니다. 그러면 도대체 어떻게 해야 할까요?

'아이가 가장 사랑스럽지 않은 순간이 가장 사랑을 필요로 하는 순간이다'[1]는 말이 있습니다. 교사는 학생들과 부딪칠 때마다 좋은 말로 타이르기엔 시간과 에너지가 부족해서 늘 고뇌에 빠집니다. 더러는 선생님의 친절함을 무기로 문제 행동을 강하게 하는 학생의 모습에 절망하기도 하지요. 이럴 때 교사는 미소를 거두고 처벌권자의 길을 선택하곤 합니다. 그런데 이 길이라고 쉬울까요. 선생님을 싫어하는 학생의 마음이 느껴질 때, 처벌에 반항하고 관계가 끊어질 때 선생님 또한 깊은 상처를 받습니다. 그 학생과의 관계는 물론 공동체까지 위태로워지는 건 말할 것도 없습니다.

그동안 학급 운영은 전적으로 교사만의 책임으로 여겨졌습니다. 교사 혼자 모든 것을 책임지고 해결하려고 할수록 학생들은 통제의 대상이 되었고, 교사는 소진되었습니다. 응보적 생활지도는 교실 내 관계를 단절하고 힘의 피라미드를 강화합니다. 교사가 학생의 이야기를 들어보기는 하지만 결국 '결과'에 따른 '벌'을 내림으로써 교사는 '뭔가를 하게 하는' 힘의 우위에 군림하고, 학생은 수동적으로 주어진 역할을 수행해야 합니다. 엄벌주의로 갈수록 교사와 학생 간 수직적인 힘의 관계는 강화됩니다. 학급은 교사와 학생, 학생과 학생이 서로 존중하는 '공동체성'으로 이루어져야 합니다. 학급 공동체를 어떻게 만들어나갈 것인가, 갈등이 생기면 어떻게 해결할 것인가, 이것은 교사만의 문제가 아니라 공동체의 숙제입니다. 따라서 학생들에게 정당한 힘을 발휘할 권리를 돌려주고, 공동체가 함께 약속을 정하고 동의하는 과정에서 자발적인 책임을 부여해야 합니다. 합의한 의무와 책임에 따라 학생들은 주체성을 갖고, 교사는 단호하지만 친절한 모습으로 함께할 수 있습니다.

'핑계 없는 무덤 없다'는 말이 있습니다. 누구나 하고 싶은 말은 있습니다. 잘못을 한 학생이 "쟤도 그랬는데요"라고 하면 분노가 끓어오르지만, 곰곰이 생각해보면 "쟤도 그랬는데요"가 "저는 잘못한 게 없어요"는 아닙니다. 어른에게도 잘못이나 실수를 지적하면 순간적으로 "아니, 그게 아니고…"가 튀어나오는 것처럼 학생에게도 방어 기제가 작동합니다. 학생의 핑계는 '잘못한 게 하나도 없다'는 부인이 아니라 본능적인 자기 보호일 것입니다. 이럴 때 필요한 것은 그저 이야기를 들어주는 것, 맥락을 살펴봐주는 것입니다. 그런데 응보적 생활지도에서는 그런 소통과 숙고의 시간을 갖기가 어렵습니다. 누구나 인정할 수 있는 정당한 처벌이라 하더라도 당사자가 소외되어 있다면 그것이 과연 교육적일까요? 어쩌면 잘못을 직면하고 책임질 수 있는 소중한 교육의 기회를 억울함과 분노라는 엉뚱한 감정으로 놓치고 있을지도 모릅니다. 결국 교실 내 관계 맺기는 한층 어려워지고 긴장감이 가득한 분위기로 흘러갈 수밖에 없습니다. 더 큰 문제는 이러한 현상으로 인해 학생이 '문제아'로 낙인찍히는 것입니다. '꼬리표'가 붙은 학생은 수치심을 느끼고, 이때의 수치심은 '자신의 결점으로 인해 사랑이

나 소속감을 누릴 가치가 없다고 느끼는 고통'입니다. 학생은 수치심을 거부하기 위해 반사회적인 행동을 선택함으로써 자신의 존재감과 힘을 과시하려고 하게 되지요. 그러니 "저 원래 이런 앤데요"라는 말은 오히려 '나를 믿어 달라'는 간절한 호소일 수 있습니다.

그런가 하면 다른 학생들은 또 다른 피해 의식에 빠질 수 있습니다. 그들은 교사와 문제 학생 간에 방치됨으로써 교실에서 수동적인 존재로 머물게 됩니다. 그저 문제 상황에 얽히지 않기를 바라며, 동시에 '내가 쟤 때문에 피해를 본다'는 생각에 갇히게 되지요. 이런 악순환 속에서 '존중·책임·관계·공동체'를 가슴과 몸으로 배울 기회를 영영 잃어버리게 됩니다.

## 2. 회복적 정의와 회복적 생활교육

'회복적 정의'는 응보적 정의가 남긴 물음에서 출발합니다. 벌을 주면 피해자의 피해가 회복되는가, 가해자는 처벌 이후에 진심으로 반성하고 바르게 살아가는가, 관계를 회복하고 정의를 실현했는가를 살펴보는 것이 곧 회복적 정의입니다. 회복적 정의의 시각으로 사안을 바라보면 우리가 많은 것을 놓치고 있다는 사실을 알게 됩니다. 가해자에게 죄의 무게만큼 벌을 내리는 동안 피해자는 잊히고, 가해자는 피해자가 아닌 판단권자만을 바라보고 있다는 사실입니다. 가해자는 자신의 벌을 줄이기 위해 사실을 왜곡하거나 처벌에 억울해하기도 합니다. 이로 인해 피해자는 또 다른 상처를 받고, 그 과정에서 수많은 관계가 끊어지면서 공동체에 위기가 닥치기도 합니다.

회복적 생활교육은 응보적 생활지도에 대한 문제의식에서 등장했습니다. 가해자가 아니라 '피해자'를 바라보자는 것입니다. 살아가는 동안 한 번도 잘못을 저지르지 않거나 갈등을 겪지 않는 사람은 없습니다. 갈등은 삶의 자연스러운 모습이니까요. 회복적 생활교육은 학교에서 벌어지는 '갈등'과 '문제'를 교육의 기회로 삼으려고 합니다.[2] 문제에 대한 공동체적 접근을 통해 잘못된 행동이 낳은 피해(영향)와 관계의 훼손을 당사자가 직면하고 책임지는 방식으로 회복하고자 합니다. 기존의 생활지도가 힘을 바탕으로 하는 처벌과 통제에 초점을 맞췄다면, 회복적 생활교육은 공감과 연결을 통해 '관계와 공동체성을 회복'하는 데 초점을 맞춥니다. 응보적 생활지도가 문제 발생 이후의 처방적 방식이라면, 회복적 생활교육은 관계를 중심으로 평화적 하부 구조를 세워 문제를 예방하고자 합니다. 사례 하나를 소개해보겠습니다.

체육 시간에 다른 반과 피구 경기를 합니다. 승부욕이 넘치는 지호와 호석이는 열성적으로 참여했습니다. 온몸이 젖을 정도로 공을 피했고, 무릎에 멍이 드는 줄도 모르고 공을 잡으려고 몸을 내던졌지요. 하지만 아쉽게도 2:1로 지고 말았습니다. 경기가 끝나고 다른 반과 인사할 때 지호와 호석이의 표정이 붉으락푸르락합니다. 친구들을 토닥이기 위해 도윤이가 "졌지만, 우리도 잘했어~"라고 말했습니다. 그때 지호가 눈물이 글썽해서 소리칩니다. "잘하긴 뭘 잘해! 너희가

한 게 뭐가 있다고!" 다들 놀라서 지호를 바라봅니다. 교실 복도 앞에서 지호와 호석이가 불만을 드러냅니다. "가만히 서서 뭐하는 건지 모르겠어, 공도 다 놓치고. 우리 반 체육 진짜 못해! 내 덕에 1점이라도 딴 거야." 복도를 함께 걷던 아이들이 그 말을 들었습니다. 그 자리에서 지호와 호석이에게 항의하는 학생은 없었지만 모두 불쾌한 기색이었습니다. 교실에는 경직된 분위기가 감돕니다.

"선생님은 여러분이 하고 싶은 말이 많을 것 같은데, 지금 그 이야기를 나누는 것은 어떨까요?" 미리 준비한 것은 아니지만 모두의 동의를 얻어 이야기를 시작했습니다. "방금 있었던 일이 우리에게 어떤 영향을 끼쳤는지, 우리에게 필요한 것은 무엇인지 이야기 나눠보려고 해요. 누군가를 비난하거나 처벌하려는 것이 아닙니다. 자신의 솔직한 마음을 말해주세요. 지호랑 호석이 입장부터 들어볼까요? 무슨 일이 있었고, 어떤 마음이었나요?"

두 아이는 자신들은 죽어라 경기를 뛰었는데 몇몇 아이가 옆으로 지나가는 공도 놓쳐서 열심히 하지 않은 것 같아 몹시 화가 난다고 말했습니다. 그래서 교실로 돌아오는 길에 그 상황에 대해서 말했다고 합니다. 교사가 두 학생의 말을 되돌려주자, 다른 학생들도 그게 사실임에 동의하면서 다만 일부러 열심히 하지 않은 것은 아니라고 합니다. 상황에 대한 이해가 끝나고, 교사는 다시 한번 차분한 목소리로 지호와 호석이에게 묻습니다.

"이번 일로 누가, 어떤 영향을 받았다고 생각하나요?"

"저랑 호석이요. 경기를 져서 엄청 화나고 속상했어요. 눈물도 났어요."

"두 사람은 화나고 속상했군요. 말해줘서 고마워요. 이번에는 다른 친구들에게 물을게요. 이 일로 영향을 받았다고 생각하는 사람, 있나요? 만약 영향을 받았다고 생각하면 손을 들어주세요."

12명 남짓한 학생이 손을 들었습니다. 학급 인원의 절반이 넘습니다. 지호와 호석이는 친구들이 이렇게나 많이 손을 들 줄 몰랐는지, 물끄러미 친구들의 모습을 응시하고 있었습니다.

"어떤 영향을 받았는지 이야기해줄 수 있나요?"

"오랜만에 피구 경기를 해서 재밌었는데, 졌다고 화내니까 기분이 안 좋아요."

"이기고 싶은 마음은 알겠는데, 대놓고 너무 못한다고 하니까 눈치가 보여서 더 못하겠어요."

"아까 지호가 화낼 때, 체육 선생님이 이러면 앞으로 경기 안 한다고 하셔서 걱정돼요."

"딴 반이랑 즐겁게 놀았는데, 이 일로 우리 반 분위기가 안 좋아져서 너무 답답해요."

이번에는 지호와 호석이에게 물었습니다.

"지호랑 호석이는 친구들의 마음을 알게 됐나요? 혹시 피해를 회복하기 위해 할 수 있는 일이 있을까요? 다른 하고 싶은 말이 있으면 해도 좋아요."

"…."

친구들의 말을 들은 지호와 호석이는 무슨 말을 해야 할지 모르는 듯 머뭇거렸습니다. 하지만 분노나 반항하는 표정은 아니었습니다.

"생각할 시간이 필요한 것 같네요. 그럼 다른 친구들에게 먼저 물을

게요. 도윤이, 아까 경기 끝나고 지호가 네게 큰 소리를 냈는데 가만히 있었어요. 그 이유는 뭔가요?"

"지호가 엄청 화나고 속상해 보여서 가만히 있었어요. 열심히 했는데 졌으니까요."

"도윤이는 지호가 열심히 했는데도 져서 속상한 걸 알기 때문에 아무 말도 하지 않았다는 뜻인가요?"

"네."

"혹시 이 상황과 관련해서 지호와 호석이에게 부탁하고 싶은 말이 있나요?"

여자아이와 남자아이가 한 명씩 손을 들었습니다.

"열심히 한 건 알겠는데 아까 같은 말은 안 했으면 좋겠어. 우리도 이기고 싶은데 경기 중에 눈치가 보여서 더 하기 어려웠어."

"다음에 또 하면 이기든 지든 상관없이 열심히 하자. 그리고 화해하고 예전처럼 지내자."

"첫째, 앞으로 경기 중에는 거친 말이나 평가를 하지 말자. 둘째, 화해하고 예전처럼 지내자. 두 가지를 부탁하고 싶다는 말이네요. 다시 지호와 호석이에게 물을게요. 두 사람이 이번 일로 인한 피해를 회복하기 위해 할 수 있는 일은 무엇인가요? 혹은 친구들에게 부탁하고 싶은 점을 전해도 좋아요."

도윤이에게 소리쳤던 지호가 진정한 듯 먼저 말문을 열었습니다.

"미안해, 앞으로 함부로 말 안 할게. 같이 열심히 하자."

뒤이어 호석이도 작은 목소리로 말했습니다.

"나도 앞으로 안 그럴게."

조용한 분위기에서 두 아이의 목소리가 모두에게 전달되자, 아이들의 표정이 부드럽게 풀렸습니다.

공동체 회복 서클의 갖추어진 형태는 아니지만 회복적 생활교육의 문제 해결 방식을 보여주는 하나의 사례입니다. 이 학급의 학생들이 자신의 이야기를 할 수 있었던 것은 그동안 쌓아온 관계와 서클 경험이 있기 때문입니다. 지호와 호석이의 미안하다는 짧은 다짐에도 학생들은 괜찮다며 품어주었습니다. 지호와 호석이가 승부욕만큼이나 자존심이 강한 아이들이라는 '이해'가 있었기에 그들이 건넨 사과의 진정성을 믿을 수 있는 것입니다. 회복적 학급에는 사람에 대한 이해와 탄탄한 관계가 바탕에 깔려 있습니다. 문제가 생기면 당사자와 공동체가 함께 피해를 회복하는 과정을 거칩니다. 잘못한 학생이 자신의 행동이 다른 사람에게 어떤 영향을 끼쳤는지를 직면할 때는 제3자의 설명이 아니라 피해 당사자의 이야기를 직접 듣습니다. 피해 당사자가 피해를 가장 잘 규명할 수 있기 때문입니다. 피해 당사자는 자신이 받은 영향과 피해 회복에 필요한 것을 말하고, 가해 당사자는 자신의 책임을 인정함으로써 피해를 바로잡을 의무와 기회를 갖게 됩니다. 여기에 공동체도 참여하여 사건 당사자와 공동체를 지원합니다. 이 모든 과정을 통해 학생들은 '존중·관계·자발적 책임'을 배우고, '비폭력의 힘'과 '대화를 통한 갈등 해결 방법'을 몸에 익힙니다. 평화롭고 안전한 교실에서 갈등은 새로운 '배움과 성장의 기회'가 됩니다.

## 3. 평화로운 하부 구조를 통한 회복적 문화

학기 초에 칠판에 피라미드를 그려놓고 학생들에게 '이 피라미드에서 선생님은 어디에 위치할 것 같은지'를 물어본 적이 있습니다. 대답은 '맨 꼭대기에 있을 것 같다'였습니다. 과연 선생님의 위치는 어디일까요? 학교에는 많은 학급이 있다 보니 바로 옆 반조차 어떻게 지내는지 잘 알지 못합니다. 다만 무슨 문제가 터지기라도 하면 그때서야 알게 되지요. 그래서인지 '아무런 사고가 없는 학급'을 '학급 운영을 잘하는 것'으로 오해하기도 하고, 교사는 교실에서 1년 동안 '큰 문제'가 일어나지 않기만을 바라기도 합니다. 자연스럽게 교사의 에너지는 소수의 '문제 행동을 하는 학생'에게로 쏠립니다. 문제 행동을 하지 않는 다수의 학생에게는 별도의 생활교육이 이뤄지지 않는 편이지요.

이에 비해 회복적 생활교육에서는 학급의 '평화로운 하부 구조'를 만드는 데 집중합니다. 즉, 특별한 문제 행동을 보이지 않는 다수 학생에게 에너지를 쏟습니다. 교사는 학생들이 '배려와 존중을 실천하며 튼튼한 관계망을 형성'하도록 도움으로써 공동체를 강화합니다. 이때 만들어지는 '평화적 또래 압력'이 학급 운영의 원동력이 되고요. 학급 구성원들이 존중과 배려로 살아가며 깊이 있는 관계를 맺음으로써 문제를 예방하는 것, 곧 1g의 예방이 1kg의 치료보다 훨씬 나으니까요. 관계와 공동체성을 쌓아올리기 위해서는 시간과 노력이 필요하지만 그만한 가치가 있습니다. 문제가 발생하더라도 교사가 해결해주기를 기다리지 않고 다수의 학생이 나서서 문제 해결에 적극적으로 개입하게 됩니다. 다시 말해, 회복적 생활교육으로 학급을 운영한다는 것은 교사와 학생이 함께 쌓아올린 '회복적 문화'로 살아간다는 것을 의미합니다. 평화롭고 안전한 교실은 교사 한 명의 리더십과 책임이 아니라 교실을 구성하는 학급 구성원 전체의 평화적인 압력으로 가능해집니다.

회복적 생활교육은 회복적 정의를 토대로 하고, 회복적 정의는 존중·관계·책임을 핵심 가치로 삼습니다. 따라서 '회복적 생활교육을 실천한다'는 것은 학급 환경 및 일상생활에 존중·관계·책임의 회복적 가치와 문화가 담겨 있다는 뜻입니다.[3] 그렇다면 회복적 생활교육에서 말하는 '평화로운 하부 구조'는 어떻게 만들 수 있을까요? 평화로운 하부 구조의 핵심은 '관계'입니다. 서로의 이름이나 성별, 번호를 아는 것은 피상적인 관계 맺음일 뿐, 이것만으로 어떤 관계가 형성되었다고 말하기는 어렵습니다. 관계를 맺는다는 것은 개인이 어떤 특질을 가진 인간인지를 이해하고, 상대를 존중한 상태에서 온전히 자신을 드러내 보이며, 함께 울고 웃으면서 삶을 나누는 것입니다. 차곡차곡 공동체성을 단단히 쌓아놓으면 어떤 문제가 생겼을 때 평화롭게 해결해나갈 수 있습니다. 즉, 학급 공동체는 학생과 교사의 합(더하기)으로 존재하는 것이 아니라 관계를 맺고 새로운 에너지를 만들어 내는 곱하기 개념으로 존재합니다. '신뢰 서클', '존중의 약속'을 비롯하여 존중·책임·관계가 녹아든 다양한 활동을 통해 평화로운 하부 구조, 회복적 문화를 만들 수 있습니다.

관계가 아무리 좋아도 갈등은 일어나기 마련입니다. 문제가 생길 때는 처벌과 단절이 아닌 연결과 배움을 선택합니다. 즉, 문제 해결을 목적으로 회복적 질문, 공동체 회복 서클을 실시합니다. 앞에서도 말했듯이 말에는 사고 체계와 가치가 담겨 있습니다. 회복적 질문은 '가해자의 처벌'에서 '피해자의 회복'으로 패러다임을 전환합니다. 회복적 질문으로 자신의 행동이 다른 사람에게 어떤 영향을 주었는지 알 수 있고, 잘못과 피해를 알고 나면 스스로 어떤 책임을 져야 하는지 깨닫는 단계로 나아갈 수 있습니다. '누가 잘못했고, 어떤 벌을 내릴까?'가 아니라 '누가 피해를 입었고, 어떻게 책임질 수 있을까?'를 고민하게 됩니다. 문제 행동이 낳은 피해(영향)를 직면하고, 평화적으로 함께 해결하는 과정을 통해 공동체에서 발생하는 문제는 위기가 아닌 배움의 기회가 됩니다.

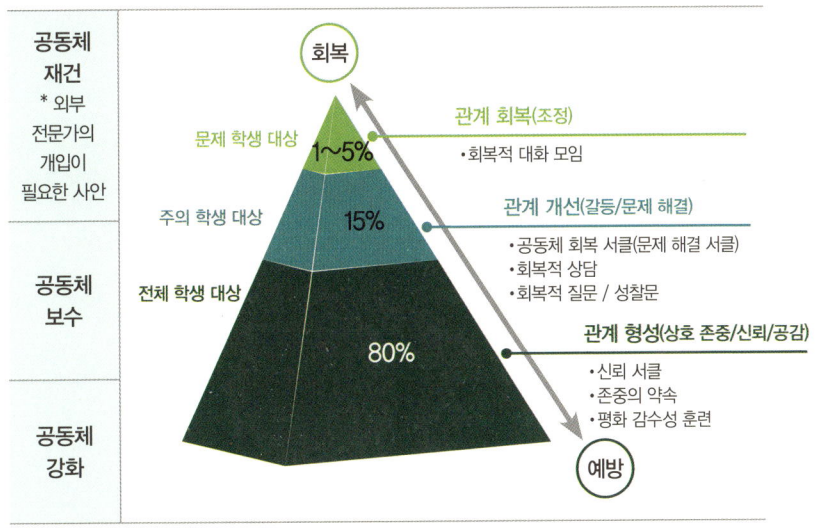

평화로운 하부 구조를 통한 회복적 문화[4]

| 관점 | 응보적 생활지도 | 회복적 생활교육 |
|---|---|---|
| 질문 | • 누가 잘못했는가?<br>• 어떤 규칙을 어겼는가?<br>• 어떻게 처벌할 것인가? | • 누가 피해를 당했는가?<br>• 어떤 피해(영향)가 발생했는가?<br>• 피해(영향)를 회복하기 위해 필요한 것은 무엇인가? |

| | 회복적 질문 |
|---|---|
| 상황 이해 | • 무슨 일이 있었나요? |
| 영향 파악 | • 그 일로 영향(피해)을 받은 사람은 누구일까요? 어떤 영향을 준 것 같나요? |
| 자발적 책임 | • 어떻게 하면 그 영향(피해)을 회복할 수 있을까요? |
| 관계 설정<br>(재발 방지) | • 다시 이런 일이 생기지 않으려면 어떻게 해야 할까요?<br>• 친구들이나 선생님이 도와줄 일은 무엇인가요? |
| 성장의 기회 | • 이번 일을 통해 배우거나 느낀 것은 무엇인가요? |

**회복적 질문**[5]

# 2장
# 회복적 생활교육의 실천

## 1. 공동체 놀이

 어릴 적엔 너나 할 것 없이 어울려서 땀을 뻘뻘 흘리며 신나게 놀곤 했습니다. 놀이의 힘은 참 대단합니다. 함께 놀며 까르르 웃다 보면 딱딱하고 낯선 분위기가 스르르 녹아내리니까요. 평화롭고 안전한 교실도 따뜻한 분위기와 건강한 관계 맺기에서 시작합니다. 놀이는 관계를 부드럽게 하는 윤활유와 같아서 자연스럽게 눈 맞춤과 대화를 유도하고, 감정을 공유하도록 합니다. 공동체에서 즐겁고 행복한 놀이 경험을 하다 보면 교실 전체를 관통하는 추억이 쌓이면서 어느새 공동체성이 높아집니다. 서로를 격려하는 즐거운 놀이로 유대 관계가 단단해집니다.

특히, 서클의 공동체 놀이는 특별한 기능을 합니다. 놀이 자체로도 의미가 있지만 앞으로 소개할 몸 놀이들은 '자리 섞기' 기능을 함께 합니다. 신뢰 서클을 위해 둥글게 모여 앉도록 해보세요. 친구 관계가 한눈에 드러납니다. 친한 친구들끼리 뭉쳐서 앉거나 남학생끼리, 여학생들끼리 갈라져 앉기도 합니다. 이렇게 기존의 친구 관계에 따라 앉으면 보이지 않는 벽이 생기는 것과 같습니다. 평소에 소통하지 못했던 다른 친구와 관계를 쌓을 기회가 생기지 않습니다. 바로 옆에 앉은 친한 친구의 말과 행동에만 관심을 가지느라 다른 친구의 말에 집중하지 못합니다. 신뢰 서클의 동그란 형태가 구성원의 동등한 관계, 평등한 발언권, 경청의 의미를 담고 있으므로 자리를 골고루 배치하는 것이 중요합니다. 공동체 놀이 중에서도 자리를 섞을 수 있는 놀이를 소개합니다.

### 옆자리에 앉았어요, 내 친구 OO와 함께

① 서클로 동그랗게 둘러앉은 후 의자를 하나 더한다. (의자 수 = 인원수 + 1)
② 빈자리 양쪽 사람 중 한 명이 재빠르게 빈자리에 앉으면서 외친다. "옆자리에!"
③ 옮긴 사람의 옆에 앉은 사람도 "앉았어요!"를 외치며 자리를 옮긴다.
④ 옮긴 사람의 옆에 앉은 사람이 친구의 이름을 넣어 외친다. "내 친구 OO와 함께!"
⑤ 이름을 불린 친구 OO는 얼른 빈자리로 달려가 앉는다.
⑥ 새로운 빈자리가 생기면 반복해서 놀이를 한다.

| (빈자리의 양쪽 사람 중 한 명) "옆자리에" | (옮긴 사람의 옆 사람) "앉았어요!" | (옮긴 사람의 옆 사람) "내 친구 (A)와 함께" |
|---|---|---|

→ A 친구는 빈자리로 달려가 앉고 새로 생긴 빈자리 양 옆의 친구가 놀이를 이어간다.

* 놀이의 시작은 빈자리의 양쪽에 앉은 친구 둘 중에 한 명이다. 그 뒤로는 옮긴 친구의 옆에 앉은 친구가 줄줄이 이어서 구호를 외치며 활동한다.
* 학기 초에는 이름표를 걸고 활동하여 서로의 이름을 익힌다.

* 활동 영상은 교육과실천 밴드에서 보실 수 있습니다.

## 과일 바구니

① 서클로 동그랗게 둘러앉은 후 의자를 하나 뺀다. (의자 수 = 인원수 - 1)
  - 처음 할 때는 놀이 방법을 보여주기 위해 교사의 의자를 빼고, 교사가 술래를 하는 것이 좋다. 놀이가 익숙해지면 지원하는 학생부터 술래를 한다.
② 과일을 3가지 정한 후 돌아가며 한 명씩 과일을 받는다.
  - 과일 정하기 : 학생 3명에게 좋아하는 과일이 무엇인지 묻고, 대답에 따라 놀이에 쓸 과일 이름을 정한다. 소극적이고 말이 적은 학생에게 일부러 질문하여 참여를 유도한다.
  - 과일 지정하기 : 과일 3종류를 사과, 딸기, 수박으로 정했다면 기준 학생부터 한 방향으로 '사과 → 딸기 → 수박 → 사과 → 딸기 → 수박'을 반복한다. 한쪽 방향으로 돌아가며 자신이 부여받은 과일을 말해본다. 그런 다음 "사과/딸기/수박은 손 들어보세요" 확인하는 과정을 거친다.
③ 술래가 한 친구에게 다가가 묻는다. "당신은 어떤 과일을 좋아하십니까?"
④ "저는 (사과)를 좋아합니다"라고 하면, 사과인 사람들이 일어나 자리를 바꾼다.
  - 사과/딸기/수박 중 한 가지를 말하면, 그 과일에 해당하는 학생이 자리를 바꿔야 한다.
  - 사과/딸기/수박을 모두 움직이게 하고 싶으면, '모든 과일' 또는 '과일 바구니'를 좋아한다고 대답하면 된다.
⑤ 자리에 앉지 못한 학생이 술래가 되고, 반복해서 놀이를 한다.
  * 모두가 참여할 수 있도록 술래가 질문을 받아보지 않은 친구에게 다가가도록 제안할 수 있다.

| 당신은 어떤 과일을 좋아하십니까? | → 저는 (　　)을/를 좋아합니다.<br>⇒ 해당하는 친구들 자리 바꾸기 |
|---|---|

⑥ '과일 바구니' 변형하기
  - 게임에 익숙해지면 한 가지 말고 "저는 사과랑 딸기를 좋아합니다"처럼 여러 가지 과일을 이야기할 수 있다. 또 "사과를 뺀 모든 과일을 좋아합니다."처럼 말을 바꿀 수도 있다. 이는 게임이 익숙해졌을 때, 몰입을 위해 말에 변형을 주는 것이다.
  - '모든 과일/과일바구니'라고 했을 때 빠르게 옆자리로만 옮기기도 한다. 그럴 때는 자기가 앉은 자리의 양옆으로는 앉을 수 없도록 규칙을 추가한다.
  - 과일 바구니가 익숙해지면 다른 종류의 이름을 적용할 수 있다. 중식이라면 짜장, 짬뽕, 탕수육, 팔보채, 양장피 등과 모든 중국 음식(전체를 뜻함). 치킨이라면 프라이드, 양념치킨, 간장치킨, 마늘치킨 등과 모든 치킨(전체를 뜻함). 색깔이라면 빨강, 주황, 노랑, 초록, 파랑, 보라 등과 모든 색깔/무지개(전체를 뜻함) 등으로 확장해나간다.

* 활동 영상은 교육과실천 밴드에서 보실 수 있습니다.

### 손님 모셔오기

① 서클로 동그랗게 둘러앉은 후 의자를 하나 더한다. (의자 수 = 인원수 + 1)
② 빈 의자 양쪽에 앉은 사람이 술래가 되어 둘이 손을 잡고 손님을 모시러 간다.
③ 손님의 손을 잡고 모셔온다. 초대받은 손님은 빈자리에 앉는다.
  - 배경음악으로 신나는 노래를 틀어둔다. (예 : Pharrell Williams, Happy)
  - 초대는 거절할 수 없다. 누구를 초대할지 망설이면 아직 초대받지 않은 친구를 제안한다.
  - 손님 초대 규칙을 추가할 수 있다.
    (예 : 남남 술래 → 여자 손님, 여여 술래 → 남자 손님, 남녀 술래 → 성별 무관)
  - 처음에는 빠른 행동으로 빈자리에 손님을 초대한다. 놀이를 하다 보면 노래에 맞춰 천천히 움직이거나 친구를 초대할 듯 말 듯 박자를 맞추며 춤을 추기도 한다. 선생님이 술래가 되었을 때 속도를 조절하는 모습, 음악을 즐기는 모습을 보여주면 즐겁고 편안한 분위기를 이끌어낼 수 있다.
④ 자리가 다양하게 섞이고 충분히 열기가 느껴질 때 놀이를 종료한다.

* 활동 영상은 교육과실천 밴드에서 보실 수 있습니다.


### 스타 가위바위보

① 서클로 동그랗게 둘러앉은 후 모두 일어선다.
② 교실을 자유롭게 돌아다니며 만나는 사람과 가위바위보를 한다.
③ 이긴 사람은 스타가 되어 앞에 서고, 진 사람은 팬이 되어 스타 뒤에 붙는다.
④ 팬은 스타의 어깨에 한 손을 올리고, 나머지 손으로 박자를 맞추며 스타의 이름을 외친다.
⑤ 최후의 스타가 정해지면 다 같이 교실을 돌며 스타의 이름을 크게 외친다.
⑥ 스타에게 소감을 듣고, 처음 앉은 자리와 상관없이 가까운 의자에 앉는다.

* 활동 영상은 교육과실천 밴드에서 보실 수 있습니다.


### 당신은 당신의 이웃을 사랑하십니까?

① 서클로 동그랗게 둘러앉은 후 술래를 한 명 정해서 그 사람의 의자를 뺀다.
② 술래는 친구에게 묻는다. "당신은 당신의 이웃을 사랑하십니까?"
  (놀이에서 쓰는 대사는 미리 칠판에 적어두면 놀이를 할 때 참고할 수 있다.)
③ -1 "네, 사랑합니다"라고 하면, 대답한 친구의 양쪽에 앉은 친구가 자리를 바꾼다. 이때 술래는 빈자리에 빠르게 앉는다.
③ -2 "아니요"라고 대답하면, 술래가 다시 묻는다. "그럼 어떤 이웃을 사랑하십니까?"

④ "(머리를 묶은 친구)를 사랑합니다"라고 대답하면, 머리를 묶은 친구들이 자리를 바꾼다. 이 때 술래는 빈자리에 빠르게 앉는다.
  * 활동을 할 때는 분류 기준이 명확한 것으로 정하고, 활동 전에 명확한 기준과 그렇지 않은 예시를 나눠본다.
  - 명확한 기준 예시 : 남/여학생, 안경/머리띠/모자/치마/반팔 티
  - 모호한 기준 예시 : 키 큰, 예쁜, 착한, 머리가 긴, 나랑 친한
⑤ 자리에 앉지 못한 친구는 술래가 되고, 반복해서 놀이를 한다.

| | |
|---|---|
| 당신은 당신의 이웃을 사랑하십니까? | → 네, 사랑합니다.<br>⇒ 대답한 양쪽의 친구 자리 바꾸기 |
| | → 아니요.<br>⇒ 술래의 재 질문 |
| 그럼 어떤 이웃을 사랑하십니까? | → (     )을 사랑합니다.<br>⇒ 해당하는 친구들 자리 바꾸기 |

### 나도·나만

'나도·나만' 발표를 자리를 섞을 수 있게 변형한 것으로, 경청 훈련이 된 상태에서 한다. 주말·방학·명절·공휴일 전후에 하는 것을 추천한다.
① 서클로 동그랗게 둘러앉은 후 서클 키퍼(진행자)가 주제를 제시한다. 주제는 "방학/주말/설날/추석/연휴 때 무엇을 하고 싶나요?" 또는 "무엇을 했나요?"
② 번호 순대로 일어서서 말한다. "저는 여름방학 때 수영장에 갔습니다."
③ -1. 같은 경험(마음)이 있는 친구들은 "나도~"라고 외치며 자리를 바꾼다.
③ -2. 발표자 혼자만의 경험(마음)이면 "나만!"이라고 외치며 그 자리에 그대로 앉는다.
④ 그다음 번호가 말한다. 모든 학급 구성원의 이야기를 다 들으면 끝난다.

| | |
|---|---|
| 각자의 경험 이야기하기 | → "나도~" : 같은 경험이 있는 사람은 외치며 일어서기<br>⇒ 일어선 사람들끼리 자리 바꾸기 |
| | → "나만!" : 아무도 같은 경험이 없을 때 발표자만 외치기<br>⇒ 발표자는 그대로 자기 자리에 앉기 |

* 활동 영상은 교육과실천 밴드에서 보실 수 있습니다.

## 침묵의 생일

① 서클로 동그랗게 둘러앉은 후 주제를 제시한다. "지금부터 생일 순서대로 앉습니다. 생일이 제일 이른 사람부터 이 자리(기준)에 앉고, 오른쪽 방향으로 갈수록 생일이 늦어지는 사람이 앉으면 됩니다. 단, 여러분은 말을 할 수 없습니다. 눈빛이나 표정, 손짓과 발짓을 활용하세요!"
  - 생일이 똑같을 때는 순서에 상관없이 나란히 앉도록 한다.
  - 침묵 놀이가 끝날 때까지 기다리는 것이 좋지만 여러 번 놀이를 해본 경우에는 1~2분으로 제한 시간을 둠으로써 재미를 높일 수 있다.
  - 교사도 교실 구성원의 일원으로 함께 활동한다.

② 모두가 앉고 나면 기준에 있은 친구부터 오른쪽으로 돌아가며 자신의 생일을 말한다.
  - 순서대로 다 앉은 경우에는 생일을 말하면서 성취감과 일체감을 느낄 수 있다.
  - 순서대로 앉지 못한 경우에는 대답하면서 즉각 자리를 바꿔나가도록 한다. 편안한 분위기에서 웃으며 바꾼다.

③ 활동의 의미와 배움 나누기 : 필요에 따라 침묵의 생일 활동을 해보고 어떤 생각과 느낌이 들었는지를 묻고, 무엇을 배웠는지 의미를 나눈다.

| | |
|---|---|
| 순서대로<br>잘 앉은 경우 | 침묵 속에서도 여러분은 상대방의 눈빛과 표정, 손짓을 통해서 순서대로 앉아주었습니다. 조용히 상대방을 지켜보며 어떤 말을 전달하려고 하는지 들으려고 한 덕분이지요. 우리가 학교생활을 하면서도 지금 이 활동처럼 상대방의 마음과 말을 들여다볼 줄 아는 마음과 태도를 갖추기를 기대합니다. |
| 순서대로<br>잘 앉지 못한 경우 | 말이라는 의사소통 수단 없이는 생일 순으로 앉는 것도 어렵습니다. 앞으로는 여러분이 대화를 통해 친구들과 잘 소통하기를 기대합니다. 또한, 말을 할 수 없는 상황 속에서도 서로를 도와가며 순서대로 앉은 친구들도 있습니다. 이렇게 어려운 상황에서도 서로 도와가며 잘 지내봅시다. |

④ '침묵의 생일' 변형하기
생일이 아닌 다른 주제를 주고 침묵 속에서 순서대로 앉도록 할 수 있다.
  - 학급 번호가 높아(낮아)지는 순서대로 앉기
  - 무작위로 나눠준 카드(자음 ㄱ ㄴ ㄷ~ / 숫자 1 2 3~ / 알파벳 A B C~) 순서대로 앉기
  - 무작위로 나눠준 연산 카드를 풀어서 숫자가 높아지는 순으로 앉기
    * 학생들의 학습 수준을 고려한 연산 카드를 배부하되 쉬운 문제가 좋다.
    * 같은 순위일 때는 나란히 앉기 예) (8−2), (7−1)은 나란히, 그 다음 (6+2), (12−3) 순으로.

## 2. 서클

서클은 안전한 공간에 모여 앉아 자신의 이야기를 하고, 그 이야기를 다른 사람들이 존중·경청함으로써 구성원들을 연결하는 소통 방식입니다. 아메리카 원주민들이 둥글게 둘러앉아 이야기를 나누던 공동체 대화 방식에서 기원한 것으로, 존중과 평등의 가치를 담은 수평적 소통, 상호 이해와 공감, 인내와 자기 통제를 동반합니다. 교실에서는 크게 '관계 형성 서클(신뢰 서클)'과 '공동체 회복 서클'을 활용할 수 있습니다.

관계 형성 서클(신뢰 서클)은 일상적으로 공동체 속에서 서로를 만나는 것입니다. 특별한 일이 없더라도 둥글게 모여 앉아 자신의 이야기를 꺼내고, 다른 사람의 이야기를 듣는 것이지요. 교실에서 나의 생각과 느낌을 이야기한다는 것은 자신의 욕구를 드러내고, 그 욕구를 존중받는다는 의미입니다. 공감과 경청을 경험해본 학생은 같은 방식으로 다른 사람을 존중하고 공감할 수 있게 됩니다. 서클은 서로를 피상적인 존재가 아니라 개성과 이야기가 담긴 존재로 만나도록 해줌으로써 튼튼한 관계망을 형성하고, 개인과 공동체를 연결합니다. 일상적인 서클은 만남과 평화로운 관계 맺기의 바탕이자 평화 감수성의 기초를 다지는 일입니다. 서클의 일상성과 지속성이 중요한 이유는 서클을 통해 쌓아놓은 관계와 연결이 향후 갈등(문제)이 생겼을 때 해결 의지와 책임감을 높여주기 때문입니다.

공동체 회복 서클(문제 해결 서클)에서는 갈등을 공동체가 함께 해결합니다. 교실에서 일어난 문제를 당사자들 간의 일로 치부하며 외면하지 않고 '나의 일'로 받아들입니다. 가령 교실에서 두 친구가 싸울 때 가·피해자만의 일이라고 생각하기 쉬운데 실제로는 싸움으로 인해 바뀐 분위기, 싸움 전후에 나타나는 현상들, 싸우는 과정을 목격하거나 말리던 친구들의 마음까지, 여러 가지 문제가 복잡하게 얽혀 있습니다. 공동체 회복 서클에서는 '어떤 사건'이 당사자를 비롯하여 모두에게 끼친 영향이 무엇인지, 그 영향(피해)을 어떻게 회복할 수 있는지를 함께 모색하고 책임지도록 합니다. 누군가에 대한 비난과 처벌, 심판으로 수치심을 느끼게 하려는 것이 아니라 협력과 관계를 통해 공동체가 올바른 방향으로 나아가는 여정에 참여하도록 하는 것입니다.

■ **서클 규칙**

**서클의 기본 규칙[6]**

① 토킹 스틱을 가진 사람만 이야기할 수 있다.
② 다른 사람의 이야기를 경청한다.
③ 서클은 처음부터 끝까지 유지되어야 한다.
④ 서클에서 나온 이야기는 비밀을 보장해야 한다.

서클의 기본 규칙은 통제 수단이 아니라 평등한 소통 구조가 이뤄지도록 돕는 것입니다. 서클은 안전한 공간에서 진행해야 하고, 여기서 말한 것은 평가하지 않고 그 자체로 존중합니다. 만약 서클 중간에 규칙이 잘 지켜지지 않더라도 갑자기 끝내거나 일부 구성원을 배제하지 않습니다. 다시 강조하지만 서클은 평화롭고 안전한 소통 공간이라는 것이 무엇보다 중요한 개념입니다. 서클에서는 토킹 스틱을 통해 누구나 동등한 발언 기회를 얻습니다. 서클에서 중요하거나 그렇지 않은 사람은 없습니다. 학생은 이야기하거나 침묵하는 '자기 결정권'을 가집니다. 서클 구성원들은 목소리가 크든 작든 이야기가 흥미롭든 그렇지 않든 귀 기울여야 하고요. 서클은 말하는 시간보다 듣는 시간이 길기 때문에 집중력과 인내심을 요구합니다. 하지만 자신의 이야기를 다른 사람이 진지하게 듣는 경험이 있는 학생은 비록 힘들더라도 다른 사람의 이야기를 잘 듣기 위해 노력하므로 걱정하지 않아도 됩니다.

서클 규칙을 이해하고, 이를 꼭 지키겠다는 동의가 중요합니다. 서클을 시작할 때마다 규칙을 소리 내어 읽습니다. 교실 한쪽 벽면에 규칙을 붙여놓거나 서클 중앙 센터 피스에 규칙을 놓는 것도 좋은 방법입니다. 처음 서클을 하면 많은 선생님이 실망합니다. 학생들이 예상한 것보다 더 자기 이야기를 꺼내지 못하고, 다른 사람의 말을 잘 듣지 않기 때문입니다. 이는 자신의 이야기를 하고 상대방의 공감을 받아 본 경험이 드물었다는 반증이기도 합니다. 하지만 서클 경험이 쌓일수록 자신의 이야기를 진솔하게 꺼내고, 다른 사람의 이야기를 듣기 위해 조용히 기다리는 아이들의 모습을 발견할 수 있을 것입니다.

■ 토킹 스틱과 센터 피스

서클에서 토킹 스틱(토킹 피스)은 말하는 사람이 들고 있는 도구입니다. 토킹 스틱은 동등한 발언권을 보장하고, 토킹 스틱을 들고 있지 않은 사람은 경청해야 한다는 서클의 규칙을 시각적으로 드러냅니다.

즉, '당신에게 이 토킹 스틱이 갈 것이고, 당신은 이 서클에 소속되어 있습니다. 우리는 당신의 이야기를 들을 것입니다'라는 메시지를 전달하는 도구입니다. 토킹 스틱을 들고 있으면 다른 사람의 방해를 받지 않고 이야기할 수 있으며, 듣는 사람은 말하는 사람에게 무슨 말을 건넬지 생각하지 않고 온전히 듣기에만 집중할 수 있습니다. 토킹 스틱을 서로에게 전달하다 보면 모든 구성원이 연결되어 있다는 것을 느끼게 됩니다. 토킹 스틱은 기린 인형이나 벌새의 물방울처럼 평화나 회복, 존중의 의미가 담긴 상징물이나 학급 공동체에서 의미가 있는 물건으로 정하는 것이 좋습니다. 무엇이 되었든 토킹 스틱에 담긴 의미를 공유하는 것이 중요합니다. 센터 피스는 서클 중앙에 놓는 상징물로 따뜻함, 환대, 연결을 뜻합니다. 천이나 매트를 기본으로 깔아놓고 인형과 LED 초, 혹은 서클 주제와 관련 있는 물건을 두어 편안하고 아늑한 분위기를 만들면 됩니다. 센터 피스는 안정적인 분위기를 형성하는 것은 물론, 시선을 편안하게 두는 역할도 합니다.

■ **서클의 과정과 질문**

서클은 서클의 진행자인 서클 키퍼가 제시하는 질문에 대답하며 소통하는 구조로 이루어집니다. 서클 키퍼는 서클의 동등한 참여자이자 구성원들이 서로 존중하며 진솔하게 말할 수 있도록 지원합니다. 따라서 서클에서 탐색할 주제와 질문을 미리 준비하는 과정을 거쳐야 합니다. 서클을 할 때는 안전하게 자신의 이야기를 하고, 나눈 이야기에 대해서는 책임을 공유합니다. 서클의 흐름에 따라 4가지 종류의 질문이 있습니다. 모든 질문은 가능한 긍정문으로 하되, 쉽게 이해하고 소통할 수 있도록 하나의 질문에 하나의 구체적인 내용을 담습니다.

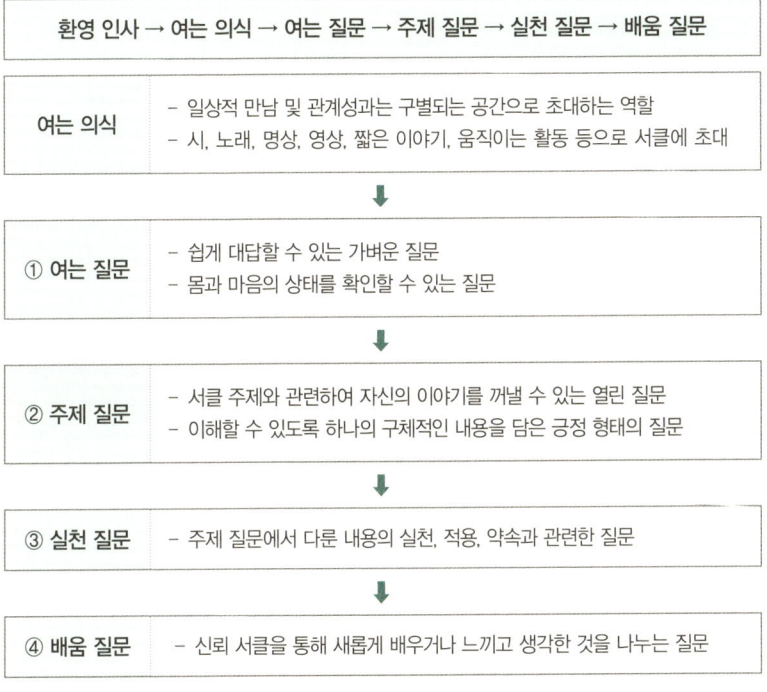

**신뢰 서클의 과정과 질문[7]**

## 3. 평화 감수성 훈련

평화란 무엇일까요? 익숙한 듯하지만 설명하기 쉽지 않습니다. 우리는 '평화'라는 단어를 흔히 접하지만 평화를 정의하는 나만의 언어를 가지고 있지 못합니다. 그동안 경험한 평화가 통일 교육, 전쟁의 위험성, 인권과 관련한 내용 등 인지적인 영역에 한정되어 있기 때문일 것입니다. '일상적 평화 교육'이 필요한 까닭입니다. 즉, 교실에서 겪는 크고 작은 어려움을 해결하는 방식으로 평화를 실감해야 합니다. 혐오가 담긴 표현을 사용하거나 차별이 이루어지는 장면을 목격했다면 문제의식을 느끼고, 책임을 실감하고, 대응 방법을 모색하여 실천하는 일, 이것이 바로 '평화 감수성'입니다.

국어사전에 따르면 평화는 '평온·화목한 상태, 전쟁·갈등이 없는 상태'입니다. 전쟁과 갈등은 강도의 차이는 있어도 결국 폭력 문제와 맞닿아 있습니다. 폭력은 무엇일까요? 얼핏 누군가를 다치게 하는 것이 떠오를 테지만 우리를 괴롭히는 폭력은 대개 사소한 말 한마디, 차가운 눈빛, 작은 행동에서 비롯합니다. 이러한 폭력은 일상에 아주 자연스럽게 스며들어 있어서 사실 폭력이라는 사실을 의식하기조차 어렵습니다. '폭력을 인식하는 민감성'과 '책임감을 발휘하는 실천력'을 갖춘 종합 인지력이 곧 평화 감수성이기도 합니다.

'평화 감수성 훈련'은 감각 활동부터 공동체 활동, 편견·차별·소수자 등을 알아가는 활동을 모두 포함합니다. 평화 감수성 훈련의 영역이 폭넓은 이유는 평화 감수성을 인지적인 교육만으로는 키우기 어렵기 때문입니다. 누구나 '존중·배려·책임'이 중요하다는 사실은 알지만 이를 삶의 가치로 여기고 행동으로 옮기기는 힘든 것처럼 말입니다. 평화 감수성 훈련은 인지적 측면은 물론이고 내적 변화와 실천적인 면을 모두 고려해야 합니다. 기초 단계에서는 '나'라는 존재를 인식하고 깨우면서 내면의 목소리에 귀 기울이고, 일상적으로 존중과 배려, 협동을 경험하도록 합니다. 폭력 상황에 익숙한 사람은 폭력을 두고도 그것이 문제임을 느끼지 못하는 반면, 평화로운 삶의 방식으로 살아온 사람은 작은 폭력에도 민감하게 반응하게 되니까요. '관계'를 맺고 '공동체성'을 키우는 것도 중요합니다. 폭력 문제를 '남의 일'이라고 생각하면 폭력으로 인한 고통에 둔감하지만 튼튼한 관계망과 공동체성을 경험한 사람은 다른 사람이 겪는 폭력을 자신의 문제로 바라볼 수 있기 때문입니다.

이러한 토대에서 '갈등·폭력·평화' 문제를 다룹니다. 평화 감수성 훈련은 감각적인 신체 활동과 대화 방식을 활용하여 학생 스스로 '알아차림'을 경험하도록 합니다. 이 과정을 통해 폭력과 평화에 대해 아는 것을 넘어서 내적으로 변화하고, 그것이 행동으로 이어지는 '평화 감수성'을 키울 수 있습니다. 평화 감수성이 없는 평화는 '전쟁과 갈등이 없는 평온함'이라는 사전적 의미를 벗어날 수 없으며, 폭력을 '안타깝지만 나와는 상관없는 일'로 치부하게 만듭니다. 가슴으로 느끼고, 머리로 생각하고, 손발로 움직이는 평화 감수성에서 평화가 시작됩니다.

# PART 2
## 그림책으로 펼치는
## 회복적 생활교육

# 1장

# 첫 만남으로
# 관계 맺기

어느 뇌과학 연구에 따르면 사람의 첫인상을 결정하는 데 걸리는 시간은 불과 3초밖에 안 된다고 합니다. 첫인상은 상당히 강렬하고 오래가서 '첫인상(초두) 효과'라는 말이 있을 정도고, 그런 만큼 첫 만남에서 받은 부정적인 이미지를 바꾸려면 40시간 이상의 긍정적인 상호작용이 필요하다고 합니다. 사람들이 새로운 관계를 맺지 못하는 이유는 성격이나 능력 때문이 아니라 자신의 존재를 제대로 알리지 못했기 때문이라는 인간관계 연구 결과도 있는 걸 보면, 결국 관계의 핵심은 첫 만남과 초기의 긍정적인 상호작용에 달려 있다고 할 수 있겠네요. 이를 교실에 적용해본다면 첫 달의 교류가 남은 11개월의 학교생활을 좌우한다고 해도 과언은 아닐 것입니다.

우리는 서로에 대해 잘 모릅니다. 학교에서 자주 얼굴을 마주치니까 낮은 익어도 직접적으로 상호작용을 한 경험이 드물기 때문입니다. 오히려 남에게 들은 내용으로 누군가를 판단하거나 겉으로 보이는 이미지나 행동을 보고 선입견을 갖기 십상입니다. 그래서 새 학년이 되어 처음 만나는 날부터 3월 한 달 동안, 서로에 대해 충분히 알아가는 공동체 활동을 하는 것이 중요합니다. 이 시기에 짧게는 일주일, 길게는 한 달 동안 집중적으로 관계 맺기 활동을 합니다. 이때 맺은 건강한 관계로 공동체성을 쌓아올릴 수 있으니까요. 첫 만남 활동으로 소개할 '선생님 마인드맵', '긍정적인 내 이름', '좋아요·싫어요'를 비롯해 학기 초 관계 형성에 도움이 될 만한 다양한 공동체 활동을 통해 서로를 '빛깔 있는 존재'로 만날 수 있습니다.

# 1. 선생님과 첫 만남 갖기
## 선생님 마인드맵

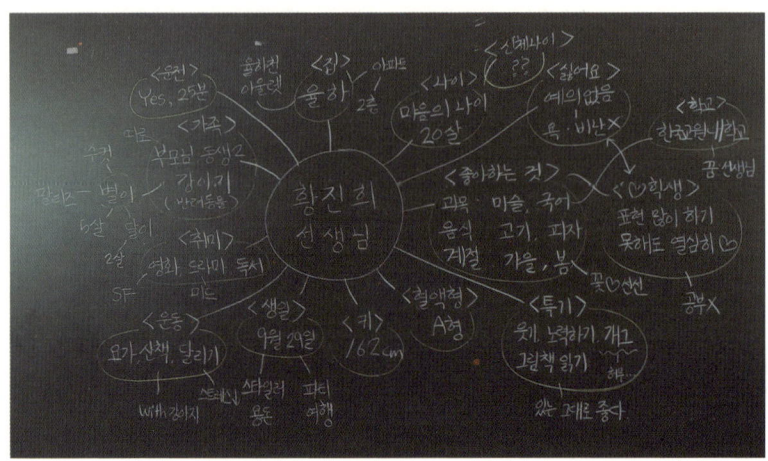

> **이 책을 읽었어요**
>
> **우리 선생님은 괴물**
> (마이크 탈러 글 / 자레드 리 그림 / 신형건 옮김 / 보물창고)
>
> 학교에 처음 가는 날, 소년은 어떤 선생님을 만날지 너무 궁금합니다. 그런데 하필 괴물 선생님으로 유명한 그린 선생님이 담임 선생님이 되었습니다. 무서운 그린 선생님은 불을 내뿜고, 숙제를 많이 내주고, 급기야 학생을 삼키기까지 합니다. 소년은 학교생활을 잘할 수 있을까요?
>
>

## 선생님 마인드맵으로 '관계'를 시작합니다

개학 첫날 학생들이 가장 많이 하는 생각은 무엇일까요? 바로 '우리 반에는 어떤 친구들과 선생님이 있을까?'입니다. 새 학기, 교실에 들어서면 어색하고 들뜬 공기가 감돕니다. 학생들은 만남에 대한 기대와 두려움이 가득합니다. 선생님을 처음으로 마주하는 학생들의 눈이 빠르게 움직입니다. 1년을 함께 생활할 교사가 어떤 사람인지 살피느라 바쁘지요. 교사는 이름이나 교육철학, 기대와 염려 등으로 자신을 소개합니다. 하지만 곰곰이 생각해보면 교사의 일방적인 자기소개로 학생들이 교사에 대해 얼마나 알 수 있을지 의문입니다. 첫 만남이 1년을 좌우한다고 하니, 더 재미있고 깊이 있는 소통이 필요합니다. 그래서 학생들에게 물었습니다. "선생님에게 궁금한 점은 무엇인가요? 여러분의 질문에 대답하며 선생님을 소개할게요!"

첫 번째 질문으로 물꼬를 트면 그때부터는 질문이 쏟아집니다. 조심스럽던 분위기도 어느새 웃음과 농담이 함께합니다. 편안하고 수평적인 대화로 선생님에 대해 알아나갑니다. 학생들의 질문으로 '선생님 마인드맵'이 완성됩니다. 학생은 완성한 '선생님 마인드맵'으로 가족에게 담임교사를 소개합니다. 평소 학교생활에 대해 '좋아', '괜찮아', '아직 모르겠어' 정도의 대답밖에 하지 않던 아이들이 자신의 언어로 선생님과 학교생활에 대해 조잘조잘 이야기합니다. 가족은 소감을 작성하여 학교로 보냅니다. 선생님 마인드맵으로 학생, 교사, 학부모가 신뢰를 쌓으며 관계를 시작하는 것이지요.

| 배움 목표 | <우리 선생님은 괴물>을 읽고, 선생님과 존중의 첫 만남 가지기 | |
|---|---|---|
| 단계 | 회복적 활동 | 회복적 활동 과정 |
| 1 | <우리 선생님은 괴물> 함께 읽기 | - <우리 선생님은 괴물> 함께 읽기 |
| 2 | '선생님 마인드맵' 그리기 | - '선생님 마인드맵' 그리기<br>- 가족에게 선생님을 마인드맵으로 소개하기 |
| 추천 활동 | 문장 완성하기 | - 문장 완성하기 |

## 〈우리 선생님은 괴물〉 함께 읽기

새 학기, 학생들은 어떤 담임 선생님을 만나게 될지 무척이나 궁금합니다. 무엇보다 '무서운 선생님'은 아닐지 걱정합니다. 어떤 아이는 개학 전날 선생님이 긴 생머리로 얼굴을 가린 귀신으로 등장하는 꿈을 꾸었다고 합니다. 또 어떤 아이는 떨리는 마음으로 교실에 들어섰는데 선생님이 눈도 마주치지 않은 채 무표정하게 모니터만 보고 있어서 '올해는 정말 무섭고 냉정한 선생님이 걸렸구나' 생각했다고 합니다. 그래서인지 선생님을 주제로 하는 그림책에는 선생님과의 첫 만남을 다룬 내용이 많습니다. 〈우리 선생님은 괴물〉 역시 새로 만날 선생님에 대한 기대와 걱정을 담은 책입니다. 아이들이 생각하는 괴물 같은 선생님은 어떤 모습일까요? 그리고 아이들은 어떤 선생님을 애타게 찾고 있는 걸까요? 그 마음을 그림책으로 살펴봅니다.

표지와 제목을 보고 어떤 이야기가 펼쳐질지 예상합니다. 새 학년을 맞이한 주인공 소년은 어떤 선생님을 만날지 걱정하며 교실로 향합니다. 담임인 그린 선생님은 장난치는 학생에게 불을 내뿜고, 낄낄거리는 학생의 머리카락을 뽑아버리는 무서운 선생님이에요. 선생님이 수학 숙제를 내주자, 한 학생이 분수를 배운 적이 없다고 말합니다. 이때 과연 무슨 일이 벌어질까요? 학생들의 눈빛이 빛나는 순간, 읽기를 멈추고 질문합니다. "그린 선생님은 어떤 행동을 할까요?" 학생들은 열기를 띠고 자신의 상상을 말합니다. 이렇게 책을 읽는 중간마다 잠시 멈춰서 이어질 다음 이야기를 예상하면서 읽습니다. 마지막 장을 덮으면 학생들은 무서운 선생님은 꿈이었다며 안도의 한숨을 내쉽니다. 우리 아이들은 새 학기, 교실로 들어서면서 어떤 생각과 마음을 가지고 있었을까요?

"저도 이 책처럼 악몽을 꾼 적이 있어요. 무서운 선생님을 만날까 봐 진짜 걱정하면서 들어왔어요."

"처음이라 낯설고 어색했어요. 무슨 말을 해야 할지도 모르겠고, 잘 지낼 수 있을까 겁났어요."

"제발 좋은 선생님이랑 친구들을 만나게 해달라고 빌고, 그 소원이 이뤄지기를 바랐어요."

우리 아이들에게도 새로운 선생님과 학교생활에 대한 기대와 두려움이 가득했습니다. 그 목소리에 귀 기울이며 선생님 또한 어떤 학생들을 만나게 될지 설레고 걱정했다며 솔직한 마음을 나눕니다. 그러자 '오~ 선생님도?' 놀란 학생들의 눈이 동그랗게 커졌습니다. 누구에게나 새 학기는 설렘과 긴장의 순간입니다. 그 마음을 그림책을 통해 확인해봅니다.

> **회복적 질문, 이렇게 나눠보세요**
>
> | 여는 질문 | - 표지를 보니, 어떤 이야기가 펼쳐질 것 같나요?<br>- '괴물 같은 선생님'은 어떤 선생님일 것 같나요? |
> |---|---|
> | 주제 질문 | - 여러분은 처음 교실에 들어올 때 어떤 생각과 마음이 들었나요? |

## '선생님 마인드맵' 그리기

행복한 학교생활을 하려면 좋은 관계가 선행되어야 합니다. 공동체 안에서 단 한 명이라도 같이 어울릴 친구가 있고, 소통할 수 있는 선생님이 있다면 등굣길이 즐거워질 테니까요. 관계에서 제일 중요한 것은 첫 만남입니다. 첫 만남을 잘 열어야 관계 맺기가 원활해집니다. 그런데 한 반에 학생은 20~30명에 달하는데 교사는 단 한 명입니다. 어떻게 해야 개학 첫날 학생들과 소통을 잘할 수 있을까요? 심리학자인 앨버트 메라비안의 법칙에 따르면, 상대방과 소통할 때 언어의 영향력은 단 7%에 불과하다고 합니다. 오히려 시각이 55%, 청각이 38%나 되는 영향력을 발휘한다고 하지요. 이 법칙은 학생들과의 소통에도 실마리를 제공해줍니다. 선생님이 모든 학생과 일대일로 교류할 수 있다면 더 바랄 것이 없겠지만 개학 첫날처럼 어수선하고 바쁜 때에는 메라비안의 법칙을 활용하여 '선생님 마인드맵 그리기'를 해봅니다. 먼저 칠판 중앙에 교사의 이름을 쓰고 동그랗게 원을 그린 다음, 학생들에게 "여러분과 1년을 함께할 선생님을 소개할게요. 선생님에 대해 궁금하거나 알고 싶은 것이 있으면 질문해주세요!"라고 말합니다.

선생님의 자기소개 시간이지만 교실에는 학생들 목소리로 가득합니다. 여기저기서 손을 들고 질문을 퍼붓습니다. 선생님은 학생들을 따뜻하게 바라보고, 질문을 진지하게 듣고, 성심성의껏 대답합니다. 선생님의 따뜻한 눈빛과 경청하는 태도를 보고, 학생들은 '선생님이 우리가 하는 말을 진지하게 들어주시는구나', '선생님에 대해 알고 싶어 하는 우리의 마음을 존중해주시는구나'를 체감하게 되지요. 학생들은 선생님의 결혼 여부, 가족, 취미, 학력, 특기 등 다양한 것을 궁금해합니다. 이런 질문에는 선생님에 대해 알고 싶은 마음, 자신과 공통점을 찾고 싶은 마음이 담겨 있습니다. 때로는 "선생님 나이는 몇 살이에요?" 같은 대답하기 곤란한 질문도 합니다. 이럴 때는 융통성을 발휘하면 됩니다. 선생님 마인드맵의 활동 목적은 학생들의 욕구를 존중하고 수평적으로 상호작용을 하려는 데 있지, 신상 조사를 하려는 것은 아니니까요. 저는 '내 마음의 나이는 스무 살'이라고 대답하며 웃어넘깁니다.

종종 소극적 성향의 아이들이 모인 학급에서는 질문하기를 주저하는 분위기도 있습니다. 그럴 때는 선생님이 열린 태도로 먼저 대화를 시도하는 것이 좋습니다. "선생님은 A형입니다. 혹시 선생님과 같은 혈액형인 친구 있나요? 손을 들고 선생님과 눈을 마주쳐볼까요?" 따뜻하고 허용적인 분위기를 만들어주면 학생들도 서서히 자신의 목소리를 낼 것입니다. 또 활동 중에 교사가 학생에게 꼭 전하고 싶은 이야기를 해도 좋습니다. "선생님은 말의 힘을 믿어요. 그래서 여러분에게 꼭 한 가지 부탁하고 싶은 게 있는데, 이 교실에서 비방의 말은 없었으면 좋겠어요."

30분 넘도록 한바탕 대화의 장이 끝나면 칠판에는 선생님 마인드맵이 넓게 펼쳐집니다. 학생들은 각자 활동지에 선생님 마인드맵을 그립니다. 선생님과 학생들이 수평적이고 직접적인 소통으로 관계 맺기를 시작한 것입니다. 학생들은 선생님을 아는 것에서 더 나아가 선생님을 느낌과 마음으로 만나게 됩니다. 선생님의 따뜻한 눈빛과 자신들을 존중하고 경청하는 태도, 열린 마음을 경험하면서 타인을 대하는 태도와 소통 방식을 배우게 됩니다.

활동지에 선생님 마인드맵을 다 그리고 나면 가정에서의 활동을 제시합니다. 바로 오늘, 각자가 완성한 선생님 마인드맵을 집에 가져가서 가족에게 소개하도록 하는 것입니다. 학생들만큼이나 담임 선생님이 궁금한 사람은 바로 가족일 테니까요. 보호자는 우리 아이가 올해 어떤 담임을 만났고, 어떤 하루를 보냈는지 알고 싶어 합니다. 하지만 자녀에게 물어봐도 좋았어, 괜찮아, 그냥 그랬어, 단답식 대답만 하니까 답답합니다. '선생님 마인드맵 소개하기'를 통해 자연스럽게 가정에서 학교생활을 주제로 이야기를 나누도록 합니다. 자녀에게 직접 선생님과의 첫 만남이 어땠는지를 듣고, 소개받은 후의 소감을 활동지에 작성합니다. 이 활동지는 다시 학교로 가져와서 교사에게 제출합니다.

선생님은 학교로 돌아온 활동지를 살펴봅니다. 가족이 작성한 소감지에는 조잘조잘 선생님에 대해 이야기하는 아이에 대한 감상도 들어 있고, 선생님에 대한 기대와 반가움도 담겨 있습니다. 가족이 한 자 한 자 눌러쓴 글을 살피다 보면 아이가 어떤 가정에서 생활하는지, 학교생활에서 무엇을 기대하고 또 걱정하는지 엿볼 수 있습니다. 활동지를 모아두면 향후 학생과 소통하고 가정 상담을 할 때 소중한 자료로 쓸 수 있습니다. 무엇보다 큰 수확은 교사와 보호자가 학생을 징검다리로 신뢰를 쌓으며 관계를 시작했다는 점에 있습니다.

### 회복적 질문, 이렇게 나눠보세요

| | |
|---|---|
| 주제 질문 | - 여러분과 1년을 함께할 선생님에 대해 소개할게요. 선생님에 대해 궁금하거나 알고 싶은 것이 있으면 질문해주세요! |
| 실천 질문 | - 오늘 여러분이 완성한 '선생님 마인드맵'을 집으로 가져가서 가족에게 선생님을 소개해주세요. 그리고 선생님 소개를 받은 가족의 소감을 써서 가져오세요. |
| 배움 질문 | - '선생님 마인드맵' 활동을 마치고 어떤 생각과 느낌이 들었나요? |

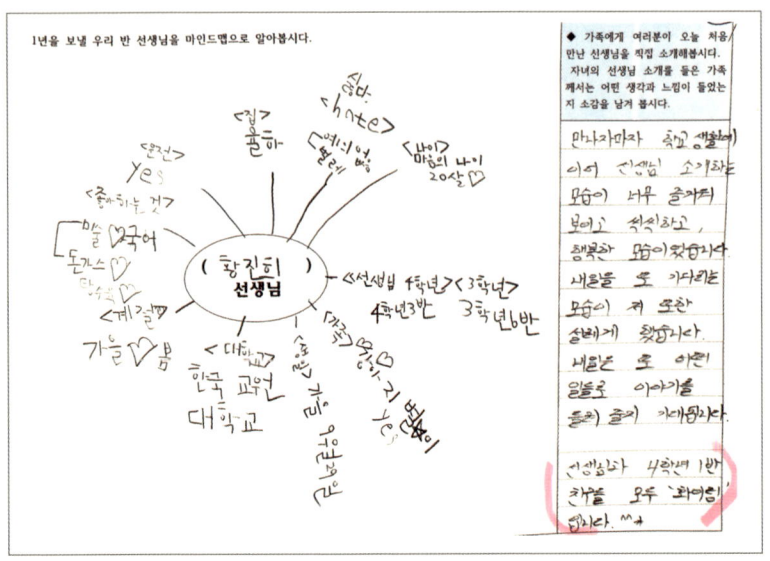

* '선생님 마인드맵' 활동지는 교육과실천 밴드에서 보실 수 있습니다.

> **이런 활동 어때요?** 문장 완성하기

교사는 학생들에 대해 면밀히 알고 있어야 하고, 그러려면 충분한 시간이 필요합니다. 그런데 교사 한 명이 살펴야 하는 학생은 스무 명이 넘습니다. 이를 보완하기 위해 개학 첫날이나 학기 초에 자투리 시간을 이용하여 '문장 완성하기'를 해봅니다. 활동지에는 문장의 앞부분만 제시되어, 뒷부분의 빈칸은 학생이 채워서 문장을 완성해야 합니다. 활동지를 발표하거나 공개하는 것이 아니라는 점을 안내하고, 정답이 따로 없으니 어떤 내용이든 최대한 솔직하고 편안하게 쓰도록 격려합니다. 학생들이 완성한 문장을 보면 가족·친구 관계, 학교에 대한 인식, 성격과 가치관 등을 엿볼 수 있습니다. 이를 통해 앞으로 중점적으로 관찰할 부분과 관계 설정에 대한 실마리를 얻을 수 있고, 나중에 상담 활동의 중요한 자료로 활용할 수도 있습니다.

| '문장 완성하기' 예시 |
|---|
| – 내가 가장 좋아하는 것은 (　　　　)<br>– 나는 친구가 (　　　　)<br>– 사람들이 나에게 바라는(기대하는) 것은 (　　　　)<br>– 학교 하면 떠오르는 것은 (　　　　) |

* 더 많은 질문을 포함한 '문장 완성하기' 활동지는 교육과실천 밴드에서 보실 수 있습니다.

## 2. 긍정적 자아 정체성으로 나·너 만나기
## 긍정적인 내 이름

**이 책을 읽었어요**

**엄마소리가 말했어**
(오승한 글 / 이은이 그림 / 바람의아이들)

ㄱ부터 ㅎ까지 자음 친구들이 등장합니다. "난 내가 싫어, 나는 맨날 혼나, 무엇 하나 잘하는 게 없어." 이 말을 들은 엄마소리가 말합니다. "괜찮아, 너는 너 자체로 의미가 있어. 네가 있어서 이 세상이 아름답고 특별해. 고맙고, 사랑해." 엄마소리는 어떤 이야기를 더 들려줄까요?

## 긍정적인 내 이름으로 '나'를 존중하고 '너'와 관계를 시작합니다

생각을 조심해라, 말이 된다. 말을 조심해라, 행동이 된다. 행동을 조심해라, 습관이 된다. 습관을 조심해라, 성격이 된다. 성격을 조심해라, 운명이 된다. 우리는 생각하는 대로 된다. — 마가렛 대처

여러분은 어떤 사람인가요? ○○에서 근무하는 나, 강아지와 산책하기를 좋아하는 나, 성실하고 열정적인 나…. 모든 사람은 각자가 규정하는 '자신'의 모습이 있습니다. 이처럼 자기 자신에 대한 신념을 '자아 정체성'이라고 합니다. 자아 정체성은 그 사람의 말과 행동, 삶 전반에 지대한 영향을 끼칩니다. '나는 자신감이 있어!'라고 생각하는 사람은 당당하게 자신을 표현합니다. 반면 '나는 화를 못 참아'라고 생각하는 사람은 자신의 화를 거칠게 표현합니다. 이를 '자기규정 효과'라고 합니다. '나는 이런 사람이다' 하고 생각하는 순간, 정말 그런 사람처럼 행동하게 됩니다. 그래서 자신을 따뜻하게 바라보며 긍정적인 자아 정체성을 형성하는 것이 중요합니다.

'긍정적인 내 이름' 활동에서, 과거의 자신은 다 잊습니다. 사람의 세포는 일정 기간마다 죽고 다시 태어나기를 반복한다고 하니 몇 년 전, 몇 달 전의 나와 오늘의 나는 전혀 다르고 새로운 존재입니다. 곰곰이 떠올려보세요. 지금의 나는 스무 살의 나와 같은가요? 열 살 때의 나와 비교해서는 어떤가요? 우리는 끊임없이 변화하고 성장하는

존재입니다. 새 학기를 시작하는 첫날, 모두 새로운 삶을 시작하기로 합니다. 과거의 꼬리표는 다 잊고, 오늘부터 다시 태어나겠다는 각오를 다집니다. 그리고 마음 깊은 곳에서 외치는 진짜 자신의 목소리에 귀 기울입니다.

"여러분은 어떤 모습으로 이 교실에서 지내고 싶은가요?"
"선생님과 친구들에게 어떤 모습으로 기억되고 싶은가요?"

학생들은 자신의 욕구를 관찰하고, 진심으로 되고 싶은 자신의 모습을 떠올려보며 '긍정적인 내 이름'을 만듭니다. 스스로에게 긍정적인 자아 정체성을 부여해주는 것이지요. 자신의 욕구를 살피고 드러내는 일은 회복적 생활교육의 가치인 '존중'을 나로부터 실천하는 과정입니다. 이렇게 '바로 세운 나'는 건강한 관계의 기초가 됩니다. 오늘 새롭게 탄생한 긍정적인 모습으로 친구들과 관계를 맺어나갑니다.

| 배움 목표 | <엄마소리가 말했어>를 읽고, 긍정적인 이름을 만들어 자기소개 하기 | |
|---|---|---|
| 단계 | 회복적 활동 | 회복적 활동 과정 |
| 1 | <엄마소리가 말했어> 함께 읽기 | - 자음 카드놀이 하기<br>- <엄마소리가 말했어> 함께 읽기 |
| 2 | '긍정적인 내 이름' 만들기 | - 모둠별로 ㄱ에서 ㅎ까지 긍정적인 형용사 떠올리기<br>- '긍정적인 내 이름' 만들고 소개하기 |
| 추천 활동 | '긍정적인 이름' 선물하기 | - '긍정적인 이름' 선물하기 |

## 〈엄마소리가 말했어〉 함께 읽기

건강하게 먹고 즐겁게 놀기만 하면 칭찬을 받던 시절이 있습니다. 그런데 삶의 공간이 학교로 확장되면서 다양한 또래 집단을 만나고, 자연스럽게 자신과 다른 사람을 비교하게 됩니다. '화를 잘 내는 OO', '목소리가 작은 OO', '그림을 못 그리는 OO'…. 처음으로 내가 뒤처지는 것은 아닐까, 열등감에 괴로워하기도 합니다. 누구나 겪는 이 성장통을 그림책으로 토닥여봅니다.

'자음 카드놀이'부터 합니다. 자음을 보면서 단어를 연상하는 스피드 놀이입니다. 〈엄마소리가 말했어〉에는 ㄱ부터 ㅎ까지 자음이 등장합니다. 자음 카드놀이로 시작해서 머리를 깨우고, 즐겁게 수업에 참여하도록 합니다. 모둠 중앙에 자음 카드를 펼칩니다. 처음에는 각 자음으로 시작하는 단어를 외친 후 해당하는 자음 카드를 가져갑니다. 예를 들어, 재빠르게 '기차'라고 외치면서 'ㄱ' 카드를 가져오는 식입니다. 각 자음 카드에 1점씩을 부여해, 가장 많은 단어를 연상한 친구가 높은 점수를 받습니다. 이제 난이도를 높여 자음 카드로 시작하는 긍정적인 형용사 혹은 문장을 외쳐봅니다. 'ㄱ' 카드를 뽑으며 '감동이야, 고마워'라고 말할 수 있고, 'ㄷ' 카드를 뽑으며 '대단해, 다정해'라고 말할 수 있습니다.

자음 카드놀이로 머리를 충분히 깨웠으면 〈엄마소리가 말했어〉를 읽습니다. 먼저 표지를 살피며 어떤 내용일지를 예상합니다. 읽을 책에 대한 호기심과 흥미를 높이는 것이지요. 그런 다음 〈엄마소리가 말했어〉를 실물 화상기로 비추고 선생님이 읽습니다.

울상을 짓고 있는 ㄱ이 등장합니다. 기역은 자신이 들어가는 말은 '거짓말, 그저 그래'처럼 나쁜 것뿐이라며 괴로워합니다. 그 말을 들은 엄마소리는 기역이 얼마나 소중한 존재인지 일깨워줍니다. 기역 덕분에 '같이, 고마워'와 같은 표현을 할 수 있으니까요. 이어서 화난 표정의 ㄴ이 나타납니다. 기역처럼 자신이 너무 싫다고 고백하지요. 이 책에 등장하는 모든 자음은 자신을 탓하고 부정하며 나쁜 말만 내뱉습니다. 하지만 엄마소리는 그들에게 따뜻하게 위로하며 사랑을 표현하지요. ㄱ과 ㄴ을 읽고 이러한 책의 흐름을 이해하면, ㄷ부터는 예상하며 읽습니다. "ㄷ에게 어떤 위로와 응원의 말을 할 수 있을까요?" 학생들은 떠오르는 응원과 위로의 말을 자유롭게 외칩니다. 학생들의 반응이 충분히 나오면 책장을 넘겨 이어지는 이야기를 읽습니다. 자신이 예상한 말이 나오면 더욱 재미있게 책을 읽습니다. 엄마소리는 자책하고 괴로워하는 자음 친구들을 따뜻하게 다독여줍니다. 그리고 그 위로는 어느새 우리에게도 전달되어 스스로를 격려하게 됩니다. '그래, 나도 이런 사랑을 받고 컸지. 나도 엄마소리의 말처럼 소중한 존재야!'

| 회복적 질문, 이렇게 나눠보세요 | |
|---|---|
| 여는 질문 | – 자음 카드를 보고 그 자음으로 시작하는 단어를 외치고, 그 자음 카드를 가져오세요. |
| 주제 질문 | – 여러분이라면 (초성)에게 어떤 위로와 응원의 말을 할 것인가요?<br>→ ㄷ에게 '다정해, 덕분이야'라고 할래요. '다 같이, 도전하자'도 있어요. |

## '긍정적인 내 이름' 만들기

자아 정체성은 내가 보는 나와 남이 기대하는 내 모습 사이에서 형성됩니다. '나는 어떤 사람인가, 무엇을 좋아하는가, 어떻게 살고 싶은가.' 스스로에게 질문하고 답하면서 자신의 모습을 만들어갑니다. 또 '너는 활발한 사람이야', '너는 공부를 열심히 하는구나' 같은 남들의 생각과 기대에 영향을 받으며 남이 보는 내 모습이 만들어지기도 합니다. 즉, 자아 정체성은 '나는 누구인가'에 대한 스스로의 대답과 타인이 바라보는 내 모습의 간극을 조정하면서 형성됩니다. 하지만 중요한 것은 남이 나를 어떻게 바라보든 결국은 '내가 결정한다'는 점입니다. '여러분은 진정 어떤 모습으로 살고 싶은가요?' 내 욕구를 살피는 것이 이 활동의 핵심입니다.

먼저 이름을 꾸밀 형용사를 떠올립니다. 모둠별로 4절지에 ㄱ부터 ㅎ까지 떠오르는 긍정적인 형용사를 씁니다. 모둠원 모두가 각자의 펜으로 긍정적인 형용사를 마구 발산합니다(브레인스토밍). 앞서 자음 카드놀이에서 충분히 머리를 깨웠으므로 활동에 적극적으로 참여할 수 있습니다. 교사가 형용사 예시를 제공하여 생각의 발판을 마련해줄 수도 있습니다. 학년에 따라서는 엄밀히 따지면 형용사가 아닌 표현도 재량껏 허용해줍니다. 활동이 끝나면 4절지에 쓰인 긍정적 형용사를 칠판에 전시합니다. 그리고 '긍정적인 내 이름' 활동의 의미를 나눕니다.

"올해 선생님과 여러분이 이 교실에서 새로 시작합니다. 그동안 어떤 모습이었든 여러분은 자신이 생각하고 꿈꾸는 대로 될 수 있습니다. 긍정적인 내 이름을 만들면서 교실에서 여러분이 어떤 모습의 '나'로 거듭나고 싶은지 생각해보세요."

이제부터는 성을 빼고, 자신의 이름 첫 자 초성으로 시작하는 형용사를 사용하여 '긍정적인 내 이름'을 만듭니다. 예를 들어 진희의 ㅈ을 가져와서 '지혜로운 진희'라고 이름을 짓는 식입니다. 자기가 되고 싶은 모습, 남들에게 기억되고 싶은 모습을 천천히 생각하도록 합니다. 자신이 관찰한 자기 내면의 욕구를 존중하되, 어려울 때는 칠판에 붙여놓은 긍정적인 형용사를 참고하게 합니다. 만약 그럼에도 긍정적인 이름 만들기를 어려워하는 학생이 있다면 친구나 선생님이 그 학생의 장점이나 긍정적인 면을 함께 찾아줘도 좋습니다.

완성한 이름은 캘리그래피로 꾸미고, 각자 완성한 이름을 가지고 서클로 동그랗게 둘러앉습니다. 그리고 자신의 긍정 이름을 소개하며 앞으로 학교생활에서 어떻게 지낼 것인지 포부를 밝힙니다. 진솔하게 자신을 드러내고 학교생활의 의지를 공언하는 것입니다. 이를 통해 '나는 이런 사람이고, 이렇게 지내고 싶다'는 긍정적인 자신의 모습을 각인시킵니다. 긍정적인 자아 정체성으로 관계를 시작하는 것입니다. 완성한 긍정 이름은 교실에 전시하고, 이후 이름을 쓸 때마다 긍정 이름을 활용합니다. 긍정 이름을 지속적으로 사용함으로써 계속 첫 마음을 다지자는 의미입니다.

### 회복적 질문, 이렇게 나눠보세요

| 여는 질문 | - 들었을 때 기분이 좋아지는 형용사(꾸며주는 말)에는 무엇이 있을까요?<br>  각 자음의 칸에 그 자음으로 시작하는 긍정적인 형용사를 자유롭게 써봅시다. |
|---|---|
| 주제 질문 | - 여러분은 어떤 모습으로 이 교실에서 생활하고 싶나요?<br>  선생님과 친구들에게 기억되고 싶은 모습은 무엇인가요?<br>- 자신이 되고 싶은, 꿈꾸는 자신의 모습을 나타내는 형용사는 무엇이 있을까요?<br>  그 모습을 상상하며 긍정적인 내 이름을 만들어봅시다. |
| 실천 질문 | - 여러분의 긍정 이름을 소개하면서 올 한 해 학교생활에 대한 다짐을 나눠주세요.<br>- 긍정 이름에 어울리는 사람이 되기 위해 어떻게 말하고 행동할 것인지 말해주세요.<br>→ 저는 '슬기로운 성민'입니다. 올해 친구들이랑 싸우지 않겠습니다. 만약 싸우게 된다면 욕이나 폭력 대신 말로 풀어보겠습니다. |
| 배움 질문 | - 긍정적인 내 이름과 함께 새로운 학교생활을 시작하게 된 생각과 느낌은 어떤가요? |

■ **긍정적 형용사 예시**

ㄱ : 고마운, 끈기 있는, 기뻐하는, 감동적인, 겸손한, 기대되는, 깨끗한, 근면한, 고운, 귀여운, 귀한, 긍정적인, 기발한, 공평한, 고상한, 거룩한, 겁 없는

ㄴ : 노력하는, 너그러운, 놀라운, 날렵한, 늠름한, 넉넉한, 노련한, 느긋한, 나누는, 능숙한

ㄷ : 다정한, 대단한, 도전적인, 당당한, 듬직한, 든든한, 대견한, 담대한, 담백한, 당찬, 도덕적인, 단정한, 똑똑한, 대담한, 독특한, 두려움 없는, 도움을 많이 주는

ㄹ : 로맨틱한

ㅁ : 믿음직한, 명랑한, 매력적인, 멋진, 만족스런, 민첩한, 맑은, 명예로운, 마음씨 착한/좋은/넓은, 목적의식이 있는

ㅂ : 바람직한, 배려하는, 바른, 밝은, 복스러운, 부드러운, 부지런한, 반듯한, 베푸는, 보고 싶은, 보물 같은, 봉사심이 뛰어난

ㅅ : 성실한, 소중한, 사랑스러운, 선한, 신비로운, 신중한, 솔직한, 상냥한, 수려한, 섬세한, 슬기로운, 세련된, 사려 깊은, 신뢰받는

ㅇ : 아름다운, 예쁜, 영리한, 아기자기한, 영원한, 영민한, 우수한, 예리한, 야무진, 열정적인, 용감한, 예의 있는, 영리한, 웅장한, 영광스런, 이해심 깊은, 용서를 잘하는

ㅈ : 정다운, 정직한, 집중하는, 지혜로운, 존경스런, 자랑스러운, 진지한, 존중하는, 잘생긴, 재미있는, 재치 있는, 재빠른, 재능 있는, 진솔한, 자율적인, 자유로운, 정의로운

ㅊ : 친절한, 착한, 참한, 침착한, 차분한, 초롱초롱한, 청결한, 청순한, 초연한, 충직한, 창조적인, 책임감 있는, 창의적인

ㅋ : 커다란, 코믹한, 카리스마 있는

ㅌ : 투명한, 투철한, 튼튼한, 탁월한, 특이한

ㅍ : 포근한, 평화로운, 편안한, 포용적인, 파릇파릇한, 필요한, 평온한

ㅎ : 훌륭한, 행복한, 현명한, 힘찬, 희망찬, 해맑은, 화사한, 호탕한, 협동하는, 한결같은, 헌신하는, 혁신적인, 확신하는, 화려한, 호기로운

\* 정확하게는 형용사가 아니어도 학생들의 입에서 나오거나 원하는 긍정적인 꾸밈말이라면 재량껏 허용합니다.

> **이런 활동 어때요?** 긍정 이름 선물하기

학기 초에는 긍정적인 이름을 본인이 직접 만들었다면 학기 중에는 '긍정 이름 선물하기' 활동을 해봅니다. 그동안 형성한 관계를 바탕으로 서로에게 이름을 선물하는 일대 다수 활동입니다. 이를 통해 교우 관계가 돈독해지고, 응원과 격려의 말에 힘입어 새로운 의지를 다질 수 있습니다. 학생들은 공책과 포스트잇(8장), 펜을 챙긴 후 자유롭게 교실을 돌아다닙니다(교실 산책). 만난 친구와 가위바위보를 해서 이긴 친구가 진 친구에게 긍정 이름을 만들어 선물합니다. 포스트잇에 친구의 긍정 이름을 쓰고, 공책에 붙여줍니다. 이때, 긍정 이름을 선물 받는 학생은 포스트잇을 보지 않도록 미리 약속합니다. 이름을 만들 때는 초성에 상관없이 '친구의 장점이 드러나는 형용사'를 쓰도록 하고, 만약 부정적인 형용사가 먼저 떠오른다면 그것을 극복할 수 있는 형용사를 선물해줍니다. 예를 들어 '소심한 진희'라는 표현 대신 '용기 있는 진희'로 바꿔서 선물합니다. 모니터나 칠판에는 다양한 형용사 예시를 제공하고, 활동이 끝나면 동그랗게 모여 앉아 선물 받은 긍정 이름을 살피고 서클을 합니다.

> **회복적 질문, 이렇게 나눠보세요**

| | |
|---|---|
| 여는 질문 | - 여러분의 몸과 마음의 상태를 0~10점 사이로 말해주세요. |
| 주제 질문 | - 친구의 장점이 드러나는 형용사, 친구에게 필요한 형용사를 사용해서 긍정 이름을 선물해주세요.<br>- 친구에게 선물 받은 '긍정 이름'을 살펴봅시다. 어떤 이름이 제일 마음에 드나요? 그 이유도 함께 이야기해주세요. |

| 실천 질문 | – 앞으로 학교생활에서는 어떤 말과 행동을 하며 지내고 싶은가요? |
|---|---|
| 배움 질문 | – 친구와 '긍정 이름' 선물을 주고받으니 어떤 생각과 느낌이 드나요?<br>→ 친구가 선물한 긍정 이름처럼, 여러분은 멋진 사람입니다. |

 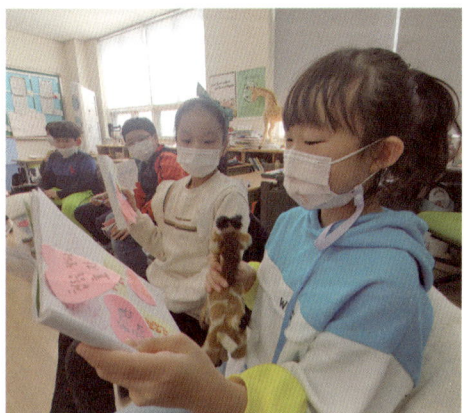

# 3. 서로를 존중하는 학급 가이드라인 세우기
## 좋아요·싫어요

> **이 책을 읽었어요**
>
> **친구에게**
> (김윤정 글·그림 / 국민서관)
>
> 친구란 어떤 존재일까요? 목이 마를 때는 물을 함께 나눠 마십니다. 어려운 일로 고민할 때는 내 이야기에 귀 기울여줍니다. 혼자라고 느낄 때는 내 편에 서주기도 하지요. 우리에게 정말 특별한 존재, '친구'에게 하고 싶은 말을 전해봅시다.

## '좋아요·싫어요'로 서로를 존중하는 학급 가이드라인을 세웁니다

누구에게나 첫 만남은 어색합니다. 교실에서도 마찬가지입니다. 초기엔 반 친구들이나 선생님에 대해 잘 모르니까 조심스럽게 행동하게 되고, 보이지 않는 탐색전을 벌이기도 합니다. 상대방의 말과 작은 행동도 주의 깊게 관찰하면서 성격을 짐작해보기도 하지요. 사람마다 타고난 성향이나 살아온 환경이 다르니까 당연한 일입니다. 이렇게 성격, 생각, 경험이 제각각인 우리가 교실이라는 한 공간에서 만나 1년을 함께 지내야 합니다.

"(친구의 필통을 만지며) 와~ 이거 어디서 샀어? 정말 예쁘다, 다음에 같이 구경 가자."
"(떨떠름한 표정으로) 으응, 그래."

때로는 상대에 대한 호감 표현이 오해를 사기도 합니다. 사람마다 표현 방식과 상대를 받아들이는 경계선이 달라서입니다. '좋아요·싫어요' 활동으로 서로의 가치관을 살필 수 있습니다. '좋아요' 칸에는 좋았던 친구와 선생님의 모습을, '싫어요' 칸에는 싫었던 친구와 선생님의 모습을 써서 붙입니다. 각자의 생각을 솔직하게 작성하고 그 내용을 공유합니다. "오~ 나도 내 마음을 알아주는 선생님이 제일 좋던데!" "어? 나는 팔짱 끼면 친해지는 것 같아서 좋은데, 싫어하는 사람도 있네." 각자가 써놓은 표현을 읽으면 기대와 걱정이 교차하지만 그 가운데서 공감대를 찾을 수 있습니다. 서로의 생각을 살피고 존중하며 이 공동체에서 나는 어떻게 지내는 것이 좋을지 생각해볼 수 있습니다. 관계를 맺는 데 '이런 말과 행동은 괜찮구나', '이런 말과 행동은 하지 말아야겠구나'를 파악하며 학급 전체의 울타리를 세우고, 서로의 생각과 욕구를 존중하는 관계 맺기를 시작합니다.

좋아요·싫어요는 우리 반에서 어떤 말과 행동이 환영받고, 어떤 말과 행동을 조심해야 하는지를 알려주는 학급 가이드라인입니다. 공동체가 조화롭게 살아가기 위해 지켜야 할 최소한의 경계선을 아는 활동이라고 할 수 있지요. 좋아요·싫어요 활동을 한다고 해서 그 이후에 교실에서 학생들끼리 부딪히는 일이 생기지 않는 것은 아니지만, 크게 걱정할 필요는 없습니다. 공동체 생활에서 갈등이 생기는 것은 자연스러운 현상이고, 갈등을 경험하는 것도 배움이니까요. 교실에서 문제(갈등)를 경험함으로써 우리에게 필요한 '존중의 약속'이 무엇인지를 느끼고, 평화롭게 갈등을 해결하는 경험을 쌓을 수 있습니다.

| 배움 목표 | <친구에게>를 읽고, '좋아요·싫어요' 활동으로 학급 가이드라인 세우기 | |
|---|---|---|
| 단계 | 회복적 활동 | 회복적 활동 과정 |
| 1 | '좋아요·싫어요' 활동하기 | – '좋아하는·싫어하는' 선생님과 친구 떠올리기<br>– '좋아요·싫어요' 활동 나누기 |
| 2 | <친구에게> 함께 읽기 | – <친구에게> 예상하며 읽고, 경험 나누기<br>– 이미지 프리즘으로 좋은 친구 다짐하기 |

* '좋아요·싫어요'를 교실에 부착하여 공동체의 가이드라인으로 삼고, 한 달 뒤에 만든 '존중의 약속'이 '좋아요·싫어요' 자리를 대신합니다.

## '좋아요·싫어요' 활동하기

교실에는 성격과 생각이 제각각인 개인들이 모여 있습니다. 서로에 대해 잘 모르는 상황에서 학교생활을 하다 보면 오해와 갈등이 생기기 마련입니다. 좋아요·싫어요 활동으로 서로의 생각을 살펴서 학급 가이드라인을 세워놓으면 미리 조심하고 배려하는 생활을 몸에 익히게 됩니다. 먼저 2절지에 '이런 친구·선생님, 좋아요·싫어요'를 써넣을 수 있도록 네 영역을 마련하고, 두 가지 모양(색)의 포스트잇도 준비합니다.

"이제부터 우리는 함께 생활할 거예요. 그런데 서로에 대해 아는 것이 별로 없지요? 서로 존중하며 지낼 수 있도록 각자의 생각을 알아보면 좋을 것 같아요. 그동안의 학교생활을 떠올리며 친구와 선생님의 어떠한 말과 행동이 좋고, 싫었는지 떠올려보세요. 그리고 그 내용을 포스트잇에 써서 붙여주세요."

영역별로 구분해서 활동을 시작합니다. '이런 친구 좋아요'에 해당하는 내용부터 하트 포스트잇에 써서 붙입니다. 먼저 붙인 친구는 다른 친구들의 내용을 자유롭게 살펴볼 수 있습니다. 한 장의 포스트잇에는 하나의 구체적인 내용만 들어가도록 합니다. 만약 추가로 떠오르는 내용이 있으면 포스트잇을 더 가져가도 좋습니다. 그다음, '이런 친구 싫어요'에 해당하는 내용을 파란색 포스트잇에 써서 붙입니다. 차례대로 '이런 선생님 좋아요'와 '이런 선생님 싫어요'도 작성합니다. 모든 과정에 학생은 물론 선생님도 참여합니다. 좋아요·싫어요, 두 영역의 포스트잇 모양이나 색을 다르게 하면 훨씬 직관적으로 내용을 알아볼 수 있습니다.

네 영역을 모두 작성했으면 1~2모둠씩 칠판 앞으로 나와 내용을 살핍니다. 자연스럽게 "와~ 얘, 나랑 똑같네." "숙제 많이 내주는 선생님 진짜 싫대." 이런 반응이 나오는데 자유롭게 이야기할 수 있도록 허용하는 분위기를 조성해줍니다. 모두 내용을 살핀 뒤에는 선생님과 한 번 더 확인합니다. 공통으로 많이 등장한 내용과 꼭 이야기 나눠야 할 내용을 짚습니다. '장난치는 친구가 싫어요', '착한 선생님이 좋아요'처럼 추상적인 표현이 있다면 친구들이 '싫어하는 장난'은 무엇인지, 학생들에게 '착한 선생님'은 어떤 모습인지 이야기를 나눕니다. 특히 '이런 선생님 좋아요·싫어요' 부분에서는 학생들이 교사에게 무엇을 기대하는지, 교사로서 어떤 행동을 조심해야 하는지 살펴볼 수 있습니다. 반대로 '이런 학생 좋아요·싫어요'에서는 선생님이 학생들에게 기대하는 부분과 각별히 조심해야 할 점을 자연스럽게 전할 수 있습니다. 이렇게 각자의 생각을 이야기 나누며 우리 반만의 학급 가이드라인을 만듭니다. 활동 결과물은 교실 앞쪽 잘 보이는 곳에 전시하여 늘 볼 수 있도록 합니다.

**회복적 질문, 이렇게 나눠보세요**

| 주제 질문 | - 그동안 학교생활을 하면서 정말 좋았던/싫었던 친구/선생님을 포스트잇에 써봅시다.<br>('좋아요·싫어요'에 등장하는 내용을 구체적으로 나눕니다.)<br>• 친구를 잘 챙긴다는 건 어떤 말과 행동을 하는 것을 뜻하나요?<br>• '착한 선생님'은 어떤 말과 행동을 하는 선생님인가요? |
|---|---|

| | |
|---|---|
| 주제 질문 | – 학생들에게 기대하는 선생님의 마음 전달하기<br>선생님이 쓴 내용 : 표현하는 친구 좋아요, 비난하는 친구 싫어요.<br>"선생님은 여러분과 많이 소통하고 싶어요. 그래서 여러분이 생각하고 느끼는 것을 많이 말해줬으면 좋겠어요. 하지만 무언가를 시작하기도 전에 부정적인 말부터 하거나, 다른 사람의 실수에 야유하는 것은 솔직함이나 소통이 아니에요. 그 부분은 꼭 조심해서, 서로를 존중했으면 좋겠어요."<br>– 학생의 기대에 선생님이 반응하기<br>"여러분은 즐겁고 재미있는 학교생활을 기대하고 있군요. 공부에 대한 부담도 큰 것 같아요. 선생님도 '많이' 공부하는 것보다 '할 때 하는, 충실한 학습 태도'가 중요하다고 생각해요. 여러분이 수업 시간에 집중하면 분명 남는 시간이 생길 거예요. 남는 시간을 여러분과 함께 웃을 수 있는 활동으로 채워볼게요."<br>– 학급 가이드라인으로 활용하기<br>"혹시 '좋아요'에 적힌 모든 것을 갖춘 사람이 있나요? 아마 없을 거예요. 우리는 완벽하지 않으니까요. 중요한 것은 노력하는 태도예요. 오늘 '싫어요'에 대한 이야기를 나눴으니, 서로 싫어하는 행동은 조심합시다. 만약 잘못을 하게 되면 함께 해결해나갑시다." |

| 이런 친구 좋아요 | 이런 친구 싫어요 |
|---|---|
| 친구를 잘 챙겨주는 친구, 친절한 친구, 상냥하게 말하는 친구, 축구를 좋아하는 친구, 나를 이해해주고 도와주는 친구, 나를 진심으로 좋아해주는 친구, 긍정적으로 응원하는 친구, 말로 표현하는 친구(교사 작성) | 내 마음을 몰라주는 친구, 욕 쓰는 친구, 놀리는 친구, 뒷말하는 친구, 때리는 친구, 별명을 부르는 친구, 함부로 스킨십하는 친구, 빤히 째려보는 친구, 이기적인 친구, 비난하는 말을 하는 친구(교사 작성) |
| → Q. 친구를 잘 챙긴다는 건 어떤 말과 행동인가요?<br>준비물 나눠 쓰는 친구, 같이 놀자고 먼저 말하는 친구, 모르는 거 가르쳐주는 친구, 격려해주는 친구 | → Q. '내 마음을 몰라주는 친구'가 나왔는데, 마음을 어떻게 알 수 있지요?<br>표정 보기, 말투나 행동 보기, 자기 마음 이야기하기 |

| 이런 선생님 좋아요 | 이런 선생님 싫어요 |
|---|---|
| 웃는 선생님, 우리한테 잘해주는 선생님, 마음이 착한 선생님, 내 심정을 이해해주는 선생님, 나를 알아주는 선생님, 즐겁게 해주는 선생님, 수업이 재미있는 선생님, 영화 보여주는 선생님, 공부 많이 안 시키는 선생님 | 내 마음을 몰라주는 선생님, 공부 많이 시키는 선생님, 나쁜 점을 찾아서 혼내는 선생님, 엄격한 선생님, 내 말을 안 듣고 화내는 선생님, 차별(비교)하는 선생님, 제멋대로 하는 선생님, 때리는 선생님 |

| → Q. '잘해주는/착한 선생님'은 어떤 선생님인가요?<br>학생과 대화하는 선생님, 두 번 물어도 화내지 않는 선생님, 말 먼저 걸어주는 선생님, 체육(놀이) 많이 하는 선생님 | → '마음'이 등장하면, 앞으로 운영할 '감정 신호등'을 소개합니다. |
|---|---|

'마음'에 관한 말이 나오면 이어질 활동 '감정 신호등'을 소개합니다.

"마음을 몰라주는 친구와 선생님이 싫군요. 그렇다면 마음은 어떻게 알 수 있나요? 여러분의 말처럼 표정과 말투, 행동으로 알 수도 있지만, 자세히 살피지 않으면 알기 어려워요. 앞으로 교실에서는 '감정 신호등'을 운영할 거예요. '감정 신호등'으로 자신의 마음을 표현할 수 있고, 다른 사람의 마음도 알 수 있어요. 나와 나른 사람의 마음을 살피며 지낼 수 있어요."


## 〈친구에게〉 함께 읽기

　서클로 의자를 배치한 후 선생님 앞에 옹기종기 모여 앉아 책을 읽습니다. 표지를 살펴보며 어떤 내용이 담겨 있을지 추측합니다. 〈친구에게〉라는 제목 때문인지 자연스럽게 친구와 관련한 경험들을 이야기합니다. 학생들은 가까이에서 책의 실물을 봅니다. OHP 필름을 활용하여 이야기를 전개한 구성이 돋보여서 책을 보는 감동이 훨씬 큽니다.

　목이 마를 때 물이 없다고 슬퍼하지 마.
　내 물을 나누어줄게.
　어려운 일로 혼자서 고민하지 마.
　네 이야기를 들어줄게.
　네가 차가운 빗속에 있다면,
　나도 함께 그 비를 맞을 거야.

한 아이가 홀로 힘든 상황에 놓이고, 친구가 격려와 위로를 하는 것으로 이야기가 펼쳐집니다. 몇 장면을 읽고 나면 학생들도 책의 흐름을 이해하므로 네 번째 장면부터는 "만약 여러분이 친구라면 어떻게 행동할 것인가요?"를 질문하고 이야기를 나눕니다. 책 속 상황을 자신의 삶으로 가져와서 적극적으로 읽는 것입니다. 책을 다 읽고 나면 잔잔한 감동이 밀려듭니다. 이제 학생의 삶으로 돌아가서 자신의 이야기를 꺼내놓을 차례입니다. 서클로 둘러앉아 책을 읽고 나서 떠오르는 친구나 경험을 나눕니다. 천천히 서로의 목소리를 들으며 '아, 그런 친구가 있었지. 그런 친구가 참 좋은 친구지'를 느껴보는 시간입니다. 이야기가 끝나면 조용히 눈을 감습니다. 교사는 서클 중앙에 센터 피스로 이미지 프리즘(사진 카드)을 펼쳐놓습니다. 준비가 다 되면 학생들 눈을 뜨게 하고 활동을 안내합니다.

"여러분 앞에는 다양한 이미지 프리즘이 있습니다. 〈친구에게〉를 읽고 나니 여러분은 어떤 모습의 친구가 되고 싶나요? 그와 관련 있는 사진을 골라주세요. 예를 들면 선생님은 각자의 색으로 가위바위보를 하는 이 사진처럼, 다름을 존중하는 친구가 되고 싶어요. 지금부터 1분간 천천히 이미지 프리즘을 살펴봅시다. (시간이 흐르고) 자신이 고른 이미지 프리즘을 가져오세요."

모든 친구가 이미지 프리즘을 고르면 신뢰 서클을 시작합니다. 자신은 어떤 모습의 친구가 되고 싶은지, 모두가 보는 앞에서 드러냅니다. 우리는 그 이야기를 경청함으로써 친구의 멋진 모습을 기대하고 응원합니다. 이렇게 이미지 프리즘을 활용하면 자신의 생각을 구체적으로 시각화하여 표현할 수 있습니다. 특히 비슷하거나 단순한 대답이 예상되는 질문에서 이미지 프리즘을 활용하면 각자의 가치관을 보여주는 다양한 대답을 들을 수 있어서 좋습니다.

### 회복적 질문, 이렇게 나눠보세요

| | |
|---|---|
| 여는 질문 | - 표지를 살펴보니 이 책에는 어떤 내용이 담겨 있을 것 같나요? |
| 주제 질문 | - (책의 장면에 맞춰) 친구가 두려워 머뭇거릴 때/넘어졌을 때/혼자라고 느낄 때/혼자 힘들어할 때, 여러분은 친구로서 어떻게 행동할 것인가요?<br>- 이 책을 읽고 떠오르는 경험이나 친구가 있나요? |
| 실천 질문 | - 여러분은 어떤 친구가 되고 싶나요? 자신이 되고 싶은 친구의 모습을 떠올리며, 그에 어울리는 이미지 프리즘 카드를 고르고 소개해주세요. |
| 배움 질문 | - 오늘 활동을 하며 어떤 생각과 느낌이 들었나요? |

| | | | |
|---|---|---|---|
| | 엄마 오리가 새끼 오리를 이끌어주는 것처럼, 앞장서서 친구에게 도움을 주고 싶습니다. | | 시소처럼 오르락내리락하는 친구의 마음을 제일 먼저 알아줄 거예요. |
| | 어떤 상황에서든 옆에 있을 것입니다. 친구가 다치면 도와주고, 심심하면 같이 놀고, 슬프면 같이 슬퍼할 것입니다. | | 저는 이 꽃처럼 키가 큽니다. 키가 큰 제 장점으로, 높이 있는 물건을 꺼내줄 것입니다. 도움을 주는 친구가 되고 싶습니다. |

## 4. 학기 초 관계 형성하기
## 나·너·우리를 알아가는 공동체 활동

### 개학 후 일주일이 1년 학교생활을 좌우합니다

학급 운영에도 골든타임이 있다면 개학하고 일주일에서 한 달간일 것입니다. 새해, 1월, 월요일, 우리는 늘 시작하는 날을 기점으로 새로운 결심을 단단히 하고 변화를 맞이합니다. 새 학기 역시 이전과 다른 내가 탄생하고, 새로운 관계가 펼쳐지는 기회의 장입니다. 그래서 이 시기에 자신을 잘 살피고 다양한 사람을 만나도록 해주는 것이 중요하지요. '우리'라는 이름의 공동체성이 쌓일 수 있도록 관계 맺기 활동을 하는 것이 핵심입니다. 한 교실에는 20~30명 정도의 학생이 모여 있지만 서로에 대해 잘 모릅니다. 직접적으로 상호작용할 기회가 드물다 보니 오히려 겉으로 보이는 이미지나 소문으로 상대를 알고 있을 뿐이지요. 자신의 존재를 드러내고 이야기를 나누는 공동체 활동이 중요한 이유는 이러한 직접적인 상호작용으로 서로를 깊이 있게 알아갈 수 있기 때문입니다. 만남과 관계를 즐거운 공동체 활동으로 열어봅니다.

공동체 활동의 목표는 '서로 친해지는 것'이 아닙니다. 모든 사람과 친하게 지내는 것은 어려울 뿐더러 강요해서도 안 됩니다. 중요한 것은 '탐색의 기회'를 갖도록 하는 것이지요. 그동안 어떤 모습으로 살아왔는지에 상관없이 학생들이 자신에 대해 살필 시간을 갖는 것이 필요합니다. 올해 이 교실에 들어올 때 어떤 마음이었는지, 이 교실에서 어떤 삶을 펼치고 싶은지, 꼭 해내고 싶은 일은 무엇인지를 생각할 기회를 갖도록 합니다. 그리고 다른 사람을 탐색합니다. 나는 다른 사람과 어떤 점이 비슷하고, 또 다른지 직접 몸으로 부딪히며 알아가다 보면 우리 반 '아이'였던 누군가가 '친구'가 되는 소중한 경험을 할 수 있습니다. 혹시 친밀한 관계로 발전하지 못하더라도 타인에 대한 탐색을 통해 나와 '다른' 사람이 있음을 깨닫는다면 그것만으로 좋습니다. '다름에 대한 이해'는 '존중'으로 이어지며 공동체에서 관계의 주춧돌 놓는 역할을 합니다.

■ **손바닥 타임캡슐 가랜더**

새로운 학교생활을 시작하는 마음과 다짐을 1년 뒤의 나에게 보내는 타임캡슐 편지로 써봅니다. 새 학기의 떨림과 기대, 걱정을 미래의 자신에게 씀으로써 마음을 살피고 다독일 수 있습니다. 마음을 글로 표현하면 걱정과 불안감이 수그러들고, 계획한 것을 다 이룰 수 있을 것 같은 자신감이 솟아납니다. 그 마음과 에너지를 날것 그대로 편지에 담습니다. 완성한 타임캡슐 편지는 가랜더로 만들어 1년 내내 교실에 전시합니다. 학기 중에는 타임캡슐을 바라보며 첫 마음을 떠올리고, 1년 뒤에는 과거의 자신이 쓴 편지를 읽으며 그간의 성장과 경험을 되돌아봅니다. 먼저 A4 사이즈 색지에 자신의 손바닥을 대고 그립니다. 손바닥 안에 지금의 마음과 다짐, 1년 뒤 자신에게 전하고 싶은 말을 씁니다. 편지는 자신만 볼 수 있으므로 솔직한 마음을 담습니다. 편지를 다 작성하면 가랜더로 만들어 교실 창가에 걸어놓습니다. 그리고 'ㅇㅇㅇㅇ년에 읽을 우리의 타임캡슐'이라고 적어놓습니다. 1년 후 종업식 날, 타임캡슐 편지를 나눠줍니다. 편지를 펼치면 1년 전 손바닥이 보입니다. 그 손바닥에 현재의 손바닥을 가져다 대봅니다. 신체적으로도 얼마나 성장했는지 알 수 있지요. "선생님, 저 한 마디만큼이나 자란 것 같아요!" "저는 마음은 자란 것 같은데 몸은 안 자랐어요." 추억을 되돌아보는 아이들의 감회가 남다를 것입니다. 편지를 읽으며 1년 전의 자신은 어떠했고, 지금의 자신은 얼마나 성장했는지를 되돌아봅니다. 손바닥 바깥 여백에 편지를 읽은 소감을 솔직하게 작성해서 소중한 추억으로 편지를 가져갑니다. 이렇게 학기 초 활동을 학기 말로 이어갑니다.

### 회복적 질문, 이렇게 나눠보세요

**여는 질문** - 새 학년을 시작하는 여러분의 마음을 색으로 표현한다면 무슨 색인가요?

**주제 질문**
- 여러분은 이 교실에서 어떤 삶을 살고 싶나요?
  올해 꼭 이루고 싶은 것은 무엇인가요?
  여러분의 솔직한 마음과 다짐을 편지에 써봅시다. 1년 뒤에 읽을 타임캡슐입니다.

**배움 질문**
- (1년 뒤) 손바닥을 가져다 대보세요.
  1년 전에 자신이 쓴 편지를 보니 어떤 느낌과 생각이 드나요?
  1년을 되돌아봤을 때 가장 큰 성장과 변화는 무엇인가요?

### 손바닥 타임캡슐 가랜더 만들기

**준비물 : A4 용지(색지, 무늬지, 120~180g 추천), 사인펜/색연필, 풀, 테이프, 끈**

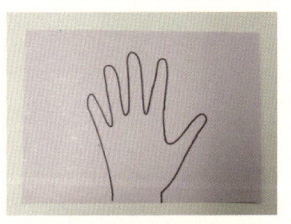

① A4 용지에 자신의 손바닥 그리기

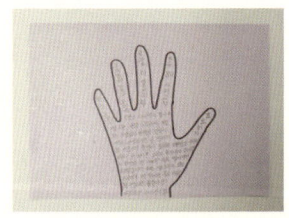

② 손바닥 안에 1년 뒤의 나에게 편지 쓰기

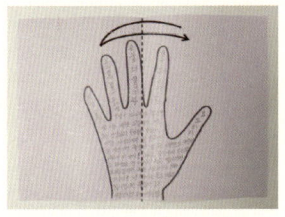

③ 반으로 접었다 펴기

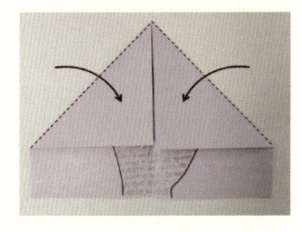

④ 중앙선에 맞춰 세모 모양으로 접기

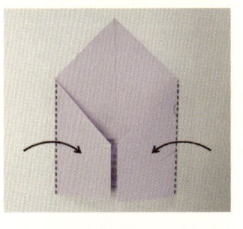

⑤ 중앙선으로 모아 접기

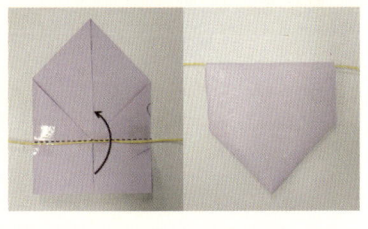

⑥ 아랫부분을 위로 접으며, 끈 붙이고 덮기

⑦ 타임캡슐 편지를 모아 우리 반 가랜더로 만들고, 1년 내내 전시하기

### ■ 이름 알아가기 ① : 내가 너의 이름을 불렀을 때

관계의 시작은 상대방의 이름을 아는 것입니다. 그래서 학급 구성원의 이름을 기억하는 활동을 소개합니다. 흔히 자기소개와 책상 이름표를 통해 자연스럽게 서로의 이름을 익히도록 합니다. 그런데 교실에서 말수가 적고, 행동이 눈에 띄지 않는 아이는 학기 중반이 지나도록 친구들 사이에서 "쟤 이름이 뭐였더라?" 하는 일이 종종 생깁니다. 학교생활을 함께하는 친구들이 내 이름을 모른다면 그만큼 섭섭한 일도 없겠지요. 상대를 인식하는 것으로부터 관계가 시작됩니다. 누군가 결석했을 때 친구들이 먼저 알고 안부를 묻는다면 '내 교실'이라는 소속감과 안정감을 느낄 수 있습니다. 따라서 학기 초에 서로의 이름을 익힐 수 있는 다양한 활동을 시도합니다. '내가 너의 이름을 불렀을 때'는 학급 구성원들의 얼굴을 천천히 살피며 이름을 익히는 놀이입니다.

---

**내가 너의 이름을 불렀을 때**

① 서클로 동그랗게 모여 앉은 후, 몸(공동체) 놀이로 자리를 섞는다.
② 서클 키퍼인 선생님부터 오른(왼)쪽 방향으로 돌아가며 자신의 이름을 소개한다.
③ 선생님 의자를 하나 빼고, 술래가 되어 서클 중앙으로 들어간다.
　　(활동이 익숙해지면 술래를 자원하는 친구부터 시작한다.)
④ 술래는 티슈를 허공에 던지며 학급 구성원의 이름을 외친다.
⑤ 이름이 불린 사람은 재빨리 뛰쳐나와 휴지가 땅에 닿기 전에 잡는다. 이때 술래가 빈자리에 가서 앉는다.
⑥-1. 떨어지는 휴지를 못 잡으면, 이름을 불린 사람이 새로운 술래가 된다.
⑥-2. 떨어지는 휴지를 잡았으면, 이전의 술래가 한 번 더 술래가 된다.
　* 친구의 이름을 잘 모를 때는 이름표를 착용할 수 있다. 또는 이름표를 착용한 채로 뒤집고 활동을 하다가 활동 중간에 잠시 이름을 공개하는 시간을 가질 수도 있다.
　* 휴지를 잡는 게 너무 쉽다면 휴지를 반으로 접거나 잘라서 활동의 난이도를 높인다.

> \* 다양한 학급 구성원이 참여할 수 있도록 규칙을 제한할 수 있다. 가령 술래가 남자(여자) 일 때 여자(남자) 이름 부르기, 이름을 불리지 않은 친구 부르기 등

\* 활동 영상은 교육과실천 밴드에서 보실 수 있습니다.

### ■ 이름 알아가기 ② : 띠 빙고, 한 줄 빙고, 초성 퀴즈

빙고는 개별 활동이면서 동시에 서로를 연결해줍니다. '띠 빙고'나 '한 줄 빙고'는 기존의 빙고보다 한층 흥미진진한 놀이입니다. 띠 빙고는 이면지를 활용하여 종이를 찢는 재미를 느낄 수 있고, 한 줄 빙고는 항목이 적을 때 적합합니다. 빙고를 통해 외운 친구들의 이름을 복습하는 차원에서 '초성 퀴즈'를 해봅니다. 초성 퀴즈는 짧은 시간 안에 친구들의 이름을 복습할 수 있는 스릴 있는 활동입니다.

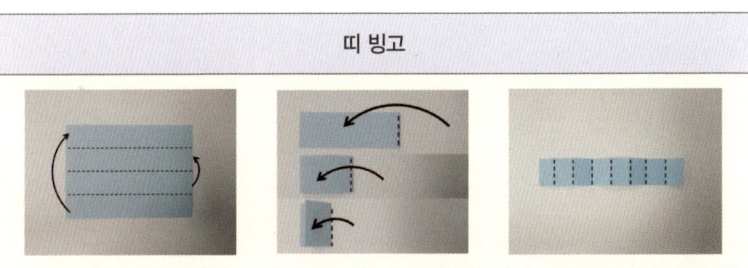

**띠 빙고**

① A4 크기의 종이(이면지)를 두 번 접어서 펼친 후, 접힌 선을 잘라 4개의 종이 띠를 만들어서 나눠준다.
② 띠를 세 번 겹쳐 접어, 8개의 칸을 만든다.
③ 이름 빙고 주제에 따라 한 칸에 한 명씩 해당하는 친구의 이름을 적는다.
④ 선생님부터 빙고에 쓴 이름 하나를 말한다. (예 : 황진희)
⑤ 불린 이름이 띠 빙고 양 끝에 있으면 뜯을 수 있다. 중앙에 있으면 뜯을 수 없다.

예) 해당

| 황진희 | 강준수 | 최성민 | 이재석 | 조수진 | 도영숙 | 김이철 | 김준석 |
|---|---|---|---|---|---|---|---|
| 김준석 | 강준수 | 최성민 | 이재석 | 조수진 | 도영숙 | 김이철 | 황진희 |

예) 해당 없음

| ~~최성민~~ | 김준석 | 황진희 | 도영숙 | 김이철 | 이재석 | 조수진 | ~~강준수~~ |
|---|---|---|---|---|---|---|---|

⑥ 이름을 불린 사람이 다음 이름을 부른다.
  (띠 빙고의 특성상 불린 이름이 여러 번 불리기도 한다.)
⑦ 반복하다가, 이름을 다 뜯으면 '빙고'를 외친다.

**이름 빙고의 주제 (난이도 순)**
- 1단계 : 우리 반 친구들의 이름 쓰기, 남학생/여학생 이름 쓰기
  (1단계에서는 미리 이름 소개를 해도 좋고, 책상 이름표를 보는 것도 허용한다.)
  2단계 : 1~2분단 친구들의 이름 쓰기, 1~3모둠 친구들의 이름 쓰기 등
- 3단계 : 머리를 묶은 친구, 반소매를 입은 친구, 책상 위에 우유가 있는 친구 이름 쓰기 등
  (친구들의 모습이나 행동을 관찰해야 알 수 있는 주제를 제시한다.)

### 한 줄 빙고

① 띠종이를 8칸으로 긋는다. 혹은 공책에 '한 줄 8칸'을 그린다.
② 이름 빙고 주제에 따라 한 칸에 한 명씩 해당하는 친구의 이름을 적는다.
③ 선생님부터 빙고에 쓴 이름 하나를 말한다.
④ 불린 이름에 동그라미 표시를 한다.
⑤ 이름이 불린 사람이 다음 이름을 부른다.
⑥ 반복하다가, 5칸이 연속으로 연결되면 '빙고'를 외친다.
예) 한 줄 빙고 : '이재석, 황별, 도영숙, 김이철, 김준석' 이름이 불렸을 때,
빙고 : 5칸 연속

| 황진희 | 강준수 | 최성민 | (이재석) | (황 별) | (도영숙) | (김이철) | (김준석) |
|---|---|---|---|---|---|---|---|

빙고 아님

| 최성민 | (김준석) | 황진희 | (도영숙) | (김이철) | (이재석) | (황 별) | 강준수 |
|---|---|---|---|---|---|---|---|

* 한 줄 빙고의 칸 개수와 빙고 기준은 변경할 수 있다.

### 초성 퀴즈

① 칠판(모니터)에 학급 구성원의 이름을 초성으로 제시한다.
② 학생은 그 초성에 해당하는 사람의 이름을 맞힌다.
③ 교사가 초성 퀴즈를 낼 때 생각한 이름을 외치면 정답이다.
예) ㄱㅎㅈ : 김호준, 김희진, 강현재 등 해당 교실에서 그 초성을 사용하는 친구의 이름 외치기
→ 실제로 초성 퀴즈를 낼 때 '김희진'을 정해놓았다면, 정답은 '김희진'만 해당한다.

■ **몸으로 하는 빙고 & 친구 찾기 빙고**

때로는 한바탕 웃음과 땀방울이 어색하고 낯선 분위기를 녹여줍니다. '몸으로 하는 빙고'는 교실을 마음껏 돌아다니며 친구들과 협동하여 미션을 수행하는 활동입니다. 예를 들면 손바닥 밀기 게임을 하고 안마해주기, 같은 것을 낼 때까지 가위바위보하기 같은 활동이지요. 처음에는 쭈뼛거리기도 하지만 분위기에 이끌려 자연스럽게 어우러지는 가운데 여러 친구와 서로 눈을 맞추고 함께 웃으며 유대감을 쌓게 됩니다. 몸으로 하는 빙고를 단순화한 '친구 찾기 빙고'도 있습니다. 친구 찾기 빙고는 칸에 주어진 조건을 보고 해당하는 대상을 찾아서 사인을 받는 것입니다. 예를 들면 혈액형이 A형인 친구, 봄을 좋아하는 친구를 찾는 식입니다. 앞서 몸으로 하는 빙고가 미션 수행에 기반을 둔 것이라면 친구 찾기 빙고는 소통을 목표로 합니다. 친구 찾기 빙고에서는 다양한 친구와 대화를 통해 서로의 근황을 살피고, 새로운 점을 알아갑니다. 친구와의 공통점, 차이점을 찾아 대화의 물꼬를 트는 활동으로 학기 초는 물론 연휴나 개학한 다음에 하면 좋습니다.

* '몸으로 하는 빙고', '친구 찾기 빙고' 활동지는 교육과실천 밴드에서 보실 수 있습니다.

■ **감정 퀴즈**

자신의 감정을 아는 것은 매우 중요합니다. 자신의 '감정을 들여다볼 줄 알아야' 나와 감정을 분리할 수 있고, 그래야 스스로를 위로하며 감정에 휘둘리지 않고 살아갈 수 있기 때문입니다. 물론 감정을 살피는 일이 쉽지는 않습니다. 대개 '그저 그래', '좋아', '싫어', '짜증나'처럼 뭉뚱그려 표현하기 십상이지요. 무엇보다 자신의 감정을 알아차리기 어려운 이유는 천천히 자신의 마음과 감정을 살펴볼 시간과 여유가 없어서입니다. 충분히 들여다본다고 해도 제대로 표현을 못한다면 '감정을 표현할 줄 모르는 것'과 마찬가지이기도 하고요. 감정 카드를 뽑아서 어떨 때 그 감정을 느꼈는지를 공유하며 다양한 감정 표현을 알아봅니다. 자연스럽게 사람이 느끼는 감정의 종류가 얼마나 다양한지, 그 강도는 또 얼마나 다른지 알게 됩니다.

### 감정 퀴즈

① 술래는 교실 앞에 앉아 뒤집어진 감정 카드를 뽑는다.
② 칠판에 술래가 뽑은 감정(표현)을 적는다.
　술래는 칠판을 등지고 있어서 어떤 감정 표현인지 모른다.
③ 학생들은 언제 그 '감정'을 느껴보았는지 경험을 말한다.
④ 술래는 경험을 듣고 칠판에 적힌 감정을 알아맞힌다.
* 활동 전에 감정 표현을 미리 살펴보면 좋다. 감정 목록을 이용하여 감정 카드를 제작할 수 있다.
* 전체 활동이 아닌 모둠 활동으로도 가능하다.

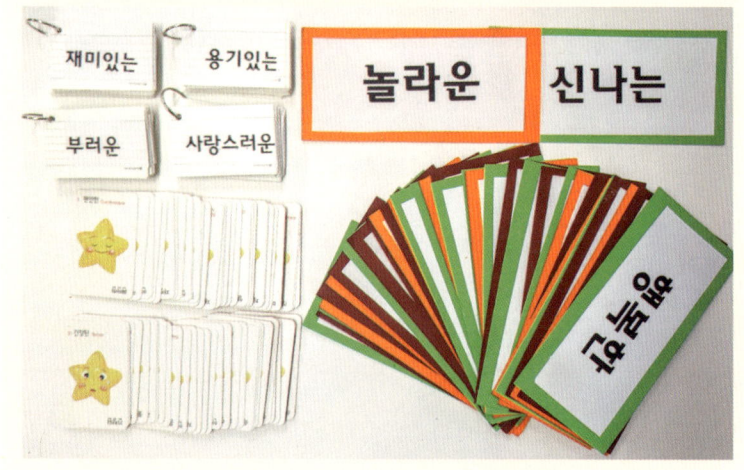

## 다양한 감정 표현

| | | | | |
|---|---|---|---|---|
| 감동스럽다 | 막막하다 | 뿌듯하다 | 안심되다 | 지치다 |
| 걱정되다 | 만족스럽다 | 사랑하다 | 안쓰럽다 | 짜증나다 |
| 겁나다 | 망설여지다 | 상쾌하다 | 안정되다 | 찝찝하다 |
| 고맙다 | 무기력하다 | 샘이 나다 | 안타깝다 | 창피하다 |
| 고요하다 | 무겁다 | 생기가 돌다 | 암울하다 | 초조하다 |
| 곤란하다 | 무관심하다 | 서럽다 | 얄밉다 | 통쾌하다 |
| 괴롭다 | 무섭다 | 서운하다 | 어이없다 | 편하다 |
| 궁금하다 | 뭉클하다 | 설레다 | 억울하다 | 평화롭다 |
| 귀찮다 | 미안하다 | 섬뜩하다 | 열중하다 | 피곤하다 |
| 그립다 | 밉다 | 속상하다 | 외롭다 | 행복하다 |
| 기대되다 | 반갑다 | 수치스럽다 | 우울하다 | 허무하다 |
| 기쁘다 | 벅차다 | 슬프다 | 유쾌하다 | 허전하다 |
| 긴장되다 | 보고 싶다 | 시시하다 | 원망스럽다 | 허탈하다 |
| 난처하다 | 부끄럽다 | 시큰둥하다 | 자랑스럽다 | 혼란스럽다 |
| 놀라다 | 부담스럽다 | 신기하다 | 자신만만하다 | 화나다 |
| 느긋하다 | 부럽다 | 신나다 | 재미있다 | 활기차다 |
| 다정하다 | 분하다 | 실망하다 | 절박하다 | 황당하다 |
| 다행스럽다 | 불쌍하다 | 심란하다 | 조마조마하다 | 황홀하다 |
| 답답하다 | 불안하다 | 심술 나다 | 좋아하다 | 후련하다 |
| 당황스럽다 | 불쾌하다 | 심심하다 | 좌절하다 | 후회스럽다 |
| 두렵다 | 불편하다 | 쑥스럽다 | 즐겁다 | 흐뭇하다 |
| 든든하다 | 불행하다 | 아쉽다 | 지겹다 | 흥미롭다 |
| 따뜻하다 | 비참하다 | 안도하다 | 지루하다 | 흥분하다 |

### ■ 우리가 만든 꽃밭 : 자기소개 꽃 만들기, 칭찬 마니또 꽃

학기 초에 하는 '우리가 만든 꽃밭 : 자기소개 꽃 만들기'는 서로에게 궁금한 점이 무엇인지를 이야기 나누고, 그 내용을 바탕으로 자신을 소개하는 활동입니다. 나태주 시인의 시집 〈풀꽃〉(지혜)에 수록된 시 '풀꽃·1'을 읽어주며 시작해봅니다.

"한 해 동안 함께 생활하면서 서로를 깊이 있게 들여다보면 좋겠습니다. 여러분은 친구의 어떤 점이 궁금한가요?" 학생들은 이름, 생일, 작년 반, 잘하는 것, 혈액형, 좋아하는 것 등 서로에게 궁금한 점을 자유롭게 발표합니다. 선생님은 그 대답을 칠판에 받아 적습니다. 선생님도 학급 구성원으로서 '교실에서 자주 듣고 싶은 말은?', '행복한 우리 반을 만들기 위해 할 수 있는 일은?' 등 학생들에게 알고 싶은 점을 말합니다. 이야기가 끝나면 자기소개에 넣을 항목 5~6가지를 뽑습니다. 그런 다음, 꽃의 중앙에는 자신의 캐릭터와 이름을 쓰고, 꽃잎에는 해당 항목에 대한 대답을 씁니다. 작품을 완성한 뒤에는 '자기소개 꽃잎'을 모둠 나눔, 교실 산책, 서클 등으로 나눕니다. 소개 활동이 끝나면 꽃을 교실 뒤에 전시하여 '우리가 만든 꽃밭'을 완성합니다.

| 우리가 만든 꽃밭 : 자기소개 꽃 만들기 |
|---|
| ① 나태주 시인의 '풀꽃' 함께 읽기<br>② 서로에게 궁금한 점을 이야기 나누고, 자기소개에 들어갈 5~6가지 항목 뽑기<br>③ 꽃 중앙에는 이름과 자신의 캐릭터를, 꽃잎에는 뽑힌 항목에 대한 자기소개 쓰기<br>④ 다 꾸민 자신의 꽃으로 자기소개 활동을 하고, 전시하여 '우리가 만든 꽃밭' 완성하기 |

'칭찬 마니또 꽃'은 평소에 자주 어울리지 않는 친구를 알아가는 활동입니다. 학교생활을 하다 보면 나와 친한 친구, 또는 그냥 같은 반일 뿐인 친구 등으로 무리가 형성되기 마련인데, 이때 모든 학생이 주인공이 되어 골고루 소통할 수 있도록 해야 합니다. 무작위로 '칭찬 마니또'를 뽑고 비밀로 하되, 1~2주 동안 자신의 칭찬 마니또를 관찰하여 그 친구의 칭찬할 만한 모습을 기록합니다. "친구를 자세히, 천천히 살펴보면서 그 사람의 좋은 점을 찾는 거예요. 칭찬할 만한 점이나 장점 등 긍정적인 면을 찾아보세요. 예를 들어 'OO는 항상 큰 소리로 먼저 인사를 해요. 또 경기에 져도 괜찮아, 잘했어, 라고 응원해줘요.' 이런 식으로 찾으면 됩니다. 서로를 '알아가는 것'이 목표예요."

각자 관찰 기간 동안 살핀 것들을 틈틈이 공책에 기록했다가 마지막 날 '칭찬 마니또 꽃'을 꾸밉니다. 중앙에는 누가 관찰한 것인지 적고, 꽃잎에는 관찰한 친구의 좋은 모습을 적습니다. 누구를 관찰한 것인지는 쓰지 않습니다. 꽃을 완성하면 꽃잎을 모두 모아 '칭찬 마니또 퀴즈'를 합니다. 여러 개의 꽃 중에서 하나를 고른 뒤, 꽃잎을 하나씩 읽으면서 누가 '칭찬 마니또 꽃의 주인공'인지 맞혀봅니다. 칭찬 마니또 퀴즈는 한 교시 동안 할 수도 있고, 아침 시간마다 1~3개씩 무작위로 뽑아 며칠에 걸쳐 진행할 수도 있습니다.

* '우리가 만든 꽃밭' 활동지는 교육과실천 밴드에서 보실 수 있습니다.

**2장**

# '평화롭고 안전한 교실' 기둥 세우기

    학생들이 학교에서 가장 편안하게 여기는 공간은 어디일까요? 마음껏 뛰어놀 수 있는 운동장, 맛있게 식사하는 급식소, 웃고 떠드는 교실이 있겠지요. 그 중에서도 교실은 학교에서 가장 많은 시간을 보내며 추억을 쌓는 장소입니다. 학생들은 교실에서 자신을 알아가며 다른 사람과 관계를 맺습니다. 교실은 공동체로 더불어 살아가는 배움의 공간이자 삶의 터전입니다. 그래서 교실이 내 집 내 방인 것처럼 평화롭고 안전해야 합니다. 평화롭고 안전한 교실에서는 자신의 모습을 있는 그대로 드러내도 불안하지 않으며, 서로를 존중하고 배려하면서 관계를 맺을 수 있습니다. 말 그대로 회복적 생활교육의 가치인 존중·관계·책임이 녹아들어 있는 공동체의 모습이지요. 회복적 학급을 만들기 위해 1년 동안 지속적으로 운영하는 프로그램을 소개합니다.

평화롭고 안전한 교실, 회복적 공동체를 위한 기둥 세우기의 첫 번째 '감정 신호등'은 긍정적이고 부정적인 모든 감정을 교실에서 수용하고 존중하며 서로를 배려하고 보호하겠다는 의미를 갖습니다. '존중의 약속'은 공동체가 합의를 통해 구체적이고 긍정적인 행동을 약속하는 것으로, 이를 내면화하고 지지함으로써 자발적 책임감을 키웁니다. '따뜻한 우체국'은 편지를 주고받음으로써 '소통의 창' 역할을 하는 활동이고, '씨앗 약속'은 교실을 안전한 공간으로 선언하여 서로를 포용하고 함께 성장하는 관계를 맺도록 합니다. '화 사용 설명서'와 '우주쉼터'는 회복과 평화의 공간에서 자기 조절 능력을 키우며 갈등을 스스로 해결할 수 있도록 돕습니다. 회복적 공동체의 기틀을 쌓는 활동을 통해 평화롭고 안전한 교실로 나아갑니다.

# 1. 감정을 존중하는 안전한 공간 만들기
## 감정 신호등

> **이 책을 읽었어요**

### 오늘도 화났어!
(나카가와 히로타카 글 / 하세가와 요시후미 그림 / 유문조 옮김 / 내인생의 책)

소년은 매일 화내는 사람을 만납니다. 엄마, 아빠, 선생님, 할아버지, 친구들. 지친 소년은 화를 피해 아무도 없는 바다로 떠납니다. 거기서는 노상 방뇨를 해도, 심지어 불장난을 해도 화내는 사람이 없습니다. 하지만 이내 외로움을 느낍니다. 공동체 속에서 '화'와 함께 잘 지낼 방법은 없을까요?

'감정 신호등'으로 내 감정을 들여다보고
서로의 감정을 존중합니다

　등교 시간, 교실로 들어오는 학생들의 마음은 제각각입니다. 가족과의 실랑이로 이미 화가 가득 찬 상태인 학생도 있고, 밝은 인사와 함께 힘차게 하루를 시작하는 학생도 있습니다. 학교생활은 감정이 제각각인 아이들의 만남으로 시작합니다. 따라서 자신의 감정을 스스로 인식하고 표현하는 것이 평화롭고 안전한 교실을 만드는 출발선입니다. 교사는 학생들이 스스로를 살펴 학교생활에 참여할 몸과 마음의 준비를 하고, 주변 사람에게도 관심을 갖도록 도와야 합니다.

　자신의 마음을 표현하는 것은 쉽지 않습니다. "안녕, 얘들아, 오늘 기분은 어때?"라고 물으면 돌아오는 대답은 비슷합니다. "괜찮아요." "그냥 그래요." "별로예요." 때로는 '이런 걸 왜 묻지?' 하는 표정인 아이도 있습니다. 많은 학생이 자신의 감정을 표현하는 데 서툽니다. 자신의 감정을 찬찬히 들여다본 경험이 별로 없기 때문입니다. 특히 부정적인 감정은 표현하기 더 어려워합니다. 주변에서 짜증, 분노, 무기력, 우울 같은 감정이 수용된 경험이 별로 없기 때문입니다. "별일도 아닌데 왜 화를 내?" "아침부터 왜 그렇게 처져 있어?" 같은 표현은 아이에게 부정적인 감정을 감추게 만듭니다. 감정도 에너지라서 쌓인 만큼 표출할 수 있어야 하고, 감정을 표현하지 못하면 솔직한 '나'로 존재하기 힘들어집니다. 특히 부정적인 감정이 쌓이고 쌓이면 작은 일에도 크게 폭발할 수 있습니다. 교실은 긍정과 부정, 모든 감정을 수용할 수 있는 안전한 공간으로 거듭나야 합니다.

　감정을 들여다보는 일은 존중하기의 시작이기도 합니다. '감정 신호등'[8]은 학생들이 어느 때라도 자신의 감정 상태를 표현할 수 있도록 해놓은 장치입니다. 그렇다고 '네 감정을 이해해'라는 의미는 아닙니다. 그 누구도 당사자의 감정을 온전히 이해할 수는 없을 테니까요. 다만, '네 마음을 수용해', '네 감정을 있는 그대로 인정해'라는 사인입니다. 초록색의 '좋아요'는 친구들과 교류할 준비가 되어 있고, 다른 사람을 도울 수 있다는 표시입니다. 빨간색의 '나빠요'는 작은 일에도 예민할 수 있으니 친절하게 대해주고, 속상한 마음에 공감해달라는 표시입니다. 분노와 우울을 느끼는 학생에게 '같이 생활하는 교실이니 좀 참아'라고 요구하는 것은 폭력입니다. 감정 신호등에는 '네 감정이 빨간색이구나, 너를 조심스럽게 대해줄게'라는 '보호'의 의미가 담겨 있습니다. 자신의 감정을 알아차리고 존중하면 스스로를 다독일 수도, 공동체에 알맞은 말과 행동을 선택할 수도 있습니다. 즉, 자신의 감정을 알아차리고 존중함으로써 자기 조절 능력을 키우게 됩니다.

　감정 신호등으로 친구와 선생님의 감정 상태도 알 수 있습니다. 다른 사람의 감정을 아는 것이 중요한 이유는 상대에게 어떻게 말하고 행동하는 것이 적절한지 판단할 수 있기 때문입니다. 가령 친구의 캐릭터가 빨간 신호등에 붙어 있으면 '내가 기분이 나쁠 때 이렇게 대해주세요~'에서 친구의 요구를 찾아보고, 그에 맞게 행동하면 됩니다. 이렇게 감정 신호등은 감정 표현은 물론이고 관계를 어떻게 맺어야 하는지 알려주는 역할을 합니다. 감정 신호등으로 서로의 마음을 살피면서 존중과 공감이 실은 아주 작은 것에서 비롯한다는 사실을 알게 됩니다.

| 배움 목표 | <오늘도 화났어!>를 읽고, '감정 신호등'으로 존중하기 | |
|---|---|---|
| 단계 | 회복적 활동 | 회복적 활동 과정 |
| 1 | <오늘도 화났어!> 함께 읽기 | – 화나는 순간 나누기<br>– <오늘도 화났어!> 예상하며 읽기 |
| 2 | '감정 신호등' 활동하기 | – 기분이 좋을 때의 실천, 기분이 나쁠 때의 기대 나누기<br>– '감정 신호등' 캐릭터와 이용 약속 만들기 |

## <오늘도 화났어!> 함께 읽기

이 책은 표지부터 강렬합니다. 한껏 세워진 눈썹과 꼭 감은 두 눈, 처진 입매, 화로 인해 상기된 볼까지, 소년은 화가 났습니다. 심지어 '오늘도' 화가 났습니다. 공동체 생활을 하다 보면 즐거울 때만큼이나 화날 때가 많습니다. 선생님한테 혼날 때, 친구가 원치 않는 장난을 칠 때, 듣기 싫은 소리를 들었을 때…. <오늘도 화났어!>는 누구나 공감할 수 있는 감정인 '화'를 통해 각자의 경험과 마음을 살핀 책입니다.

먼저 표지를 관찰합니다. 소년의 모습을 보고 감정을 추측합니다. 화, 짜증, 답답함, 불쾌함, 서러움, 억울함, 질투. 학생들이 경험한 온갖 부정적인 감정이 등장합니다. 〈오늘도 화났어!〉라는 제목을 보고, 각자의 경험을 떠올려봅니다. 학생들은 기다렸다는 듯이 화가 났던 경험을 이야기합니다. 칠판에 '화'를 느꼈던 때를 마인드맵으로 그리며 경험을 공유합니다. '맞아, 그럴 때 정말 화나지.' 서로에게 공감하며 편안하게 이야기를 펼쳐나갑니다. 경험을 나누다 보면 책에 대한 호기심이 한껏 높아집니다.

이어서 책을 읽습니다. 각 장면의 글을 가리고 그림부터 살핍니다. 이제 막 잠을 깬 듯 이부자리에서 일어난 주인공을 보며 엄마가 화를 내고 있습니다. 엄마는 왜 화가 났을까요? 늦게 일어나서, 지각할까 봐, 만화책이나 스마트폰을 보다가 늦게 자서… 각자의 경험이 튀어나옵니다. '맞아, 맞아. 우리 엄마도 그래.' 친구들의 말에 공감대를 형성하면서 더 적극적으로 예상합니다. 각자 예상하고, 그 예상이 맞는지 확인하다 보면 몰입도가 높아져 더 재미있게 읽습니다.

책의 후반부에는 같은 반 친구인 현이가 등장합니다. 주인공이 보기에 현이는 '아무 일도 아닌데' 금방 화를 냅니다. 무릎 조금 부딪친 걸로 화를 내는 현이가 쉽게 이해되지 않습니다. 그러면서 주인공은 자기가 언제 화가 나는지 생각해봅니다. 친구에게 사과를 받고도 마음이 풀리지 않아서 여전히 찜찜했던 기억이 떠오릅니다. 현이와 주인공의 모습을 통해 '아, 사람마다 화를 느끼는 범위와 강도가 다를 수 있구나, 내 마음이 내 뜻대로 되는 것은 아니구나' 하는 것을 깨닫습니다. 책을 통해 형성한 공감대를 자연스럽게 감정 신호등 활동으로 이어갑니다.

| 회복적 질문, 이렇게 나눠보세요 | |
| --- | --- |
| 여는 질문 | - (표지) 소년의 표정을 살펴봅시다. 소년은 어떤 감정일까요? |
| 주제 질문 | - (제목) 여러분이 화나는 순간은 언제인가요?<br>→ 친구들이 듣기 싫은 별명으로 부를 때, 내 물건을 망가뜨릴 때, 하지 말라는 행동을 계속 할 때, 나를 때리거나 함부로 만질 때, 기분이 안 좋은데 내 앞에서 장난칠 때, 자기 생각만 우길 때<br>- (장면) 왜 화가 난 걸까요? |

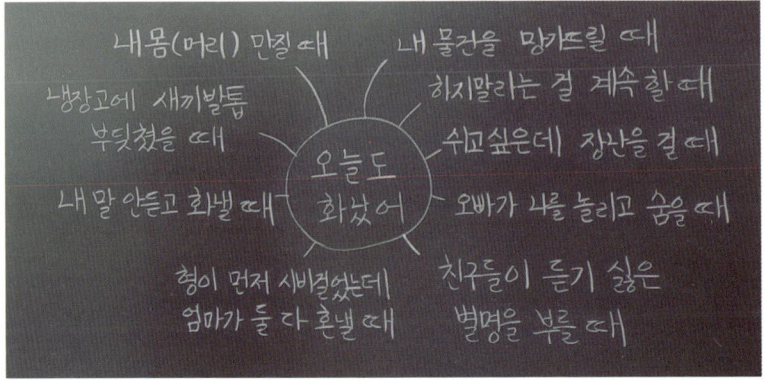

## '감정 신호등' 활동하기

우리 반 학생들의 기분은 어떨까? 오늘 아침 교실에 들어올 때 기분이 좋았던 사람과 나빴던 사람은 누구인지 살펴봅니다. 그리고 각자에게 그 이유를 묻습니다. 한 친구는 아침을 맛있게 먹고 나왔는데 등굣길에 날씨까지 맑아서 기분이 정말 좋다고 대답합니다. 다른 친구는 늦잠을 자서 엄마랑 싸우고 온 터라 기분이 계속 나쁘다고 합니다. 이야기를 듣고 모두에게 물어봅니다. "안 좋은 기분으로 교실에 들어왔을 때, 혹시 선생님이 무거운 책을 옮겨달라고 부탁하면 어떨 것 같나요?"

기분이 좋은 친구는 기꺼이 돕겠다고 합니다. 반면에 그렇지 않은 친구는 '아침부터 기분도 안 좋은데 왜 나한테 그런 걸 부탁하지' 하는 생각이 든다고 솔직한 마음을 말합니다. 같은 말과 행동일지라도 나와 상대의 감정 상태에 따라 다르게 받아들여진다는 이야기를 학생들과 나눠봅니다. 즉, 나의 감정을 제대로 인지하는 것이 평화로운 공동체 생활의 시작이라는 것을 공유하며, 감정 신호등에서 자신의 위치는 어디인지 생각해보게 합니다. '내가 지금 이런 감정이구나'를 깨닫고 나면 정서적 환기가 이루어집니다. 나아가 구성원들의 감정 상태를 살펴 평화로운 공동체 생활을 할 수 있습니다. "오늘은 왜 빨간색이야?" 친구의 한마디에서 '나를 살피고 있다'는 안정감과 유대감을 느낄 수 있지요. 공감을 받아본 학생은 타인에 대한 공감대가 높아져서 다른 사람을 같은 방식으로 살필 수 있게 됩니다. 친구와 선생님의 감정 상태를 고려하여 행동하고, 서로를 배려하는 건강한 관계 맺기가 가능해지면 학급에 긍정적인 에너지가 순환합니다.

'자신의 감정을 존중하고, 다른 사람의 감정을 배려하는 공동체 생활을 하자'는 감정 신호등의 목적과 필요성을 살펴보았다면 이제 각 감정 상태에서 우리가 필요로 하는 것, 서로에게 기대하는 것은 무엇인지를 구체적으로 알아봅니다. 내가 기분이 좋을 때 공동체에 기여할 수 있는 것과 기분이 나쁠 때 학급 구성원에게 바라는 점을 나눕니다. 첫 번째로 각자 포스트잇에 '기분이 좋을 때, 친구들과 우리 반을 위해 할 수 있는 것'을 써봅니다. 이때 적는 내용은 본인이 실제로 실천할 수 있는 구체적인 말과 행동이어야 합니다. 즉, 진짜 본인이 할 수 있는 것을 약속합니다. 두 번째로 각자 포스트잇에 '기분이 나쁠 때 친구들과 선생님이 자신을 어떻게 대해줬으면 좋겠는지'를 씁니다. 이때는 이름을 꼭 밝힙니다. 그래야 나중에 감정 신호등이 빨간색일 때 그 친구의 바람을 살펴서 행동할 수 있기 때문입니다. 작성을 완료하면 어떤 내용이 있는지를 살피며 공동체에서 각자가 할 수 있는 것을 약속합니다. 아울러 감정 신호등을 통해 서로를 돌보고, 상대가 기대하는 방식으로 '존중'하기로 약속합니다.

다음은 각자의 감정 캐릭터를 만듭니다. 학생들의 얼굴 부분은 사진을 인쇄해서 나누어주고, 빈 몸통 틀을 만듭니다. 각자 자신이 좋아하는 것, 자신이 드러나는 물건을 활용하여 캐릭터를 만듭니다. 사진만으로 감정 신호등 활동을 할 수도 있지만 감정 캐릭터를 만드는 것이 좋습니다. 이 과정에서 학생들은 자신의 캐릭터를 친구와 공유하고, 왜 그렇게 만들었는지 이야기를 나누며 서로에 대해 알 수 있기 때문입니다. 감정 캐릭터를 완성하면 감정 신호등을 운영하기 위한 약속을 정합니다. 교사가 제시하기보다 학생들이 직접 만들게 합니다.

약속은 다음과 같습니다. 첫째, 감정 캐릭터는 각자를 대신하는 것이므로 자신의 감정 캐릭터만 만질 수 있습니다. 즉, 다른 사람의 캐릭터를 함부로 만지거나 옮기지 않습니다. 둘째, 감정 신호등 활동은 등교 직후, 쉬는 시간, 점심시간 등 언제 해도 좋습니다. 학교생활을 하는 중간에도 감정의 변화가 생길 수 있으니까요. 셋째, 같은 교실에서 1년간 생활하는 공동체의 일원으로서 서로의 감정을 존중합니다. 이 밖에도 다양한 내용을 약속으로 정할 수 있고, 약속이 정해지면 감정 신호등에 자신의 캐릭터를 붙이고 활동을 시작합니다.

**회복적 질문, 이렇게 나눠보세요**

| | |
|---|---|
| **실천 질문** | – 여러분이 기분이 좋을 때, 친구들과 우리 반을 위해 무엇을 할 수 있나요?<br>– 여러분이 기분이 나쁠 때, 친구들과 선생님이 여러분을 어떻게 대해주면 좋을까요?<br>– '감정 신호등'을 이용할 때, 우리가 서로 지켜야 할 약속은 무엇인가요? |
| **배움 질문** | – 〈오늘도 화났어!〉를 읽고, '감정 신호등' 활동을 해보니, 어떤 생각과 느낌이 들었나요? |

* '감정 신호등'의 형태는 전지 인쇄, 부직포 제작 등 다양하게 할 수 있습니다.
* '감정 신호등' 활동 영상은 교육과실천 밴드에서 보실 수 있습니다.

## 2. 참여와 동의로 교실 약속 만들기
### 존중의 약속

뿌리깊은 애벌레반 **존중의 약속**

이럴 때 **존중** 받는다고 느껴요!

**학생 → 선생님 존중하기**
1. 선생님 말 경청하기(눈,귀,몸)
2. 도움이 필요할 때 도와주기
3. 긍정적으로 응원하기
☞ 좋은 점+사랑한다는 말하기

**선생님 → 학생 존중하기**
1. 의견 잘 들어주기(2,4주 수5교시)
2. 인내심으로 친절하게 말하기
   (두 번 알려주기 OK)
☞ 사과하기, 해명(설명)하기

**학생 → 친구 존중하기**
1. 착한 말하기(욕x)
2. 신체적 접촉 허락받기
3. 필요할 때, 서로 돕기
☞ 서로 동시에 사과하며, 피해
받은 친구에게 칭찬 5번 하기(편지OK)

**학생 → 우리 반 존중하기**
1. 1인 1역(청소) 잘하기
2. 소중하게 사용하기
☞ 쉬는 시간 청소해서 원래대로
되돌리기(쓰레기 줍기)

---

🔖 **이 책을 읽었어요**

### 도서관에 간 사자
(미셸 누드슨 글 / 케빈 호크스 그림 / 홍연미 옮김 / 웅진주니어)

사자가 도서관에 등장합니다. 깜짝 놀란 직원들은 당황한 표정으로 관장님을 바라봅니다. "그 사자가 규칙을 어겼나요?" 관장님은 사자가 규칙만 지킨다면 도서관에 와도 된다고 허락합니다. 과연 사자는 계속 도서관에 갈 수 있을까요?

'존중의 약속'을 만들고
'자발적 책임감'으로 함께 살아갑니다

'학급 규칙' 하면 무엇이 떠오르나요? 고운 말 쓰기, 실내에서 뛰지 않기, 정리 정돈 잘하기…. 어느 교실에서나 흔히 접할 수 있는 내용입니다. 교실에 들어오는 순간 '학생이니까 지켜야 한다'고 당위적으로 주어진 것이기도 하지요. 그런데 어느 순간 '왜?'라는 질문이 쏟아지기 시작합니다. "제가 왜 선생님 말을 따라야 하죠?" "제가 왜 그 규칙을 지켜야 하죠?" 처음에는 '요즘 애들은 예의가 없다'고 치부하고 말았지만 이제 이런 현상은 곳곳에서 나타나고 있습니다. 더 강하게 압박해보기도 하고, 사회와 학교는 원래 그런 곳이라며 달래도 보지만 먹히지 않습니다. 도저히 이해할 수 없는 현상에 교직을 떠난 교사도 있고, '요즘 아이들'을 설명하는 책을 찾아보는 교사도 있습니다.

학생들은 왜 그토록 학교 규칙과 선생님의 말에 반감을 보이는 것일까요? 곰곰이 생각해보면 규칙과 선생님의 말이 '옳지 않아서' 항의하는 것만은 아니었습니다. 문제는 당사자인 학생들의 발언권과 동의 과정 없이, 그들의 요구와 필요를 외면한 채, '학생이니까 지켜야 한다'고 강제로 책임을 부여하는 과정에 있었습니다. 학생들이 자율성과 주체성, 책임감을 지닌 인격체로 성장하길 바란다면, 먼저 그들이 주인공이 되어 필요한 규칙을 제안하고 토의하도록 교실의 주도권을 돌려주어야 합니다. 이렇게 공동체의 규칙을 당사자들이 직접 만들도록 하는 것이 바로 '존중의 약속'입니다.

학급은 제각기 살아온 개인들이 모여서 함께하는 삶을 배우는 공동체입니다. '서로 다른 개인이 모인 공동체에서, 우리는 어떻게 관계를 맺으며 지내야 할까?', '그 관계를 위해서는 무엇이 필요할까?' 중요한 질문이자 배움입니다. 교사가 규칙을 제시하고 처벌자로 존재하는 한 학생들은 진정한 배움의 기회를 가질 수 없습니다. 존중의 약속을 만들고 실천하는 과정에서 학생들은 개인의 욕구와 공동체의 욕구 사이에서 균형을 맞추며 살아가는 법을 터득합니다. 나아가 이 과정에서 벌어지는 문제와 갈등을 직접 경험하면서 자신이 다른 사람에게 미치는 영향을 인식하고 책임지게 됩니다. 약속을 어겨도 공동체는 여전히 존재합니다. 그림책 〈도서관에 온 사자〉에서처럼 '규칙을 어겼으니 도서관(공동체)에서 나가!'라고 할 수는 없습니다. 교실에서 문제 행동을 한 학생에게 잠깐 "나가 있어!"라고 할 수는 있지만 그 순간에도 학생의 삶은 지속되고, 공동체는 존재하니까요. 하지만 이때의 공동체는 '잘못을 한 누군가가 법의 집행자(힘의 지배자)에 의해 배제(처리)되는' 모습일 것입니다. 교실은 갈등의 순간에도 밖에서 주어진 '벌'을 받는 것이 아니라 스스로 '책임'지는 방식으로 배움이 존재하는 곳이어야 합니다. 학생들에게 '존중하고 책임질 기회'를 돌려줄 시간입니다.

| 배움 목표 | <도서관에 간 사자>를 읽고, '존중의 약속' 만들기 | |
|---|---|---|
| 단계 | 회복적 활동 | 회복적 활동 과정 |
| 1 | <도서관에 간 사자> 함께 읽기 | – <도서관에 간 사자> 함께 읽기<br>– 벌집맵을 '나도·나만'으로 발표하기 |
| 2 | '존중의 약속' 만들기 | – 규칙과 약속 비교하기<br>– 학교에서 존중받은 경험 나누기<br>– 공감과 책임으로 '존중의 약속' 만들기 |

## <도서관에 간 사자> 함께 읽기

도서관에 사자가 들어온다면 과연 사람들은 어떤 반응을 보일까요? 도서관에 사자가 들어오는 장면을 떠올리며 자유롭게 예상해보고 책장을 펼칩니다. 사람들은 놀란 얼굴로 도서관에 등장한 사자를 바라봅니다. 곧장 관장님에게 달려가 이 사실을 보고하자, 관장님이 말합니다. "그 사자가 규칙을 어겼나요? 그렇지 않다면 그냥 내버려두세요."

규칙에는 사자에 관한 것이 없지만 사자가 규칙만 지킨다면 도서관에 와도 괜찮다는 허락을 받습니다. 그렇다면 도서관에서 지켜야 할 규칙은 무엇일까요? 그리고 그 규칙을 어기면 어떻게 되는 걸까요? 학생들과 '규칙'을 주제로 이야기를 나눠보니 규칙을 어기면 '벌(혼남)'을 받아야 한다는 생각이 드러납니다. 이어서 책을 읽습니다. 사자가 도서관 일을 돕고 규칙을 잘 지키자, 모든 사람이 도서관에 온 사자를 환영합니다. 그러던 어느 날, 높은 곳에 있는 책을 꺼내려던 관장님이 넘어져서 다칩니다. 관장님은 사람을 불렀지만 누구도 관장님 목소리를 듣지 못합니다. 관장님을 발견한 사자가 긴급 상황을 알리려고 도서관을 뛰어다니며 직원을 찾아 포효합니다. 덕분에 관장님은 구조되어 지료를 받았지만 사자는 규칙을 어겼다는 이유로 도서관에서 쫓겨납니다. 이번에는 관장님을 위해 규칙을 어긴 사자의 행동에 대해 이야기를 나눠봅니다. 대부분의 학생이 규칙도 중요하지만 규칙보다 더 중요한 것(생명과 안전)이 있으니 사자의 행동이 옳았다고 말합니다. 결국 사자는 다시 도서관으로 돌아옵니다. '규칙이 무엇을 위해 있는지'를 생각해보는 시간을 갖습니다.

이제 벌집맵으로 배움을 정리합니다. 그림책을 읽고 가장 기억에 남는 단어(키워드)를 모둠에서 이야기 나눕니다. 그리고 각자 벌집맵에 기억에 남는 키워드를 하나씩 적습니다. 이때, 모둠 안에서 단어가 겹치지 않도록 합니다. 각자 다른 단어를 기록하게 하는 이유는 책을 읽고 떠오른 키워드를 다양하게 살펴보기 위해서입니다. 한 모둠에서 4개의 키워드가 나옵니다. 작성을 완료하면 '나도·나만'으로 발표합니다. 예를 들어 한 친구가 "제가 이 책을 읽고 가장 기억에 남는 단어는 '규칙'입니다"라고 발표하면 다른 모둠에서 '규칙'을 쓴 친구들이 "나도~"라고 외치며 일어섭니다. 그리고 칠판에 같은 단어의 벌집맵끼리 연결해서 붙입니다. 다른 친구가 "제가 이 책을 읽고 떠오른 단어는 '가족'입니다"라고 발표했는데 아무도 "나도~"를 외치지 않는다면 발표한 친구만 "나만!"이라고 말하며 벌집맵을 붙입니다. '나만' 발표일 때는 왜 그 단어를 썼는지 추가로 질문하여 이유를 듣고, 소수의 의견도 존중하는 기회로 삼습니다. 나도·나만 발표는 친구의 대답을 듣고 나서 하는 활동이므로 자연스럽게 경청이 이루어지고, 짧은 시간 안에 모두가 발표할 수 있어서 효과적입니다. 발표가 끝나면 칠판에 벌집맵들이 붙어 있습니다. 이제 모둠별로 벌집맵에 적힌 단어들을 활용하여 〈도서관에 간 사자〉의 내용을 간추려봅니다. 함께 읽은 책의 내용을 정리하면서 자연스럽게 '존중의 약속' 활동을 이어갑니다.

### 회복적 질문, 이렇게 나눠보세요

| | |
|---|---|
| 여는 질문 | – 사자가 지켜야 할 도서관 규칙에는 무엇이 있을까요?<br>– 만약 사자가 그 규칙을 지키지 못하면 어떻게 해야 할까요? |
| 주제 질문 | – 관장님을 위해 규칙을 어긴 사자의 행동을 어떻게 생각하나요?<br>– 〈도서관에 간 사자〉를 읽고 가장 기억에 남는 단어를 모둠원과 나누고, 모둠에서 단어가 겹치지 않도록 각자의 벌집맵에 하나의 단어를 써주세요.<br>– 벌집맵에 쓰인 단어를 활용하여 〈도서관에 간 사자〉 이야기를 간추려주세요. |

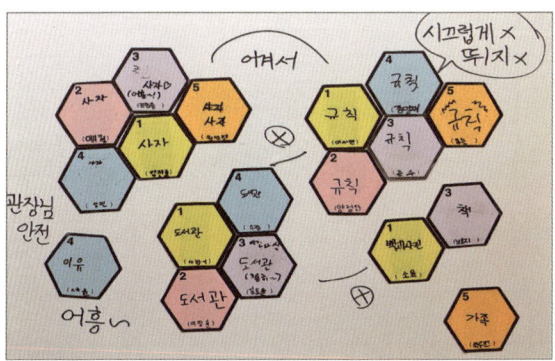

- **벌집맵으로 '나도·나만' 발표하기**

　규칙 = 사자 〉도서관 〉책(백과사전) 〉이유 = 가족

- **벌집맵 단어를 활용하여 〈도서관에 간 사자〉 간추리기**

　— **사자**가 **도서관 규칙**을 어겨서 **책**을 볼 수 없었는데, 그 **이유**는 관장님의 안전 때문이었다.
　— **책**을 읽으러 **도서관**에 간 **사자**가 관장님의 안전을 위해서 **규칙**을 어겼다.

- **'존중의 약속' 활동으로 연결하기**

"오늘 〈도서관에 간 사자〉를 읽고, 우리 반만의 (　)을 만들어보려고 합니다. 오늘 우리의 배움 주제는 무엇일까요?"('규칙'이라는 대답이 가장 먼저 나오면 학생들의 대답에 동의하면서) "여러분이 직접 지키기로 맹세하는 것, 손가락을 걸기도 합니다(다음 활동의 단서 제시)."


## '존중의 약속' 만들기

　규칙과 약속은 어떻게 다를까요? 규칙과 약속을 비교하는 시간을 갖습니다. "규칙과 약속은 전체(공동체)를 위해 필요하다는 점에서 같아요." "규칙은 선생님이 정하고, 약속은 우리가 직접 정해요." "규칙은 어기면 벌을 받지만 약속은 어겨도 벌을 받지 않아요. 대신 미안하겠죠?" 학생들의 생각이 마구 튀어나옵니다. 이때 발판이 될 수 있

는 질문을 제공하여 생각의 폭이 넓어지도록 자극합니다.

| 차이점 | 규칙 | 약속 |
|---|---|---|
| 누가 | 선생님, 관리자, 권위를 가진 사람 | 학생, 당사자, 공동체의 구성원 |
| 언제 | 알 수 없음, 처음부터 | 약속이 필요하다고 느낄 때 |
| 어떻게 | 지켜야 한다고 정해짐, 강제성, 통보 | 지키겠다고 스스로 약속함, 자발성, 합의 |
| 결과 | 혼남, 처벌 | 사과, 해명, 대화 |
| 성격 | 당위적, 강제적 책임 | 합의와 자발적 책임 |

그리고 각자가 생각하는 '존중'의 의미를 나눕니다. "존중은 배려하는 거예요." "함부로 대하지 않는 거예요." "듣고 이해해주는 거예요." "소중히 여기는 거예요." 학생들이 말한 것이 다 존중이며 '높이어 귀중하게 대하는 것'이라는 사전적 의미도 공유합니다. 이제 서클을 시작합니다. "학교에서 여러분이 '존중받고 있다'고 느낀 것은 언제인가요?" 첫 발표자의 대답과 태도에 따라 서클 분위기가 정해지므로 발표자 선정이 중요합니다. 만약 지원자가 없거나 대답을 어려워하는 분위기이면 서클 키퍼인 선생님이 먼저 대답하여 예시를 보여줍니다.

서클이 끝나면 존중의 약속을 만들 차례입니다. 이 활동은 교사에게 쏠려 있던 힘과 주도권을 학생들에게 돌려주는 과정입니다. 학생들 스스로 친구, 선생님, 우리 반(공간)과 어떤 관계를 맺고 생활할지 결정하게 하면 자연스럽게 개인의 욕구와 공동체의 욕구 사이에서 균형을 맞추고 조율하게 됩니다. 존중의 약속을 만드는 과정은 다음과 같습니다. 첫째, 존중의 약속 4개 영역의 의미를 설명합니다. 칠판에 '①학생 → 선생님, ②선생님 → 학생, ③학생 → 학생, ④우리 → 교실(공간)'로 향하는 4개의 영역을 보여줍니다. 화살표 왼쪽에 있는 대상이 오른쪽에 있는 대상을 존중한다는 표시입니다.

둘째, 각 영역별로 포스트잇에 존중하는 방법을 씁니다. 예를 들어 '학생 → 선생님' 영역에서 학생이 어떻게 선생님을 존중할 수 있는지, 어떨 때 선생님은 학생에게 존중받는다고 느끼는지 떠올립니다. 그런 다음 포스트잇 한 장에 하나의 존중 방법을 쓰되, 자신이 지킬 수 있는 구체적인 말과 행동을 쓰도록 합니다. 예를 들어 '선생님 말 잘 듣기'라면 '선생님이 말할 때 눈 맞추기'로 바꿉니다. 또 될수록 긍정문으로 작성합니다. '욕 쓰지 않기'보다 '고운 말 쓰기'가 좋습니다. 이 모든 과정에 교사도 함께 참여합니다. 교사가 학생들의 마음을 살피듯 학생들 또한 교사의 필요와 욕구를 살펴 '상호 존중'이 이루어져야 하니까요. 활동은 명확하게 구분해서 진행하되, 각 영역별로 다른 종류(색)의 포스트잇을 사용하면 시각적인 효과가 뛰어나 이해하기 쉽습니다.

셋째, 학생들을 4개의 모둠으로 만들어 작성한 존중의 약속을 한 영역씩 가져가 확인합니다. 모둠별로 존중의 약속을 살펴보고 가장 많이 등장하는 내용, 다수가 공감하는 내용에 동그라미 표시합니다. 5~8분 뒤, 다른 모둠과 존중의 약속을 바꿉니다. 세 번의 순환으로 존중의 약속을 모두 살피게 되지요.

넷째, '동의와 합의' 과정을 거쳐 영역별로 존중의 약속을 '세 가지 이하'로 정합니다. 약속할 게 많아지면 기억하기도 지키기도 힘듭니다. 교사는 각 영역별로 어떤 내용이 가장 많은 공감을 받았는지를 학생들에게 묻고, 그 대답을 공감도 순으로 컴퓨터에 기록합니다. 학생들도 함께 내용을 확인할 수 있도록 모니터를 보여주면서 합니다. 공감을 많이 받은 내용이라 하더라도 다시 학생들에게 이것을 우리 반 존중의 약속으로 정해도 괜찮을지, 지킬 수 있을지 '동의'를 구해서 합의합니다. 한 영역의 존중의 약속이 정해지면 수정하거나 꼭 들어가야 할 내용이 다 있는지 다시 한번 살핍니다. 모두가 동의하면 그 영역의 존중의 약속을 함께 읽어봅니다.

다섯째, 존중의 약속을 어겼을 때는 어떻게 책임(피해 회복)질 것인지, 방법을 찾아서 약속합니다. 사람은 누구나 실수를 합니다. 직접 만든 존중의 약속이라고 해도 못 지키는 일이 생길 수 있습니다. 따라서 각 영역의 존중의 약속을 정했다면 '만약 존중의 약속을 지키지 못했을 경우에는 어떻게 책임질 수 있을까?'를 꼭 다룹니다. 물론 응보적 생활지도의 경험이 많은 학생들은 책임지는 방법으로 '벌'을 이야기할 확률이 높습니다. "엉덩이로 이름을 쓰게 해요." "운동장에 나가서 뛰게 해요." "반성문을 쓰게 해요." "혼자서 청소 다 하게 해요." 이럴 때는 예시를 들어서 다시 안내합니다. 선생님을 위한 존중의 약속 중 '선생님이 말할 때 눈 맞추기'를 지키지 못했을 때 누가 가장 마음이 아플지(피해를 받았을지)를 묻습니다. 선생님이 제일 속상할 거라는 대답이 나오면 과연 선생님의 다친 마음이 '벌'로 해결될지를 생각해보도록 합니다. 이렇게 대화를 나누다 보면 대답이 피해자의 회복을 위한 방향으로 바뀔 것입니다. 즉, '진심으로 사과하기', '1시간이라도 집중하려고 노력하기', '사랑한다고 말하기' 등 피해자의 회복을 중심에 놓고 생각한 대답이 나옵니다.

여섯째, 존중의 약속을 실천하고 일정 기간이 흐른 뒤에 되돌아봅니다. 정해진 존중의 약속은 교실에 게시하고, 한 달 또는 한 학기 단위로 다시 살펴서 잘 지켜지고 있는지 확인합니다. 또 무엇을 잘 지켰고, 무엇이 어려웠는지도 반성합니다. 아울러 새롭게 공동체에 필요한 약속이 있는지, 바꿔야 할 것은 무엇인지도 살펴서 보완합니다. 반성하는 과정을 통해 존중의 약속이 본래의 목적을 다하도록 합니다.

학생들이 직접 내용을 제안하고 동의하는 과정을 거쳐서 만든 존중의 약속이기에, '자발적 책임감'은 자연스럽게 뒤따릅니다.[9] 얼핏 존중의 약속은 내용 면에서 '규칙'과 유사해 보이기도 하지만 학생들 스스로 전 과정을 진행했다는 점에서 큰 차이가 납니다. 합의를 통해 만들어진 존중의 약속은 효과적이고 지속 가능한 실천을 동반합니다. 응보적 관점이 지배하는 사회에서 존중의 약속을 만들고 지키는 과정이 쉽지는 않겠지만, 더디더라도 인내하면서 조금씩 앞으로 나아가는 데 의미가 있습니다.

## '존중의 약속' 만들기

| 존중의 약속 | |
|---|---|
| 학생 → <u>선생님</u> | 선생님 → <u>학생</u> |
| 학생 → <u>학생</u> | 우리 → <u>교실(공간)</u> |

준비물 : 칠판에 붙은 4개의 영역판, 학생 개별 포스트잇 4장 이상

① 칠판에 4개의 영역을 붙이고, 각 영역의 의미를 설명한다.
　학생 → 선생님, 선생님 → 학생, 학생 → 학생, 우리 → 교실(공간)
　화살표 왼쪽에 있는 대상이, 오른쪽에 있는 대상을 존중한다는 뜻이다.
② [개별] 각자 영역별로 존중의 방법을 포스트잇에 써서 붙인다.
　작성 규칙 1. 포스트잇에 하나의 방법만 쓰기(친구가 쓴 내용과 중복 가능)
　작성 규칙 2. 스스로 지킬 수 있는 구체적인 말과 행동 쓰기
　작성 규칙 3. 가능한 한 긍정문으로 쓰기
③ [모둠] 모둠별로 순환하며 4개의 영역을 살펴보고, 공감을 많이 받은 내용에 동그라미 표시를 한다.
④ [전체] 동의와 합의 과정을 통해 영역별 '존중의 약속'을 3개 이하로 정한다.
⑤ '존중의 약속'이 깨졌을 때, 책임(피해 회복)질 수 있는 방법을 약속한다.
⑥ '존중의 약속'을 실천하고, 일정 기간마다 '존중의 약속'을 되돌아보고 보완한다.

### 회복적 질문, 이렇게 나눠보세요

| | |
|---|---|
| 여는 질문 | (규칙과 약속을 비교하면서 생각의 발판이 되는 질문 제시하기)<br>- 규칙과 약속의 공통점(같은 점)은 무엇인가요?<br>- 규칙과 약속은 누가/언제 정하나요? 규칙과 약속은 어떻게 정하나요?<br>- 규칙과 약속은 왜 지켜야 하나요? 지키지 않으면 어떤 결과가 따르나요? |
| 주제 질문 | - '존중한다'는 것은 상대를 어떻게 대하는 것인가요?<br>- 학교에서 여러분이 존중(소중히 대함)받는다고 느꼈던 적은 언제인가요? |

| | |
|---|---|
| 주제 질문 | – 그렇게 존중받았을 때, 어떤 생각과 기분이 들었나요?<br>– 학생/선생님/우리가 선생님/학생/교실을 존중하는 방법은 무엇일까요?<br>– '존중의 약속' 각 영역에서 가장 많은 공감을 받은 내용은 무엇인가요?<br>– 이것을 '존중의 약속'으로 정하는 데 동의하나요?<br>  혹시 더 필요한 내용이 있나요? |
| 실천 질문 | – 만약 (학생 → 선생님) 영역의 '존중의 약속'이 지켜지지 않는다면 어떻게 책임질 수 있을까요? (네 영역 모두 다루기) |
| 배움 질문 | – 여러분의 참여와 동의를 통해 직접 '존중의 약속'을 만드니 어떤 생각과 기분이 드나요?<br>– 한 달 동안 '존중의 약속'이 잘 지켜졌나요?<br>  잘 지켜지는 약속과 그렇지 않은 약속은 무엇인가요?<br>  약속 중에 바꾸거나 추가하고 싶은 것이 있나요? |

2단계
[개별] 존중의 약속 써 붙이기

3단계
[모둠] 존중의 약속 살피고 동그라미 표시하기

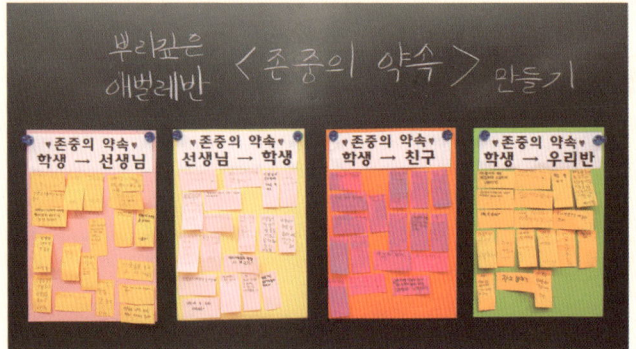

# 3. 소통의 창 마련하기
## 따뜻한 우체국

### 이 책을 읽었어요

**고구마**
(최정아·황진희 글 / 조아영 그림 / 걸음동무)

소녀는 엄마와 하고 싶은 이야기가 많습니다. 하지만 다른 일로 바쁜 엄마는 소녀의 말을 제대로 들어주지 않습니다. 소녀가 숙제 대신 장난감을 가지고 놀자, 엄마는 화를 냅니다. 엄마와 잘 지내고 싶은 소녀는 엄마의 바람대로 책도 읽고, 동생도 돌보지만 답답함이 쌓여만 갑니다. 과연 소녀는 자신의 마음을 어떻게 드러낼까요?

## '따뜻한 우체국'으로 내 마음을 전합니다

어렸을 때 잘못한 적이 있습니다. 그때 어머니는 침대에 누워 있는 제 등을 뒤에서 꼭 끌어안고 당신의 진솔한 마음을 들려주셨습니다. 그 말을 들으며 '엄마 마음이 그랬구나, 내가 진짜 잘못했다, 죄송하다고 말씀드려야지' 하고 생각했습니다. 그런데 이상하게 얼굴을 마주하니 말문이 열리지 않았습니다. 말하고 싶은 마음은 굴뚝같은데 입이 떨어지지가 않아서, 결국 그날은 아무 말도 못하고 나중에 편지를 썼습니다.

학교에서 공동체 생활을 하다 보면 수많은 감정이 교차하곤 합니다. 고마움, 즐거움, 뿌듯함, 불안함, 억울함, 후회스러움…. 이런 마음을 다른 사람과 나누고 싶은데 시간은 쏜살같이 흘러가기만 합니다. 특히 학생들 입장에서는 친구와 비밀스럽게 이야기 나누고 싶을 때도 있을 텐데, 그럴 만한 시간도 부족하고 장소도 마땅치 않습니다. 예전에 학생들에게 "친구와 친해지는 여러분의 비법은 무엇인가요?"를 물은 적이 있습니다. 먼저 인사하기, 이름 물어보기, 맛있는 것 나눠주기 등 다양한 내용이 나왔습니다. 그중 하나가 '쪽지 보내기'였습니다. 왜 직접 말하지 않고 쪽지를 쓰는지 묻자, 얼굴을 마주하고 말하는 게 부끄러울 때가 있다고 합니다. 놀라운 점은, 이 방법이 아이들 사이에서 꽤 잘 통한다는 것입니다. 가만히 생각해보면 마음을 전하는 수단으로 글을 많이 쓰니까 수긍이 가는 이야기입니다. 쑥스러워서 '사랑해'라는 말을 건네지 못하는 사람도 편지로는 할 수 있는 것처럼, 때로는 말보다 글이 마음을 더 잘 담아내기도 하니까요. '따뜻한 우체국'은 이렇게 아이들 마음 깊은 곳에 숨어 있는 진심을 끄집어내서 다른 사람과 소통하도록 돕는 활동입니다.

**배움 목표** <고구마>를 읽고, '따뜻한 우체국' 운영하기

| 단계 | 회복적 활동 | 회복적 활동 과정 |
| --- | --- | --- |
| 1 | 〈고구마〉 함께 읽기 | – 마음을 전하지 못해 답답했던 순간 나누기<br>– 마음을 전하는 고구마 만들기 |
| 2 | '따뜻한 우체국' 운영하기 | – '따뜻한 우체국' 운영하기 |

## 〈고구마〉 함께 읽기

귀여운 소녀와 토끼가 그려진 표지부터 살핍니다. 고구마를 바라보는 소녀의 표정이 심상치 않습니다. 뭔가 굳은 의지가 보이는 듯도 하고, 장난을 칠 것 같기도 합니다. 어떤 이야기가 펼쳐질지 예상해봅니다. 학생들의 생각처럼 정말 '먹는 고구마' 이야기일까요? 호기심을 품고 첫 장을 펼칩니다.

소녀는 엄마를 바라보며 조잘조잘 이야기를 꺼냅니다. 하지만 다른 일로 바쁜 엄마는 소녀와 눈도 마주치지 않고 "숙제는 했냐?"고 묻습니다. 뽀로통한 얼굴로 방으로 가던 소녀는 장난감에 마음을 빼앗깁니다. 결국 엄마의 불호령이 떨어집니다. 소녀는 엄마가 바라는 대로

책도 읽고, 동생과 소꿉놀이도 합니다. 하지만 엄마의 표정은 나아지지 않지요. 엄마는 왜 화가 난 걸까요? 학생들에게 묻자, 숙제를 안 해서 그렇다, 눈치껏 방에 있어야 한다며 자신들의 경험을 말합니다. 소녀는 아빠에게 하소연이라도 해보려 하지만 아빠는 엄마보다 더한 잔소리를 늘어놓습니다. 자신의 마음을 표현하지 못해 너무 답답한 소녀는 방으로 들어가 버립니다. 그러더니 부모님에게 무언가를 건넵니다. 소녀가 건넨 건 무엇일까요?

그림책과 삶을 연결해봅니다.
"여러분도 마음을 표현하지 못해서 고구마를 먹은 것처럼 답답한 순간이 있었나요? 언제 그런 답답함을 느꼈나요?"
"엄마한테 숙제랑 공부 다 했다고 말했는데, 엄마가 믿지 않고 '아직 멀었다'고 하셨을 때요."
"언니가 방에서 음식 먹지 말라고 해놓곤, 자기는 방에서 간식 먹고 흘렸을 때요."
"동생이랑 싸웠는데 제 얘기는 듣지도 않고, 둘 다 똑같이 잘못했다고 혼날 때요."
"하고 싶은 말이 많은데, 뭐라고 말해야 할지 몰라서 말이 안 나오고 눈물만 날 때요."
학생들도 소녀처럼 답답함을 느끼는 순간이 많았습니다.
"그렇게 답답할 때는 어떻게 하나요?"
"제 방에 혼자 있어요."
"따지고 화내요."

"그냥 울어요."
"혼자서 욕해요."

안타깝게도 학생들은 자기 마음을 제대로 표현하지 못하고 있습니다. 그래서 가슴 깊이 묻어놓은 묵은 마음부터 풀기로 합니다. 그림책 속 소녀처럼 '고구마'를 만드는 겁니다. 클레이를 만지면서 답답했던 마음을 말랑말랑하게 녹여봅니다.

"제 마음을 이렇게도 표현할 수 있다니 너무 재미있어요."
"이 고구마를 왜 드리는지 알면 엄마가 웃을 것 같아요!"
"고구마 드리고 나면 속이 후련해질 것 같아요!"

고구마와 함께 당시에는 표현하지 못했던 마음을 편지로 써서 전달합니다.

\* '마음을 전하는 고구마' 활동 PPT는 교육과실천 밴드에서 보실 수 있습니다.

| 회복적 질문, 이렇게 나눠보세요 | |
|---|---|
| 여는 질문 | - (표지) 그림책 〈고구마〉의 표지를 살펴봅시다. 어떤 이야기가 펼쳐질까요? |
| 주제 질문 | - (장면) 엄마는 왜 화가 났을까요?<br>- 여러분도 마음을 표현하지 못해서 고구마를 먹은 것처럼 답답했던 순간이 있나요?<br>- 마음을 표현하지 못해서 답답할 때, 여러분은 어떻게 행동하나요?<br>- 고구마와 편지로 마음을 담으니 어떤가요?<br>　고구마와 편지를 선물하면서 이야기를 나눠보세요. |

## '따뜻한 우체국' 운영하기

이제 배움을 교실로 확장합니다. 혹시 학교에서 자신의 마음을 전하지 못했던 적이 있는지 묻습니다.

"친구가 준비물을 빌려줘서 고마웠는데, 여자애라서 부끄러워 고맙다는 말을 제대로 못했어요."

"마스크를 쓰고 있으니까 제 말을 잘못 알아듣고 욕한 줄 안 것 같은데, 그 오해를 풀고 싶어요."

"친구랑 싸우고 나서 그 친구랑 선생님께 미안하다고 말하고 싶었는데, 못했어요."

아이들은 부끄러워서, 상대의 반응이 걱정돼서, 말할 기회를 놓쳐서 등 다양한 이유로 자신의 진심을 전하지 못한 채 가슴에 품고 있었습니다. 그 마음을 편지로 표현하는 것은 어떨까요? 편지를 주고받을 수 있는 '따뜻한 우체국'에 대해 이야기하자, 학생들의 눈이 반짝입니다.

먼저 따뜻한 우체국 활동의 목적을 정확히 알기 위해 우리 반에 왜 따뜻한 우체국이 필요한지, 이것이 있으면 어떤 점이 좋은지 이야기를 나눕니다. "마음을 표현하고, 잘 지내기 위해서요." 금방 답이 나옵니다. 자연스럽게 우체국을 어떻게 이용할 것인지로 이어갑니다. 우리에게 필요한 약속은 무엇일까요?

첫째, 이름을 꼭 밝히기로 했습니다. 따뜻한 우체국은 고마움이나 미안함, 격려나 응원의 마음을 전하고 싶어서 하는 것이니까요. 둘째, 한 달에 두 번 금요일에 배달하고, 모든 학생이 돌아가면서 역할을 맡기로 합니다. 셋째, 편지의 내용은 비밀로 간직하기로 합니다. 편지란 보낸 사람과 받는 사람 둘만의 대화니까요. 단, 칭찬이나 격려, 응원은 서로에게 힘이 되는 내용이므로 보낸 사람이 동의하면 다른 사람에게 이야기해도 되는 것으로 합니다. 정해진 '따뜻한 우체국 약속'은 늘 기억할 수 있도록 우체통 위에 붙여놓습니다.

교실에 소통의 창구를 만들어놓고 매달 편지를 주고받는 일에는 시간과 수고가 들어갑니다. 하지만 새로운 소통 방식으로 건강한 관계를 맺고 공동체성을 쌓아올리는 의미 있는 일이기도 합니다. 평화로운 하부 구조를 만들기 위한 활동들을 통해 갈등과 문제를 사전에 예방하고 건강한 공동체를 만들어나갈 수 있습니다.

| 회복적 질문, 이렇게 나눠보세요 | |
|---|---|
| 주제 질문 | - 학교에서 다른 사람에게 자신의 마음을 전하지 못한 적이 있나요?<br>- '따뜻한 우체국'을 운영하면 어떤 점이 좋을까요?<br>  왜 '따뜻한 우체국'이 필요한가요? |
| 실천 질문 | - '따뜻한 우체국'으로 마음을 전하기 위해, 우리가 정해야 할 약속은<br>  무엇일까요? |
| 배움 질문 | - '따뜻한 우체국'으로 누군가에게 편지를 보내거나 받으니<br>  어떤 생각과 느낌이 느나요? |

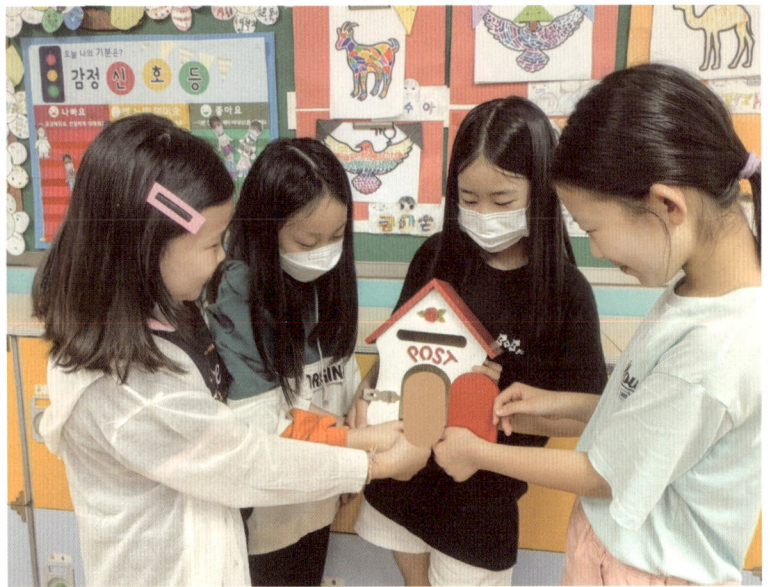

# 4. 실수를 포용하는 안전한 공간 만들기
## 씨앗 약속

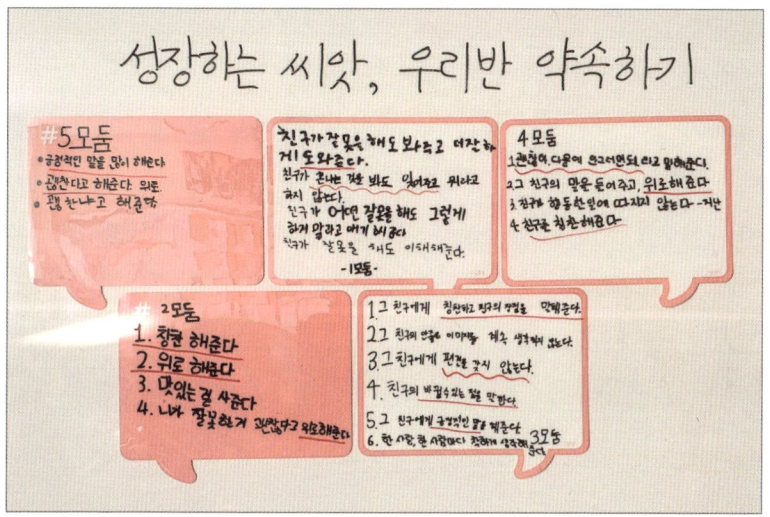

### 이 책을 읽었어요

**나쁜 씨앗**
(조리 존 글 / 피트 오즈월드 그림 / 김경희 옮김 / 길벗어린이)

모두가 해바라기 씨앗을 흘끔거리며 손가락질하고 비난합니다. 해바라기 씨앗은 아무렇지 않은 척하지만 다른 씨앗들의 수군거림을 듣고 있습니다. 어느 날, 해바라기 씨앗은 앞으로 삐딱하게 살지 않겠다고 다짐합니다. "오랫동안 삐뚤게 살다보니 바꾸기 쉽지 않지만 노력하고 있어. 하루하루 나아질 거야." 나쁜 씨앗은 변화할 수 있을까요?

## 실수를 따뜻하게 바라봐줄 때 한 뼘 더 성장합니다

교사에게 떨리는 순간은 언제일까요? 아마 새로운 선생님들과 인사를 나누고 어떤 학년과 업무를 맡을지 정할 때, 그중에서도 특히 학급이 결정될 때가 아닐까요. 혹시 학교에 문제 행동으로 알려진 아이라도 있다면 '내가 맡게 되는 건 아닐지' 걱정이 앞서기도 합니다. 한데, 우리가 흔히 말하는 '문제아'라는 꼬리표를 단 학생, 교사의 눈에만 보일까요? 그렇지 않습니다. 친구들 눈에도 보입니다. "쟤는 선생님한테 맨날 혼나는 애야." "쟤는 애들이랑 엄청 싸워." 이런 선입견은 상대를 온전히 볼 수 없게 합니다. 또 교사와 또래 친구들 사이에 안 좋은 낙인이 찍힌 학생은 학교생활을 하는 데 적극적 의지를 갖기가 어려워집니다. 부정적 자기 인식에 가득 차서 '저 원래 이런 앤데 어쩌라고요' 하는 마음으로 노력하기를 포기하고, 자신의 문제 행동을 합리화하며 자기 존재를 부정하기도 합니다.

학교는 학생들이 매일 실수하며 배우고 성장하는 곳입니다. 실수에 날카로운 시선이 날아들고, 매 순간 평가가 이루어진다면 움츠러들 수밖에 없습니다. 진정 중요한 것은 실수하지 않는 것이 아니라 '실수해도 괜찮고, 노력하면 성장할 수 있다'는 사고방식입니다. 누구나 실수하면서 성장하는 거라고, 잘못한 순간의 네가 영원한 너의 모습은 아니라고, 우리 모두 실수하지만 그러면서 성장하는 거라고 말해줄 수 있어야 합니다.

성장은 인간의 삶 전체에 걸쳐서 이루어집니다. 그리고 교실은 성장을 위한 실패가 허용되는 안전한 공간이어야 하지요. 1년 안에 대단한 성과물을 내는 것보다 몇 번이고 실패하는 경험을 통해서 성장할 기회를 얻고, '나도 뭔가를 해낼 수 있다'는 자기 확신과 회복 탄성력을 기르는 것이 더 중요합니다. 서로를 따뜻한 눈으로 바라봐주고, 잘못과 실수가 있을 때 분노하며 손가락질하는 대신 "괜찮아, 그럴 수도 있지. 다음엔 실수하지 않도록 하면 돼"라고 따뜻하게 포용해줄 수 있어야 합니다. 실수한 학생이 언제든 단 한 번이라도 '이제 나도 더 나은 사람이 되고 싶어, 노력할래'라는 마음을 가질 때 기회가 주어져야 합니다. 그런 환경에서 학생은 온전한 나로 존재할 수 있습니다. 실수할까 봐, 틀릴까 봐, 도드라져 보일까 봐 긴장한 상태로 지낼 필요가 없다는 것, 잘못하더라도 '이제부터 안 그러면 돼, 나는 여전히 좋은 사람이야' 하며 자신의 실수를 포용할 줄 아는 것, 긍정적 수치심을 깨닫는 것만으로 충분하다는 것, 이런 것을 깨달을 때 학생은 한 뼘 더 성장합니다.

**배움 목표** 〈나쁜 씨앗〉을 읽고, 실수를 포용하는 '씨앗 약속' 만들기

| 단계 | 회복적 활동 | 회복적 활동 과정 |
|---|---|---|
| 1 | 〈나쁜 씨앗〉 함께 읽기 | - 표지를 보고 '까만 놀이' 하기<br>- '씨앗의 인생 그래프' 그리기 |
| 2 | 실수를 포용하는<br>'씨앗 약속' 만들기 | - 피라미드 토의하기<br>- 실수를 포용하는 '씨앗 약속' 만들기 |

## 〈나쁜 씨앗〉 함께 읽기

표지에는 불량한 분위기를 풍기는 나쁜 씨앗이 있습니다. 씨앗의 얼굴에는 여기저기 상처가 가득합니다. 표지를 관찰하면서 '까만 놀이'를 합니다. 까만 놀이는 문장 끝이 '~까?'로 끝나도록 질문을 만드는 놀이입니다. 각자 표지를 보고 만든 질문을 공책에 씁니다. 그런 다음 릴레이 시클로 각자 앉은 자리에서 한쪽 방향으로 돌아가며 질문을 발표합니다. "왜 나쁜 씨앗일까?" "무슨 일을 겪은 걸까?" "처음부터 나쁜 씨앗이었을까?" "나중에 좋은 씨앗이 될까?"… 편안한 분위기에서 다양한 질문을 나누며 책에 대한 호기심을 높입니다.

본문을 펼치자 씨앗들이 나쁜 씨앗을 손가락질하며 수군거립니다. "넌 저 씨앗처럼 삐뚤어지면 안 된다." "쟤 좀 봐, 정말 못된 짓만 해." 귀가 밝은 나쁜 씨앗은 수군거림을 다 듣고 있습니다. 모두의 따가운 시선을 홀로 감당하고 있는 나쁜 씨앗을 보며 만약 우리가 나쁜 씨앗이라면 어떤 마음일지 상상해봅니다. 남이 나를 비난할 때 얼마나 속상하고 슬픈지, 그 마음을 헤아려봅니다. 그동안 나쁜 씨앗은 삐딱한 행동을 일삼았지만 새로운 다짐을 합니다. '앞으로는 삐딱하게 살지 않을 거야. 노력할 거야. 하루하루 나아질 거야. 나도 나쁘기만 한 씨앗은 아니야.' 나쁜 씨앗은 다른 씨앗에게 먼저 인사도 건네고 양보도 합니다. 그런 나쁜 씨앗을 보며 누군가 외칩니다. "어, 저기 봐. 나쁜 씨앗이야!" 그러자 그 옆의 씨앗이 말합니다. "아냐, 이젠 그렇게 삐딱하게 굴지 않아." 다른 씨앗의 포용과 격려 속에서 나쁜 씨앗이 성장합니다. 본문 마지막 장을 넘기면 뒤면지에, 앞면지에서는 울상이던 나쁜 씨앗이 밝게 웃고 있습니다. 나쁜 씨앗의 표정이 밝게 변한 이유는 무엇일까요? 학생들은 대답합니다. "나아지려고 노력하는 스스로가 좋고 뿌듯하기 때문이에요." "주변 친구들이 나쁜 씨앗이 좋은 씨앗으로 바뀔 수 있다고 믿어줬기 때문이에요." 노력하면 성장할 수 있다는 것, 그리고 그 성장에는 공동체의 지지가 있어야 한다는 교훈을 〈나쁜 씨앗〉을 통해 깨닫습니다.

이제 책과 삶을 연결합니다. 학생들은 자신의 삶을 되돌아보고, 각 시기의 자신은 어떤 씨앗이었는지를 생각하며 '인생 그래프'를 그립니다. 모둠에서 돌아가며 자신의 '씨앗 인생 그래프'를 소개하고, 가장 인상 깊었던 인생 그래프를 한 가지씩 뽑아서 모든 학생과 공유합니다. 인생 그래프를 나누다 보면 각자 좋은 씨앗과 나쁜 씨앗으로 구분하는 기준이 다름을 알 수 있습니다. '왜 좋고 나쁨의 기준이 사람마다 다를까?'를 학생들에게 묻자 서로의 생각, 살아온 모습, 중요하게 여기는 것이 달라서라고 대답합니다. 그러니 다른 사람을 섣불리 '나쁘다'고 판단하는 것은 바람직하지 않겠지요. 또, 사람은 변화하고 성장하는 존재라는 것도 알게 됩니다. 한 인생 그래프에서 나쁜 씨앗이었을 때도, 좋은 씨앗이었을 때도 있으니까요. 한 학생은 6살 때 자신의 이야기를 꺼냅니다. 엄마가 외할아버지를 안아드리고 오라고 했는데 싫다고 그냥 집으로 돌아왔다, 며칠 뒤에 할아버지가 돌아가셔서 지금까지 후회한다, 나는 그때 정말 나쁜 씨앗이었다는 고백입니다. 하지만 누구도 그 친구를 '나쁘다'고 생각하지 않습니다. "그때는 어리니까 그럴 수도 있지, 돌아가실 줄 몰랐잖아." "괜찮아, 지금이라면 안 아드릴 거잖아, 너무 후회하지 마." 미성숙한 우리는 살면서 많은 실수를 하지만, 실수에 책임지기 위해 노력하는 것만으로 충분합니다. 실수와 잘못을 딛고 성장하는 것이 삶이니까요.

**회복적 질문, 이렇게 나눠보세요**

| 여는 질문 | - 표지를 살펴서 '~까?'로 끝나는 질문을 만들어볼까요?<br>- (앞면지) 어떤 씨앗들이 보이나요? 여기서 '나쁜 씨앗'은 누구일까요? 그 이유는 뭔가요? |
|---|---|
| 주제 질문 | - (3~4쪽) 안 좋게 바라보는 눈빛과 손가락질, "넌 저 씨앗처럼 삐뚤어지면 안 된다", "쟤 좀 봐, 정말 못된 짓만 해"라는 말을 들을 때, 씨앗은 어떤 마음(감정)일까요?<br>- (뒷면지) 앞면지랑 다른 점은 뭘까요?<br>해바라기 씨앗의 표정이 왜 밝게 바뀌었을까요?<br>- '씨앗 인생 그래프'를 살펴보았습니다. '나쁜 씨앗, 좋은 씨앗'으로 구분할 때 여러분의 기준이 같았나요? 각자의 기준이 다른 이유는 무엇인가요?<br>→ 그래서 섣부르게 다른 사람에 대해 '나쁘다'고 판단하는 건 바람직하지 않아요.<br>- '인생 그래프'의 모양을 살펴봅시다. 어떤 모양인가요?<br>→ 실수나 잘못을 하더라도 그것을 딛고 노력해서 성장할 수 있습니다. |

■ 학생의 '씨앗 인생 그래프'

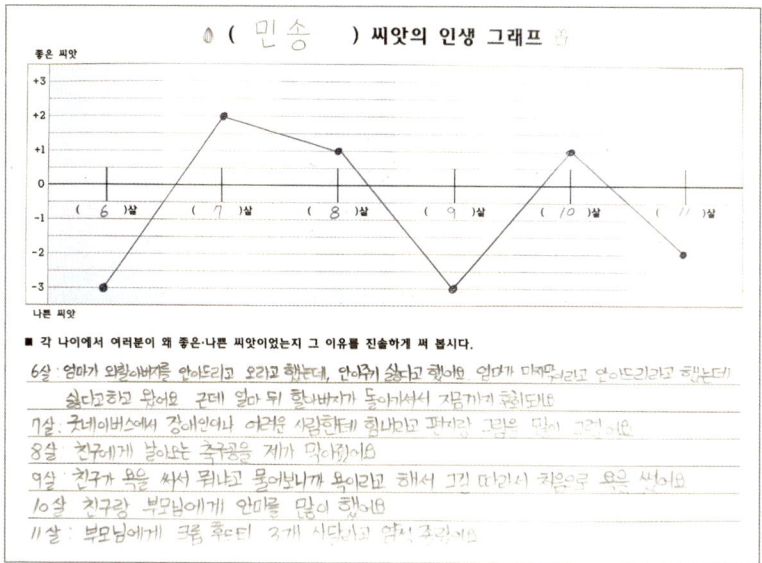

- 6살 나쁜 씨앗 +3 : 엄마가 외할아버지를 안아드리고 오라고 했는데, 안아주기 싫다고 했어요. 엄마가 마지막이라고 안아드리라고 했는데도 싫다고 하고 돌아왔어요. 그런데 얼마 뒤 할아버지가 돌아가셔서 지금까지 후회돼요.
- 7살 좋은 씨앗 +2 : 굿네이버스에서 장애인이나 어려운 사람에게 힘내라고 편지랑 그림을 많이 그렸어요.
- 8살 좋은 씨앗 +1 : 친구에게 날아오는 축구공을 제가 막아줬어요.
- 9살 나쁜 씨앗 -3 : 친구가 욕을 써서 뭐냐고 물어보니까 욕이라고 해서 그걸 따라서 처음으로 욕을 썼어요.
- 10살 좋은 씨앗 +1 : 친구랑 부모님에게 안마를 많이 했어요.
- 11살 나쁜 씨앗 -2 : 부모님에게 크롭 후드티 3개 사달라고 엄청 졸랐어요.

\* '씨앗의 인생 그래프' 활동지는 교육과실천 밴드에서 보실 수 있습니다.

2장 '평화롭고 안전한 교실' 기둥 세우기  131

## 실수를 포용하는 '씨앗 약속' 선언하기

우리가 읽은 책의 제목은 〈나쁜 씨앗〉입니다. 나쁜 새싹, 나쁜 꽃, 나쁜 열매도 있는데 '씨앗'을 쓴 이유는 무엇일까요? 씨앗의 의미에 대해 이야기를 나누며 우리의 잠재력과 변화 가능성을 떠올려봅니다. 그런 다음, 처음에는 잘하지 못했지만 노력을 통해 지금은 성장한 경험을 피라미드 토의로 나눕니다. '실수나 잘못, 부족함이 있더라도 노력을 통해 더 나은 사람으로 성장할 수 있다'는 성장형 사고방식을 익히기 위해서입니다. 피라미드 토의는 1:1 → 2:2 → 4:4 토의로, 단계별로 진행하는 토너먼트 방식으로 하여 각 단계에서 뽑히지 않은 것을 칠판에 붙입니다. 학생들은 각자 자신의 경험을 포스트잇에 쓰고, 교실을 돌아다니며 1:1 대화 짝을 만나 그 자리에 앉아서 이야기를 나눕니다. 그리고 '정말 노력이 대단하다'고 느껴지는 것 하나를 뽑습니다. 뽑히지 않은 것은 칠판에 붙입니다(피라미드 1층). 이제 두 명은 한 팀이 되어 하나의 경험(포스트잇)을 갖게 됩니다. 이때 뽑히는 것에 우위가 있는 것은 아니며, 모든 경험은 그 자체로 소중하다는 것을 안내합니다. 그 후 2:2 토의로 하나의 의견을 뽑고, 뽑히지 않은 것은 칠판에 붙입니다(피라미드 2층). 이어서 4:4 토의를 진행하고(피라미드 3층), 마지막에는 세 팀(전체)이 모여 거수로 최종 한 가지 경험을 뽑습니다. 피라미드 토의를 활용하면 모든 학생에게 발언권이 주어져 적극적으로 참여하게 됩니다. 학생들은 각자의 경험을 나누며 자연스럽게 '노력을 통해 성장할 수 있다'는 것을 느끼고, 성장형 사고방식을 내면화합니다.

이제 배움을 삶에서 실천할 차례입니다. 실수는 살아가면서 누구나 하는 자연스러운 일입니다. 중요한 것은 '실수했다'는 사실 자체가 아니라 그것을 인정하고 책임지며 다시 도전하는 자세입니다. 학생들이 실수를 '그럴 수도 있지' 하고 자연스럽게 포용하며 성장의 과정으로 바라보는 것이 중요합니다. '씨앗 약속'은 그 다짐입니다.

실수를 했을 때 친구들이 어떻게 대해주면 좋은지, 교실에서 실수(잘못)를 하고 나면 마음이 불편한데 무엇 때문에 그런지, 무엇이 걱정되는지, 이런 질문에 진솔하게 대화를 나눕니다. 그리고 모둠별로 누군가 실수를 했을 때 더 나은 사람으로 성장하기 위해 공동체가 함께할 수 있는 '말과 행동'을 나눕니다. 본인이 실천할 수 있는 것을 약속하고, 각 모둠에서 정한 '씨앗 약속'을 발표합니다. 공개적으로 하는 말일수록 힘이 세지고, 한 말에 책임을 져야 한다는 의식이 강해지기 때문입니다. 학생들은 "괜찮아, 다음에 안 그러면 돼" 같은 격려의 한마디 하기, 친구가 혼나는 것을 보더라도 더 보태지 말고 잊어주기 등, 자신이 실천할 수 있는 말과 행동을 약속합니다. 잘못과 실수를 하더라도 서로를 지지하고 배려하며 안전하게 성장할 수 있는 무대가 바로 교실입니다. '우리 반 씨앗 약속'을 목록으로 정리하여 교실에 전시합니다. 앞으로 우리 반에서 어떤 모습을 기대하는지, 선생님이 '씨앗 약속'을 한 번 더 다짐하며 마무리합니다.

"우리는 1년 동안 함께 생활하는 공동체입니다. 가족처럼 많은 시간을 보내다 보면 친구의 좋은 모습, 나쁜 모습을 다 보게 됩니다. 친구가 실수를 하더라도 '그럴 수도 있지'라고 너그럽게 품어주고, '넌 나쁜 애야' 하는 편견을 갖지 않고 기다려주는 것이 중요합니다. 여러분이 친구를 위해 애쓰고 따뜻한 마음을 가지면 여러분이 실수했을 때 다른 친구들 또한 여러분을 응원할 것입니다. 이렇게 서로를 지지해주는 것이 공동체입니다. 선생님도 여러분의 많은 행동 중 몇 가지 실수로 여러분을 나쁜 학생이라고 함부로 판단하지 않겠습니다. 서로를 도와가며 함께 성장하는 공동체가 됩시다."

### 회복적 질문, 이렇게 나눠보세요

| | |
|---|---|
| 여는 질문 | – 책 제목이 〈나쁜 씨앗〉입니다. 씨앗은 어떤 특징이 있을까요? 나쁜 새싹, 나쁜 꽃, 나쁜 열매가 아닌 '나쁜 씨앗'이라고 제목을 정한 이유는 뭘까요?<br>→ 씨앗을 얼마만큼의 깊이로 심고 물을 주느냐에 따라 싹을 틔울 수도 있고 시들 수도 있어요. 그래서 씨앗에게 '넌 나빠'라는 말보다 '잘못해도 괜찮아'처럼 좋은 말을 해줘야 한다는 뜻이에요.<br>→ 씨앗은 자라는 중이에요. 착한 마음, 나쁜 마음도 함께 자라는데 씨앗의 노력에 따라 착한 마음을 더 키워서 착한 꽃이 될 수도 있어요. |
| 주제 질문 | – 여러분의 삶을 떠올려봅시다. 실수나 잘못, 부족함이 있었지만 더 나은 사람이 되기 위해 노력한 경험이 있을 것입니다. 그 경험을 포스트잇에 쓰고, 피라미드 토의를 해봅시다.<br>– 여러분이 잘못했을 때, 친구들이 여러분을 어떻게 대해주면 좋은가요? 눈빛, 행동, 말 무엇이든 좋습니다. |
| 실천 질문 | – 우리 반 친구가 실수(잘못)를 했습니다. 그 친구가 더 나은 사람으로 성장할 수 있도록 우리는 무엇을 할 수 있을까요? |

## ▪ 피라미드 토의

1:1 토의

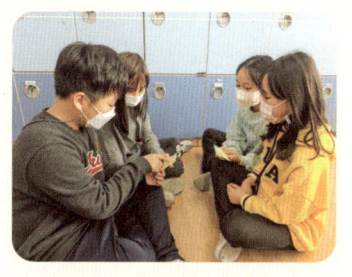

2:2 토의

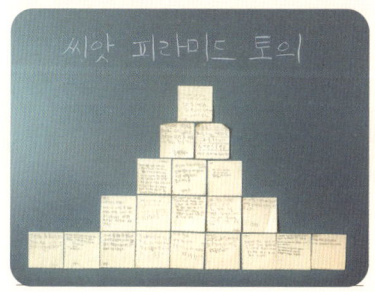

| 피라미드 토의 | 선택되지 않은 것 |
|---|---|
| 1:1 토의 | 1층 피라미드 |
| → 2:2 토의 | 2층 피라미드 |
| → 4:4 토의 | 3층 피라미드 |
| → 팀(8명)별 전체 토의 | 4층 피라미드 |
| → 최종 선택된 것이 피라미드 꼭대기 | |

## ▪ 친구가 실수(잘못)했을 때 우리가 할 수 있는 것 : 씨앗 약속

— "괜찮아, 다음에 안 그러면 돼." 친구에게 긍정적인 말(격려)을 한다.
— 친구의 좋은 점을 칭찬하고 장점을 말해준다.
— 친구의 말을 들어주고 위로해준다.
— 친구가 잘못된 행동을 할 때 '그렇게 하지 말라'고 이야기한다. 좋게 바뀔 수 있는 모습을 말해준다.

# 5. 감정 조절 능력 키우기
# 화 사용 설명서

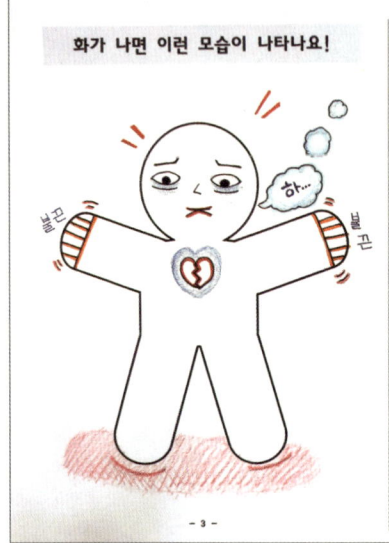

## 이 책을 읽었어요

### 볼 빨간 아이
(에마뉘엘 트레데 글 / 아망딘 피우 그림 / 김영신 옮김 / 빨간콩)

아이는 맛없는 강낭콩을 먹으라고 하면 화가 납니다. 화가 나면 얼굴과 눈이 빨개지고 숨도 쉬기 힘듭니다. 화날 때마다 소리를 지르거나 못된 말을 퍼붓고, 바닥을 뒹굴거나 물건을 부수기도 합니다. 그러고 나면 화가 풀리지만 창피하고 후회스럽습니다. 다시는 화내지 않겠다고 다짐하지만 과연 화를 내지 않고 살 수 있을까요?

## '화 사용 설명서' 활동으로 감정 조절 능력을 키웁니다

1교시를 시작하려는 찰나, 수업에 늦은 소은이가 교실로 들어와 자신의 가방을 집어던지듯 내려놓습니다. 교사가 소은이에게 "혹시 무슨 일 있었니?"라고 묻자, 소은이는 "선생님이 무슨 상관이에요!"라며 큰 소리로 화를 냅니다. 선생님과 학생들이 모두 소은이를 쳐다봅니다. 교실에는 정적이 감돌고 분위기가 싸늘해집니다. 교사 또한 당혹감과 분노로 얼굴이 붉어집니다. 도대체 소은이는 왜 그런 걸까요?

사람은 불안, 우울, 짜증, 분노 등 부정적인 감정 상태에 놓여 있을 때 자기 조절 능력을 제대로 발휘하지 못하게 됩니다. 그래서 아무것도 아닌 사소한 말과 행동도 왜곡해서 해석하고, 예민하게 반응하게 되지요. 소은이는 교실에 들어서기 전부터 짜증과 분노로 가득 찬 상태였습니다. 집에서 엄마와 실랑이를 벌이다 학교에 왔기 때문입니다. 결국 그 분노를 교실에서 터트리고 만 것이지요.

교실은 다양한 감정 상태를 품은 개인들이 모여 있는 곳입니다. 기쁨, 행복, 만족, 재미만큼이나 슬픔, 불안, 걱정, 미움, 외로움이 가득합니다. 전두엽이 아직 성장 중인 아이들에게는 '화'가 매우 강렬한 감정이라서 다루기 쉽지 않습니다. 아이들이 화가 나면 어쩔 줄 모르고 충동적인 감정의 흐름을 보이거나 미성숙한 표출 방법을 선택하는 것도 '감정 조절 능력'이 부족해서입니다. 그렇다면 감정 조절 능력은 어떻게 키울 수 있을까요?

화는 좋고 나쁨의 대상이 아니라 우리 삶과 함께하는 자연스러운 감정이며, 부정적인 감정 또한 존중받아야 합니다. 화가 무엇이며, 언제 화가 나는지를 인식하고, 적절한 표출 방법을 선택함으로써 감정 조절 능력을 키울 수 있습니다. 사람들은 흔히 '상대의 기분을 망칠까 봐', '부정적인 감정이 거절당할까 봐' 화 표출하기를 꺼리곤 하는데, 감정을 제때 표현하지 못하고 쌓아놓으면 어느 순간 거친 말과 함께 펑 터지기 마련입니다. 따라서 언제 화가 잘 나는지 진솔하게 털어놓고, '화가 났을 때 나는 이런 모습'이라는 것을 인식하도록 합니다. 그런 다음, 공동체에서 어떻게 화를 다뤄야 할지 이야기 나눕니다. 교실은 모든 '감정'을 수용할 수 있어야 하지만 모든 '행동'을 수용해서는 안 됩니다. '화 사용 설명서'를 통해 화를 배우고, 부정적인 감정을 다루는 경험을 쌓아봅니다. 자신의 감정을 알아차리고 표현할 수 있는 학생은 화를 조절하여 행동을 선택할 수 있으며, 타인의 감정까지 이해하고 공감할 줄 알게 됩니다.

**배움 목표** &lt;볼 빨간 아이&gt;를 읽고, '화 사용 설명서' 만들기

| 단계 | 회복적 활동 | 회복적 활동 과정 |
|---|---|---|
| 1 | 〈볼 빨간 아이〉 함께 읽기 | - 〈볼 빨간 아이〉 함께 읽기<br>- '화'에 대해 이야기 나누기 |
| 2 | '화 사용 설명서' 만들기 | - 화가 날 때 자신의 모습 되돌아보기<br>- '화 사용 설명서' 만들고 나누기 |

## 〈볼 빨간 아이〉 함께 읽기

볼이 빨개질 때는 언제일까요? 화가 났을 때, 너무 부끄러울 때, 많이 울고 난 뒤에…. 얼굴이 붉게 상기된 소녀의 감정을 추측하며 책을 펼칩니다. 맛없는 강낭콩을 먹으라고 하자, 소녀는 화가 납니다. 얼굴과 눈이 빨개지고, 콧물이 흐르고, 숨이 차오릅니다. 소녀는 목이 쉴 때까지 소리를 지르고, 가시 돋친 말을 퍼붓습니다. 소녀는 또 어떤 행동으로 화를 표현할까요? "누워서 떼쓸 것 같아요." "물건을 던질 것 같아요." "사람을 때릴 것 같아요." 각자의 경험이 녹아난 대답이 나옵니다. 소녀의 모습이 마치 우리의 어린 시절 같아서 공감하며 읽어나갑니다. 화가 가라앉은 소녀는 창피한 기분이 듭니다. 시간을 되돌리고 싶다는 후회 속에서 '이제부터는 화내지 않겠다'고 다짐합니다. 하지만 화를 내지 않고 사는 것이 가능할까요?

이제 화(분노)에 대해 배웁니다. 객관적으로 화가 무엇인지를 아는 것이 화를 다루는 데 도움이 되기 때문입니다. 첫 번째로 '화는 자연스러운 감정이며 좋고 나쁜 것이 아님'을 이야기합니다. 학생들은 화가 나쁘다고 생각하는 경향이 있습니다. 피구에서 져서 화가 나는 상황을 떠올려봅시다. 이때 화가 나는 이유는 이기고 싶은 마음에서 비롯합니다. '더 잘하고 싶어서 조급해지고 화가 났구나.' 그 감정을 읽어주는 것만으로 화가 누그러집니다. 그런데 왜 '화는 나쁘다'는 오해가 생겼을까요? 피구에서 졌을 때 어떤 친구는 이를 계기로 연습을 더 열심히 합니다. 화난 에너지를 긍정적으로 전환하는 것이지요. 하지만 누군가는 화가 난다는 이유로 친구에게 욕을 합니다. 받아들일 수 없는 행동입니다. 즉, 화는 좋고 나쁜 것이 아니라 자연스러운 감정이지만 화 때문에 이어지는 행동은 우리가 선택할 수 있고, 여기에는 옳고 그름이 있습니다.

두 번째로 화에 숨어 있는 '진짜 마음'을 잘 살펴야 합니다. 화는 다른 감정의 가면(2차 감정)인 경우가 많습니다. 급식소에서 새치기를 당하면 화가 납니다. 함께 정한 약속을 어기고 친구를 존중하지 않았기 때문입니다. 또 누군가 내 욕을 하면 화가 납니다. 욕이라는 행위로 인해 모욕감 혹은 불안감을 느꼈기 때문입니다. 화를 가만히 들여다보면 화가 나는 진짜 이유는 따로 있습니다. 그래서 화가 날 때는 마음을 가라앉히고 자신의 내면을 잘 살펴야 합니다. 그러면 내 마음이 왜 그런지를 알 수 있고, 상대방에게 진정으로 내가 바라는 것을 정확하게 말할 수 있습니다.

세 번째로 청소년의 뇌는 화에 민감합니다. 청소년기에는 '화 감정'을 조절하는 전두엽이 아직 성장하는 과정에 있어서 어른보다 쉽게 화가 나고 참기 더 힘듭니다. 이럴 때는 시간이 필요하다는 것을 스노우볼에 빗대어 보여줍니다. 스노우볼 안에 있는 캐릭터는 학생이고, 반짝이며 날아다니는 것은 화라고 가정해봅니다. 화가 나서 반짝이가 마구 휘몰아치면 캐릭터, 즉 자기 자신을 제대로 바라볼 수 없습니다. 그러니 화가 났을 때는 휘몰아치는 화(반짝이)가 가라앉을 때까지 잠시 기다려야 합니다. 그 순간을 참지 못하면 나중에 후회할 게 뻔한 선택을 할 수도 있으니까요. 끓어오르는 화를 식히기 위해 화가 난 그 자리를 잠시 피해 있거나, 숫자를 세면서 숨을 천천히 쉬거나, 물을 마실 수도 있습니다.

**회복적 질문, 이렇게 나눠보세요**

**여는 질문**
- (표지) 여러분은 언제 볼이 빨개지나요?
- 화가 나서 소리 지르고 못된 말을 했네요. 소녀는 또 어떻게 자신의 화를 표현할까요?
- 화가 가라앉고 난 뒤 '창피한 기분'이 든 이유는 무엇일까요?

**주제 질문**
- 여러분은 화가 좋다고 생각하나요, 나쁘다고 생각하나요?
- 화를 참기 힘들었던 경험이 있나요? 여러분의 뇌는 성장 중이라서 어른보다 화를 참기 힘든 건 당연한 일이랍니다. 그럴 땐 시간이 필요합니다.

## '화 사용 설명서' 만들기

교실은 모든 학생에게 평화롭고 안전한 공간이어야 합니다. 학생들의 모든 감정은 수용되어야 하지요. '감정 신호등'으로 자신의 감정을 표현하고, 힘들 때는 친구나 선생님에게 말할 수 있어야 합니다. 하지만 교실은 모든 '감정'을 수용하는 곳이지, 모든 '행동'을 수용하는 곳은 아닙니다. 이러한 원칙을 학생들과 나누며 '화 사용 설명서'를 만들어봅니다.

칠판을 3개의 단락으로 구분한 다음 화와 관련한 이야기를 나눕니다. 첫 번째는 '화가 나면 어떤 모습이 나타나나요?'입니다. 미간을 찌푸리게 되고 얼굴이 빨갛게 변하며 체온이 오릅니다. 심장이 빨리 뛰고 몸이 덜덜 떨리기까지 합니다. '아, 내가 이런 증상을 보이면 화가 난 거구나'를 스스로 깨달을 수 있도록 각자 화가 났을 때 몸과 마음에 어떤 변화가 나타나는지를 '화 사용 설명서'에 씁니다.

두 번째로 '화가 났을 때는 어떻게 행동했나요?', '그 행동으로 곤란해진 적도 있나요?', '평화롭게 해결되었나요?' 여기에 대한 이야기를 나눕니다. 화가 난다고 누군가를 때리면 더 심한 몸싸움이 벌어집니다. 화풀이를 다른 사람에게 하면 그 사람과 관계가 나빠지고요. 화가 나서 방문을 쾅 하고 닫았다가 더 크게 혼난 적도 있겠지요. 반면, 맛있는 것을 먹으며 스스로 진정시키거나 숨이 차도록 달리면서 에너지를 밖으로 쏟아내기도 합니다. 일기를 쓰면서 자신의 마음을 다독이고, 상대방에게 편지로 진심을 전달한 적도 있을 것입니다. 각자의 경험을 나누며 '화를 슬기롭게 다루는 것이 중요하다'는 공감대를 쌓습니다.

끝으로, 우리 교실에서는 화가 났을 때 어떻게 하면 좋을지 이야기를 나눕니다. 그리고 모두가 동의할 수 있는 평화로운 방법을 약속합니다. 화가 많이 나거나 눈물이 흐를 때는 혼자만의 시간을 주는 게 좋겠다는 의견이 나왔고, 모두가 그 친구를 위해 모르는 척하기로 했습니다. 또 부드러운 인형을 끌어안고 싶다는 이야기가 나와서, 교실에 마음을 편안하게 하는 각자의 물건을 둘 수 있도록 했습니다. 낯서

하기나 이면지 찢기 등 화를 배출하는 방법에도 동의했습니다. 대신, 수업 시간은 피하고 자기가 반드시 뒷정리를 하는 걸로 약속했지요.

---

### 화 사용 설명서

① 나는 이럴 때 화가 나요! (선생님과 친구들은 미리 조심해주세요.)
② 화가 나면 이런 모습이 나타나요! (지금 화났구나, 스스로 알아주세요.)
③ 화가 났을 때 이렇게 행동해봤어요! (평화롭게 잘 해결되었나요?)
④ 우리 반에서 화가 났을 때 약속해요! (화를 가라앉히고, 평화롭게 해결해요.)
⑤ 우리가 도와줄게! (친구들이 할 수 있는 말이나 행동을 약속해요.)

---

각자의 '화 사용 설명서'를 완성하면 모둠에서 친구들의 설명서를 돌아가며 읽습니다. '우리가 도와줄게' 칸에 있는 취지를 확인하고, 화난 친구를 위해 자신이 할 수 있는 말과 행동을 약속합니다. 모둠에서 나눔이 끝나면 설명서를 책상 위에 그대로 두고 옆 모둠으로 이동하여 친구들의 설명서를 살펴봅니다. 이런 방법으로 화와 관련한 공감대를 형성하고, 우리 반 구성원 중 누군가가 화났을 때 그 친구가 필요로 하는 방식으로 도울 것을 약속합니다. 완성한 '화 사용 설명서'는 교실에 두었다가 나중에 '우주쉼터'를 만들면 그곳으로 옮겨, 언제든 화가 났을 때 다시 읽을 수 있도록 합니다.

**회복적 질문, 이렇게 나눠보세요**

| | |
|---|---|
| 주제 질문 | - 교실, 급식소, 운동장 등 학교에서 화가 났던 순간은 언제인가요?<br>  선생님과 친구들이 여러분의 마음을 살피고 조심하도록 함께 노력할게요.<br>- 화가 나면 여러분은 어떤 모습이 나타나나요?<br>  '아, 이런 모습일 때 나는 화난 거구나!' 스스로 깨닫기를 바라요.<br>→ 눈썹이 찡그려져요, 한숨을 쉬어요, 입술을 깨물어요, 주먹을 꽉 쥐어요, 심장이 빨리 뛰어요, 울거나 소리를 질러요, 입맛이 없어요, 머리가 아파요, 식은땀이 나요, 숨 쉬기가 힘들어요.<br>- 여러분은 화가 났을 때 어떻게 행동했나요?<br>  그 행동으로 곤란해진 적노 있나요? 평화롭게 해결되었나요? |
| 실천 질문 | - 함께 생활하는 교실에서 화가 났을 때는 어떻게 할 수 있을까요?<br>  슬기롭고 평화롭게 화 다루는 방법을 떠올려봅시다.<br>- 친구의 '화 사용 설명서'를 읽고 내가 친구를 위해 조심할 수 있는 것이나 친구가 화났을 때 내가 할 수 있는 말이나 행동을 약속해주세요. |
| 배움 질문 | - 책을 읽고, '화 사용서 설명서'를 나눠 읽으니 어떤 생각과 느낌, 배움이 있었나요?<br>→ 화에 대해 배운 적이 없어서 화는 나쁘다고 생각했어요. 그런데 오늘 수업을 하면서 그동안 화냈던 기억을 떠올려봤어요. 그리고 화가 꼭 나쁜 것만은 아니라는 것을 알게 됐어요.<br>→ 제가 화날 때 어떤 모습인지 자세히 알게 되었고, 화날 때 저랑 친구들이 어떤 방법으로 푸는지도 알게 돼서 좋아요. 또 친구가 제 '화 사용 설명서'에 저를 위한 약속을 해줘서 고마워요. |

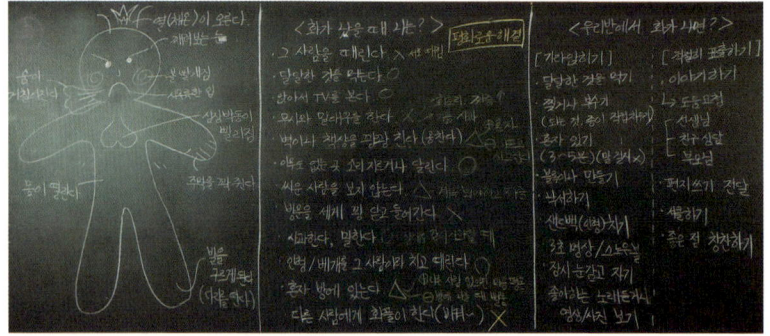

■ '화 사용 설명서' 활동지

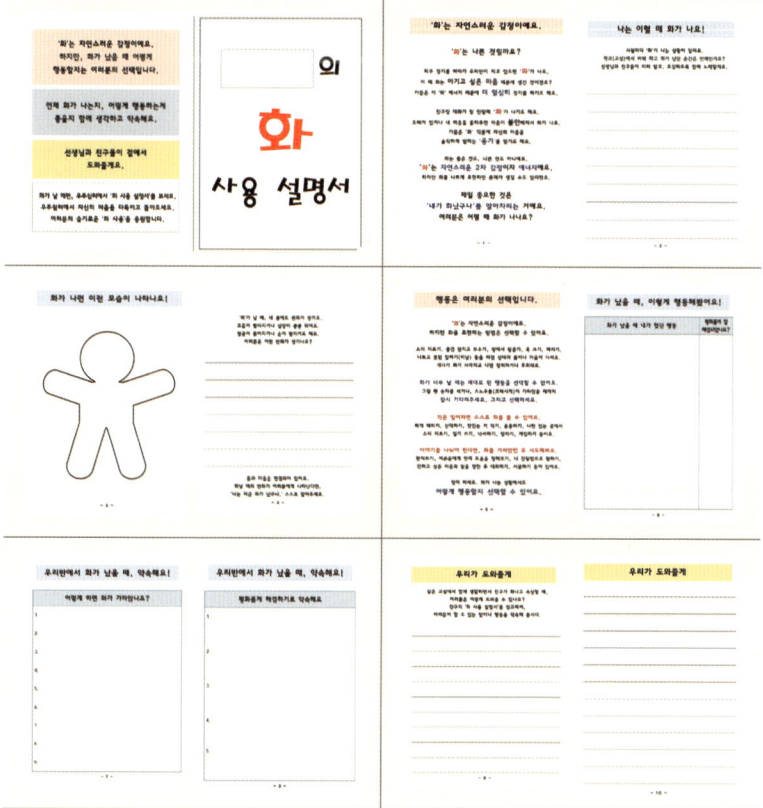

* 도톰한 180g A4 용지로 인쇄하는 것을 추천합니다.
* 양면 인쇄(짧은 면 묶음) 후, 반으로 접어서 A5 사이즈 책으로 만듭니다.
* '화 사용 설명서' 활동지는 교육과실천 밴드에서 자세히 보실 수 있습니다.

# 6. 긍정적 타임아웃 공간 만들기
# 우주쉼터

> **이 책을 읽었어요**

### 제라드의 우주쉼터
(제인 넬슨 글 / 빌 쇼어 그림 / 김성환 옮김 / 교실어린이)

아빠 생일 선물로 만든 그릇이 깨지자, 제라드는 너무 화가 납니다. 화나고 속상한 마음에 식탁을 발로 차버리지요. 그러자 엄마가 화가 났을 때 머무를 수 있는 특별한 공간을 만들자고 제안합니다. 자신만의 공간이 생긴 제라드는 기분이 좋아집니다. 하지만 아빠를 위한 그림을 그리다가 물감을 쏟고 맙니다. 얼굴이 뜨거워지고, 심장이 두근거리며 또 화가 나기 시작합니다. 제라드는 어떻게 할까요?

## '긍정적 타임아웃'을 통해 자기 조절 능력을 키웁니다

국어 시간, 반려동물이 등장하는 그림책을 읽고 있습니다. 이야기를 나누는 중에 성민이가 눈물을 뚝뚝 흘리더니 이내 어깨를 들썩입니다. "성민아, 왜 그래? 무슨 일이야?" 친구들의 시선이 성민이에게 향하고, 영문을 몰라 당황스러워합니다. 하지만 성민이는 대답할 수 있는 상태가 아닙니다. 선생님이 묻습니다. "성민아, 혼자만의 시간이 필요하니? 아니면 이야기를 나누고 싶니?" 성민이는 혼자만의 시간이 필요하다고 대답하며 교실 뒤에 있는 '우주쉼터'로 향합니다. 몇 분 뒤, 성민이는 다시 자리로 돌아와 수업에 참여합니다. 수업이 끝나고 쉬는 시간에 성민이에게 다가가 조심스럽게 물어봅니다. "성민아, 아까는 왜 그렇게 눈물이 났던 거야?" "제가 키우던 나비라는 고양이가 있는데요, 아토피가 심해져서 이모 집에 보냈어요. 아까 책을 읽는데 나비가 생각나서요. 미안하고 보고 싶어서 계속 눈물이 났어요. 이제는 괜찮아요."

교실은 학급 구성원들이 다 같이 생활하는 공동의 공간입니다. 때로 감정이 격해지거나 속상해서 눈물이 흐를 때는 나만의 공간이 절실히 필요합니다. 사람은 화가 나거나 속상하거나 슬플 때면 자기도 모르게 감정적으로 행동하기 쉬워지고, 그 순간을 참지 못하고 격하게 표출하면 나중에 후회하기도 합니다. 교실은 모든 '감정'을 수용해줄 수는 있어도 모든 '행동'을 수용해줄 수는 없으므로, 학생들 스스로 감정을 조절하여 공동체에 피해를 주지 않는 선에서 행동해야 합니다. 이를 해소하기 위한 방법 중 하나가 '긍정적 타임아웃'입니다. 감정의 소용돌이에 빠졌을 때 긍정적 자극으로 마음을 진정하고 스스로 감정을 조절하도록 시간을 주는 활동입니다. 흔히 '타임아웃' 하면 잘못했을 때 '생각 의자'에 앉아 반성하는 장면을 떠올립니다. 생각 의자의 목적은 충동적인 감정에서 벗어나 마음을 진정하고 다음 행동을 결정하게 하는 것이지만, 어른이 '시키는' 형태를 띠어서인지 아이들은 생각 의자를 '벌'로 느끼는 경향이 강합니다. 벌이라고 느끼는 순간, 타임아웃은 비난과 배제가 되어 당사자는 수치심을 느낄 가능성이 높아지고요. 그런 반면, 긍정적 타임아웃은 마음을 가라앉히고 기분을 전환하는 '공간'에 갈 것을, 학생 스스로 '선택'하게 한다는 점에서 다릅니다.

긍정적 타임아웃은 학생의 부정적인 감정을 존중함으로써 자기 조절 능력을 키워줍니다. 감정에 휩쓸려 충동적인 행동을 하는 대신에 마음을 가라앉히고(충동 통제력), 상황을 파악한 다음(감정 조절 능력), 공동체에 바람직한 방법을 찾게 합니다(원인 분석력). 우주쉼터는 학생들이 직접 만든 회복과 평화의 공간으로서 그곳에 간 학생은 스스로 마음을 다독이거나, 갈등이 생겼을 때는 친구와 이야기를 나눔으로써 관계를 개선하기도 합니다. 우주쉼터 활동을 통해 자기 조절 능력이 자란 학생들은 주체적인 삶을 꾸릴 수 있을 뿐만 아니라 공동체에서 평화롭고 조화롭게 살아갈 수 있습니다.

| 배움 목표 | 〈제라드의 우주쉼터〉를 읽고, '긍정적 타임아웃' 공간인 '우주쉼터' 만들기 | |
|---|---|---|
| 단계 | 회복적 활동 | 회복적 활동 과정 |
| 1 | 〈제라드의 우주쉼터〉 함께 읽기 | - 〈제라드의 우주쉼터〉 표지로 질문 만들기<br>- 〈제라드의 우주쉼터〉 함께 읽기 |
| 2 | '긍정적 타임아웃' 공간, '우주쉼터' 만들기 | - '긍정적 타임아웃' 공간, '우주쉼터' 만들기 |

## 〈제라드의 우주쉼터〉 함께 읽기

책 제목에서 '쉼터' 부분을 가리고 표지를 보여줍니다. 〈제라드의 우주○○〉 빈칸에는 어떤 단어가 들어갈까요? 학생들은 제목을 추리하기 위해 표지를 꼼꼼히 살펴봅니다. '제목 예상해보기'를 마치고 〈제라드의 우주쉼터〉를 공개합니다. "응? 왜 우주쉼터지?" 학생들의 얼굴에 궁금증이 피어오릅니다. 그 궁금증을 담아 '질문 만들기'를 합니다. 쉽게 질문을 만들 수 있도록 '까바 놀이'를 합니다. 학생들이 표지에서 관찰한 것을 '~다(평서문)'로 말하면, 선생님이 '~까?(의문문)'로 되돌려주는 놀이입니다. 관찰한 사실을 질문으로 바꾸는 것이지요. 가령, 학생이 "제라드가 우주쉼터에 있습니다"고 말하면, 선생님은 "제라드가 우주쉼터에 있습니까?"로 바꿉니다. 각자 표지를 관찰하여 질문을 하나씩 만들고 포스트잇에 씁니다. 완성한 질문은 모둠원과 나눈 후 칠판에 붙입니다. 같은 질문은 이어 붙이고, 질문에 대한 대답은 책을 읽으며 찾아보도록 합니다.

첫 장을 펼치자 화난 제라드가 등장합니다. 제라드는 큰 소리로 문을 열고, 엄마의 질문을 무시하고, 식탁을 발로 찹니다. "여러분은 화날 때 어떻게 행동하나요?" 다른 방으로 가요, 소리를 질러요, 인형을 때려요, 울어요, 키보드를 세게 쳐요, 매운 거 먹어요, 반려동물을 만져요, 속으로 욕해요, 방문을 세게 닫아요, 눈에 보이는 걸 던져요, 잠자요, 게임을 해요…. 거칠게 화를 드러내기도 하고, 평화롭게 화를 가라앉히기도 합니다. 한 학생은 화가 나서 물건을 던졌다가 엄마에게 더 크게 혼났다고 합니다. 하지 말아야 할 행동인 걸 알면서도 화가 나면 순간적으로 그렇게 된다고 합니다. 기쁨, 행복, 즐거움처럼 화, 슬픔, 속상함 등 부정적인 감정도 존중받아야 합니다. 그렇다고 해서 모든 행동을 수용해줄 수는 없습니다. 감정의 소용돌이에 빠져서 제대로 생각하고 행동하기 어려울 때는 어떻게 해야 할까요?

제라드의 엄마는 '화가 났을 때 머무를 수 있는 특별한 공간'을 만들자고 제안합니다. 제라드는 그곳을 자신이 좋아하는 우주처럼 꾸미고 '우주쉼터'라는 이름을 붙입니다. 화가 날 때마다 우주쉼터에서 감정을 가라앉히고 기분을 전환합니다. 제라드의 우주쉼터를 보면서 학생들에게 묻습니다.
"혹시 여러분도 학교에서 '나만의 공간'이 필요하다고 느꼈던 적이 있나요?"
"엄마에게 혼나고 바로 학교에 왔을 때요. 화를 풀 시간이 필요했어요. 다른 친구에게 화풀이를 할 것 같았거든요."

"눈물이 날 때요. 다 보는 곳에서 울고 싶지는 않은데, 눈물을 참지 못해서 힘들었어요."

"너무 화가 날 때요. 화나게 한 사람의 얼굴을 보니, 욕하고 싶은 걸 참기 힘들었어요."

"친구랑 싸웠을 때요. 친구랑 둘이서만 이야기하고 싶은데, 그럴 곳이 없었어요."

학교라는 공동 공간에서 생활하는 학생들에게도 '나만의 공간'이 필요한 순간이 있습니다. 너무 화나고, 속상하고, 슬플 때는 간절하게 '혼자만의 시간'을 갖고 싶어집니다.

이제 긍정적 타임아웃을 소개합니다. 한 학생이 '타임아웃'이라는 말에 '잘못했을 때 뒤로 나가 있는 것'이냐고 묻습니다. 물론 시간을 갖는 것이긴 하지만 학생들 스스로 다른 공간으로 가기를 '선택'할 수 있고, 거기서 마음을 가라앉히고 다음 행동을 결정할 수 있다고 알려 줍니다. 즉, 긍정적 타임아웃이 이뤄지는 회복과 평화의 공간이 우주 쉼터입니다. 소개가 끝나자, 학생들의 표정이 설렘으로 가득합니다. 교실에 평화로운 공간을 만든다고요? 그게 어디예요? 어떻게요? 질문이 터져 나옵니다. 기대와 설렘을 안고 '긍정적 타임아웃 공간 만들기'를 시작합니다.

### 회복적 질문, 이렇게 나눠보세요

**여는 질문**
- (표지) 〈제라드의 우주○○〉 제목의 빈칸에 들어갈 단어는 무엇일까요?
- 표지를 관찰하고 '~다' 문장을 '~까?' 질문으로 바꿀 수 있습니다.
- 각자 질문을 하나씩 만들어 모둠원과 이야기 나눠봅시다.
- 모둠에서 나눈 질문 중에 모든 학생과 나눠보고 싶은 질문을 '모둠 질문'으로 뽑아주세요.

**주제 질문**
- 여러분은 화가 날 때, 어떻게 행동하나요?
  → 여러분이 느끼는 모든 감정은 존중하지만, 그로 인한 행동을 모두 받아들일 순 없습니다.
- 여러분도 학교에서 '감정을 가라앉힐 나만의 공간'이 필요하다고 느낀 적이 있나요?

### ■ 표지 관찰하여 '질문 만들기'

— 우주쉼터는 왜 생겼을까? 우주쉼터에서 무엇을 할까? 왜 우주쉼터라는 이름을 붙였을까?

— 긍정적 타임아웃이 뭘까? 왜 제라드는 웃고 있을까? 감정을 조절하는 비법은 뭘까?

### '긍정적 타임아웃' 공간, '우주쉼터' 만들기

긍정적 타임아웃이 이뤄질 '평화와 회복의 공간'을 부를 이름과 장소를 정합니다. 우리는 이름을 '우주쉼터'라 정하고, 사물함과 에어컨 사이의 공간을 활용하기로 합의합니다. 여기서 우주쉼터는 '**우리가 주인인 쉼터**'의 줄임말입니다. 그리고 학생들에게 교실에서 우주쉼터가

'왜' 필요한지, '무엇을' 하는 공간인지 묻습니다. 〈제라드의 우주쉼터〉를 읽으며 이야기를 나눴지만, 학생들의 말을 통해 우주쉼터의 역할을 재확인하고 의미를 되새기기 위해서입니다.

화를 풀거나 마음을 돌보는 공간, 휴식을 취하는 공간, 갈등이 생겼을 때 대화를 나누는 공간…. 우주쉼터의 의미를 확인하고 칠판에 쓰자, 그 공간을 꾸밀 아이디어가 쏟아져 나옵니다. "아늑한 분위기로 꾸며요!" "화를 풀 때 필요한 걸 가져와요!" "놀거리가 있으면 좋겠어요." "친구랑 싸웠을 때 쓸 수 있게 편지지도 있으면 좋겠어요." 이제 구체적으로 필요한 준비물을 떠올릴 차례입니다. 우주쉼터는 학급 구성원 모두의 공간이자 개인의 휴식과 평화를 위한 공간입니다. 따라서 개인별로 우주쉼터에 필요한 준비물을 생각해봅니다. 그런 다음 릴레이 서클로 자기 자리에 앉아 돌아가면서 준비물을 발표합니다. 아늑한 분위기를 위해 텐트, 돗자리, 담요, 인형, 우리 반 사진을 놓자고 합니다. 화를 가라앉히기 위한 모래시계와 스노우볼을 가져오자는 제안도 있습니다. 찢고 낙서할 수 있는 이면지, 마구 터뜨릴 수 있는 뽁뽁이, 집중하기 좋은 레고, 친구에게 쓸 편지지까지 준비하기로 합니다. 릴레이 서클로 이야기를 나누니 다양한 종류의 물건이 등장합니다. 교사는 학생들의 대답을 칠판에 기록하여 준비물 목록을 작성합니다. 그리고 각자 가져올 수 있는 것을 확인합니다.

이제 우주쉼터를 이용할 때 지켜야 할 약속을 정합니다. 우주쉼터의 목적을 떠올리며 '누가, 언제, 어떻게' 이용할지, 각자 의견을 밝히고, 합의와 다수결을 통해 결정합니다. 첫째, '누가' 영역에서는 누구나 이용할 수 있지만 마음 돌봄과 휴식이 필요한 사람, 갈등으로 인해 대화가 필요한 사람이 우선적으로 이용하기로 약속합니다. 둘째, '언제' 영역에서는 주로 쉬는 시간에 이용하되, 꼭 필요하다면 수업 시간에도 가능하다는 데 동의합니다. 쉬는 시간, 휴식을 위해 우주쉼터를 이용할 때는 시간에 제한을 두기로 합니다. 치열한 토의 끝에 5분(2표), 10분(5표)을 제치고 7분(13표)으로 결정했습니다. 우주쉼터를 사용하고 정리하는 시간까지 고려한 것입니다. 셋째, '어떻게' 영역에서는 물건을 아끼고 소중히 쓰기, 긍정적 타임아웃 및 평화와 휴식의 공간이므로 조용히 이용하기, 정리 정돈은 각자 하기에 만장일치로 동의합니다. 또 우주쉼터를 전체적으로 관리할 사람이 필요했기에 '1인 1역'에 '우주쉼터 담당'을 새로 만들었습니다. 끝으로 함께 정한 약속이 지켜지지 않을 때, 어떻게 책임질지를 고민해봅니다. 완성한 우주쉼터 약속은 모두가 지키기로 동의하며 우주쉼터에 붙여놓습니다.

---

### 긍정적 타임아웃·회복과 평화의 공간, '우주쉼터' 만들기

① 회복과 평화의 공간, '이름(우주쉼터)'과 '장소'를 정한다.
　'긍정적 타임아웃' 공간의 이름과 장소는 각 반의 상황에 맞게 정한다.
② 우주쉼터의 '필요성'과 '역할'을 이야기한다.
③ 우주쉼터에 필요한 '준비물'을 떠올리고 나눠서 가져온다.
　미니 텐트를 치거나 커다란 종이 집을 지을 수도, 책걸상이나 돗자리로 공간을 구성할 수도 있다.
④ 우주쉼터 '이용 약속'과 피해가 생겼을 때 '책임질 방법'을 함께 정한다.
　'우주쉼터 이용 약속'을 우주쉼터에 붙여놓는다.
⑤ (일정 기간이 지난 후) 우주쉼터를 의미에 맞게 잘 이용하고 있는지 되돌아본다.

**회복적 질문, 이렇게 나눠보세요**

| | |
|---|---|
| 주제 질문 | – 교실 안 '회복과 평화의 공간' 이름과 위치를 정해봅시다.<br>– 교실에서 '우주쉼터'가 왜 필요한가요? '우주쉼터'의 역할은 무엇일까요?<br>– '우주쉼터'가 그 역할을 다하기 위해 무엇이 있으면 좋을까요?<br>  릴레이 서클로 나눠봅시다.<br>→ (준비물 목록) 각자 가져올 수 있는 것을 나눠봅시다. |
| 실천 질문 | – '우주쉼터'를 누가, 언제, 어떻게 이용해야 할까요?<br>– '우주쉼터' 약속을 함께 정해봅시다.<br>→ 지켜지지 않을 때는 어떻게 하는 것이 좋을까요? |
| 배움 질문 | – (며칠 뒤) '우주쉼터'를 이용하면서 좋은 점과 아쉬운 점은 무엇이 있나요? |

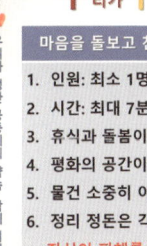

**3장**

# 공동체성 쌓아올리기

 학창 시절의 선생님 중에 교실에 쓰레기가 떨어져 있으면 '네 집이라 생각하고 치우라'고 하신 분이 계십니다. 교사가 된 지금, 저도 학생들에게 똑같이 말합니다. 하지만 학생들은 '교실이 내 집은 아니지 않느냐'는 듯 마뜩잖은 얼굴을 합니다. 교실은 학생들이 잠깐 머물다 가는 곳이 아니라 자기 존재를 인정받으며 유대감과 소속감을 느껴야 하는 곳이라는 측면에서 집 못지않게 중요합니다. 그럼에도 학생들에게 '공동체 하면 무엇이 떠오르는지?'를 물었을 때, 선뜻 '우리 반'을 말하지는 못합니다. 공동체에서 살아가고 있으면서도 공동체가 가슴에 와 닿지 않는 이유는 무엇일까요? '공동체성'이 단순히 '함께 있음'으로 형성되는 것은 아니기 때문일 것입니다. 공동체성은 자신의 정체성을 알고, 타인을 이해하며, 서로 관계를 맺을 때 생깁니다. 그렇다면 공동체성이 필요한 이유는 무엇이고, 어떻게 쌓아올릴 수 있을까요?

교실에는 20~30명에 달하는 학생들이 있습니다. 만약 그 안에 친구들과 잘 어울리지 못하거나 외로워 보이는 아이를 발견한다면 어떻게 해야 할까요? 슬그머니 말을 걸어보거나 이리저리 교류할 기회를 만들어볼 수 있겠지요. 관심을 갖고 지켜보거나 '내성적이고 소심한 아이인가 보다' 생각하고 지나칠 수도 있을 테고요. 그런데 가령 얼굴에 뺨을 맞은 듯 빨갛게 자국이 나 있는 아이를 발견한다면 어떻게 해야 할까요? 당장에 무슨 일이 있었는지 묻고, 어떻게 치료해야 할지 생각하지 않을까요.

미국에서 실시한 실험이 있습니다. 방에서 한 사람을 제외하고 여럿이 모여 대화를 나눕니다. 제외당한 한 사람은 당연히 소외감과 외로움을 느꼈을 테지요. 그때 그 사람의 뇌를 '기능적 자기공명영상(fMRI)'으로 찍어보니 놀랍게도 뺨을 얻어맞았을 때와 똑같이 활성화되었다고 합니다. 고립감과 외로움을 느끼는 것이 뺨을 맞았을 때와 비슷한 충격을 준다는 뜻이겠지요. 마음의 고통도 신체적 통증처럼 사람을 아프게 합니다. 인간은 태생적으로 관계와 공동체성을 지향하며 발달한 동물이기 때문입니다. 그런데 우리는 어떻게 하고 있나요? 학생들의 신체적 건강에 주의를 기울이는 만큼 관계도 잘 살피고 있을까요? 관계와 공동체성이 개인의 신체적 건강은 물론 자존감, 학업 능력, 사회성에 이르기까지 광범위하게 영향을 미치는데도 실상은 잘 챙기고 있지 못합니다. 학생들 간의 '관계 맺음'과 '공동체성'에 주목해야 하는 이유가 여기에 있습니다.

공동체성은 '관계'로부터 시작합니다. 서로가 서로에게 '어떤 존재'로 인식되어야만 '우리'라는 공동체성이 싹틀 수 있으니까요. 그렇다면 관계는 어떻게 맺어야 할까요? 국제 평화 실천가이자 갈등 해결 전문가인 존 폴 레데라크 박사는 상대에게 진짜 나를 드러내는 '진정성 있는 소통'에서 답을 찾았습니다. 진정성 있는 소통은 '평화롭고 안전한 공간', 즉 무언가를 평가하지 않고 있는 그대로 인정하는 '존중'이 실현되는 곳에서 이루어집니다. 이런 토대에서 진정한 '나'의 모습으로 관계를 맺으면, 우리라는 의식이 싹틈으로써 공동체의 일에 적극적으로 참여하게 됩니다. '우리가 소중하니까' 이걸 지키기 위해 자연스럽게 '책임' 의식도 뒤따르고요. 이렇게 '존중·관계·책임'이라는 가치는 공동체와 매우 밀접하고, 회복적 생활교육이 현장에 필요한 이유도 이 때문입니다. 회복적 생활교육을 실현하기 위해 이 가치들을 중심에 둔 활동 프로그램을 전개해봅니다.

'색깔 전시회', '모둠 서클', '마음집게', '특별한 자화상'은 존중하는 문화를 만들고 정착시키기 위한 활동입니다. '소통의 비행기', '관계의 거리', '어울림 컵·어울림 퍼즐', '추억 나무'는 존중하는 문화 속에서 건강한 관계를 맺기 위한 활동입니다. '우리 반 가치와 이름', '모두의 리더십', '말과 책임'은 쌓아올린 관계를 토대로 단단해진 공동체 구성원들에게 자발적 책임감이 자라나도록 돕는 활동이고요. 튼튼한 하부 구조를 통해 평화롭고 안전한 학급(공동체)을 꾸려나가다 보면, 문제가 생기더라도 미리 구축해놓은 존중·관계·책임의 가치가 서로 빛을 발하면서 공동체를 중심에 둔 '회복적 정의'가 이루어집니다.

회복적 생활교육의 가치 : 존중■ 관계□ 책임□

## 1. 다름을 인정하고 존중하기
## 색깔 전시회

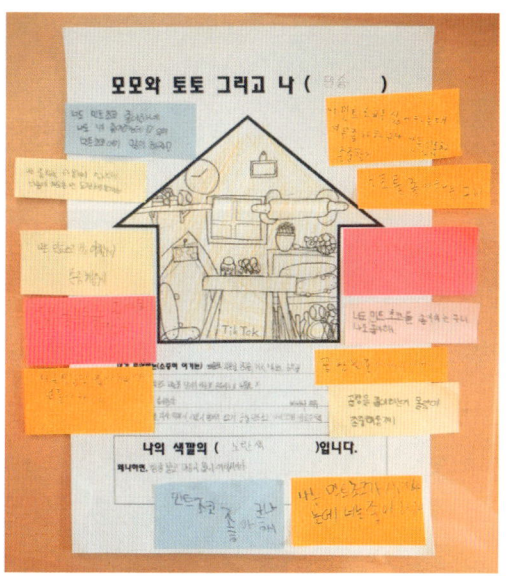

### 이 책을 읽었어요

**모모와 토토**
(김슬기 글·그림 / 보림)

바나나 우유와 야구를 좋아하는 모모에게는 친한 친구가 있습니다. 당근 수프와 그림 그리기를 좋아하는 토토입니다. 모모와 토토는 함께 자전거를 타고 쇼핑도 합니다. 모모는 애정을 담아 토토에게 노란 꽃다발을 선물합니다. 그런데 토토는 '이제 너랑 안 놀겠다'는 편지를 남기고 떠나버립니다. 토토가 모모를 떠난 이유는 무엇일까요?

## 자신을 아는 데서 나아가 다름을 인정하고 존중합니다

아이들에게는 가족만큼이나, 어쩌면 그보다 더 소중한 사람이 있습니다. 바로 '친구'입니다. 좋아하는 활동은 친구와 함께 하고 싶고, 소중한 것은 친구에게 선물하고 싶습니다. 언제나 함께이기를 다짐하며 영원한 우정을 맹세합니다. 하지만 때로 우정이라는 이름으로 무언가를 강요하거나, 우정 때문에 자기 자신을 가짜로 꾸미기도 합니다. 자신의 상황과 진정으로 원하는 것을 외면하고 친구 관계를 위해 모든 것을 맞추기도 합니다. 이런 관계는 서서히 마음을 다치게 하지만 대부분의 아이가 어떻게 해야 할지 모르는 채 어려움을 겪고 있습니다.

건강한 관계 맺음을 위해서는 먼저 '나 자신'이 어떤 사람인지를 알아야 합니다. 내가 무엇을 좋아하고, 어떤 성향을 가졌는지 충분히 살피고 난 다음에 '나는 이런 사람이구나' 하는 것을 받아들이고, 이를 소중히 여길 줄 알아야 합니다. 이것이 바로 어떤 상황에서든 자신을 굳건히 지켜주는 '자기 존중'입니다. 내면의 목소리에 민감하게 귀 기울여 자신을 아낀다면 자연스럽게 타인의 '다름'을 이해하는 공감 능력도 생길 것입니다.

우리는 누구나 남이 나를 있는 그대로 소중히 여기며 '존중해주기'를 간절히 바랍니다. 그런데 내가 먼저 나를 존중해야 상대방도 나를 존중하고, 나도 상대방을 존중할 수 있습니다. 〈모모와 토토〉를 읽고 자기 자신을 탐색해봅니다. 자신의 색을 찾아가며 '자기 존중'을 시작합니다. 자신을 존중하는 학생은 친구가 들어줄 수 없는 요구를 했을 때 '아니'라고 거절할 수 있습니다. 나아가 나와는 다른 친구들의 모습을 살피며 '다름'을 인정할 수 있게 됩니다. 타인을 존중하는 사람은 포용력이 깊어져서 다른 사람에게 무언가를 강요하지 않습니다. 다름을 인정하기 때문에 거절도 자연스럽게 받아들일 수 있고요. 차이를 인정하고 상대를 존중하면 훨씬 유연하고 열린 관계를 맺을 수 있습니다. 자신의 내면은 물론이고 친구 관계도 더 풍성해지지요. 〈모모와 토토〉를 읽고, '우리 반 색깔 전시회'를 펼쳐봅니다. 자신을 아는 것을 계기로 서로 다름을 인정하고 존중할 수 있게 됩니다.

| 배움 목표 | 〈모모와 토토〉를 읽고, '색깔 전시회'를 열어 다름을 존중하기 | |
|---|---|---|
| 단계 | 회복적 활동 | 회복적 활동 과정 |
| 1 | 〈모모와 토토〉 함께 읽기 | – 〈모모와 토토〉 그림으로 읽기<br>– 토토의 입장이 되어, 모모에게 편지 쓰기<br>– 글과 색에 주목하여 〈모모와 토토〉 다시 읽기 |
| 2 | '색깔 전시회' 열기 | – 나의 색깔 찾아보기<br>– 갤러리 워크로 '색깔 전시회' 참여하기<br>– 서클로 '색깔 전시회' 소감 나누기 |

## 〈모모와 토토〉 함께 읽기

〈모모와 토토〉라는 제목과 함께 원숭이와 토끼가 보입니다. 과연 누가 모모이고, 누가 토토일까요? 표지를 천천히 살펴봅니다. 방에는 지구본, 망원경 그리고 '원숭이 인형'이 보입니다. 모모와 토토가 함께 차를 마시고, 함께 찍은 사진도 있습니다. 둘은 친구고, 이 집은 원숭이 모모의 방이 아닐까, 하는 예상을 하며 책 읽기를 시작합니다. PPT를 통해 글을 가리고 그림만으로 책을 읽습니다. 그림만으로 책을 읽으면 그림에 더 주목하게 되고, 자유롭게 상상하며 읽을 수 있습니다. 또한 각자의 경험에 근거해서 해석하기 때문에 자연스럽게 학생들의 생각을 엿볼 수 있습니다. 자전거를 타고 논다, 친구한테 선물을 사주나 봐, 같은 해석이 나옵니다. 자연스러운 반응을 허용하며 읽습니다. 또 그림으로 읽는 만큼 그림을 자세히 살피고 이야기를 상상할 수 있도록 질문을 던지기도 합니다.

모모와 토토는 친한 친구 사이입니다. 모모는 토토에게 노란 풍선을 선물하고, 노란 자동차와 노란 모자를 추천합니다. 비가 오는 날에는 노란 비옷과 우산을 커플로 착용하지요. 모모는 토토에게 노란 꽃다발까지 선물합니다. 그런데 토토가 편지를 남기고 떠납니다. 도대체 토토는 왜 떠난 걸까요? 이제 학생들이 토토의 입장이 되어 모모에게 편지를 씁니다. 칠판에 붙여놓은 감정 카드부터 살펴봅니다. "여러분이 토토라면 모모에게 어떤 감정을 느낄까요?"라는 질문으로 몰입의 발판을 마련하고, 감정 카드를 활용하여 편지를 씁니다. 학생들은 저마다의 경험과 가치관, 책에 대한 해석을 바탕으로 모모에게 주황색 편지를 씁니다. 편지를 다 쓰면 모둠에서 나누고, 가장 '공감' 가는 내용을 모둠 편지로 뽑아 전체와 공유합니다. 그리고 책 속 상황과 비슷한 경험이 있는지, 자신의 삶을 되돌아보고 책과 삶을 연결하여 '존중'에 대한 공감대를 쌓아갑니다.

"저는 운동용품을 좋아하는데, 친구가 매번 생일 선물로 자기가 좋아하는 장난감만 줘서 속상해요."
"저는 ○○콜라를 좋아하는데, 친구가 가격이 싸다고 □□콜라를 사줘서 서운해요."
"저는 바지가 좋은데, 엄마는 항상 치마나 원피스가 예쁘다고 해요."

이번에는 글과 함께 책을 읽습니다. 여기서 색에 주목합니다. 보라색 돼지, 초록색 판다, 갈색 다람쥐 등 등장인물에는 각자의 색이 있습니다. 색은 무엇을 뜻할까요? 같은 곰인데도 색이 다른 걸 통해 색이 고유한 존재를 나타낸다는 것을 알 수 있습니다. 책에서 모모는 화가 난 토토를 찾아가지만 토토는 함께 놀기를 거부합니다. 그러자 모모가 토토에게 주황색 꽃 한 송이를 건네고, 토토가 놀라며 고마움을 표현합니다. 다시 만난 모모와 토토의 곁에는 노란색과 주황색이 어우러져 있습니다. 모모가 친한 친구라는 이유로 토토에게 자신의 노란색을 강요했을 때 토토는 불행했습니다. 하지만 모모와 토토 모두 자신의 색을 드러내고 서로의 색을 존중한 순간, 건강한 관계로 거듭납니다.

| 회복적 질문, 이렇게 나눠보세요 | |
|---|---|
| 여는 질문 | - (표지) 무엇이 보이나요? 여기는 어디일까요?<br>누가 모모일까요? 무슨 사이일까요?<br>- (면지) 무엇이 보이나요? 이 방의 주인은 무엇을 좋아할까요?<br>- (글 없는 그림책) 어떤 상황일까요? 무슨 말을 할까요?<br>표정을 보니 어떤 감정일까요? |
| 주제 질문 | - (19~20쪽) 여러분이 토토라면 어떤 마음일까요? 모모에게 편지를 써봅시다.<br>- 혹시 모모와 토토의 상황과 비슷한 경험이 있나요?<br>- 누가 등장하나요? 등장인물의 색이 다른 이유는 뭘까요?<br>- 주황색 꽃은 무슨 의미가 담겨 있기에 토토의 마음이 풀렸을까요? |

## ■ 토토의 입장이 되어 모모에게 편지 쓰기

| 재미있는 | 놀라운 | 사랑스러운 | 두려운 | 좌절한 | 자신있는 |
| 안타까운 | 막막한 | 짜증나는 | 서운한 | 용기있는 | 든든한 |
| 답답한 | 기대되는 | 혼란스러운 | 그리운 | 귀찮은 | 불안한 |
| 미안한 | 관심 있는 | 외로운 | 감사한 | 우울한 | 기쁜 |
| 만족스러운 | 뿌듯한 | 실망스러운 | 슬픈 | 행복한 | 부끄러운 |

### 모모에게

모모야, 나 토토야. 네가 계속 노란색만 원하고, 노란색만 찾으니까 슬퍼. 난 내가 원하는 것을 갖고 싶거든. 네가 "우리 무슨 색으로 할까?"라고 묻지 않고, 네 마음대로 해서 기분 나빠. 네가 볼 때는 좋아 보여도, 나는 아니야. 네가 내 의견을 묻고, 같이 생각해보고 정했으면 해. 각자 원하는 것을 사고, 원하는 색을 입으며 살자. 할 수 있지? 난 네가 할 수 있다고 믿어. 우리 서로가 원하는 것을 존중하는 세상을 만들자. 그렇게 좋은 친구가 되자!

> 모모야, 나는 노란색을 좋아하지 않아. 그런데 자꾸 네가 나에게 노란색 선물만 주니까 그동안 말하지 못했지만, 좀 서운해. 네가 나와 친하게 지내려고 그런 거며면 조금 미안하지만, 내 마음부터 알아줘. 솔직히 나는 주황색이 좋아. 만약 네가 계속 노란색 선물을 준다면, 나는 답답하고 막막할 거야. 앞으로는 내 의견을 존중해줘! 다음에는 같이 쇼핑하러 가자! 그땐 내가 너에게 노란색 선물을 줄게. 너도 나한테 주황색 선물을 주길 바라!
>
> 토토가

## '색깔 전시회' 열기

〈모모와 토토〉의 면지를 살펴봅니다. 앞쪽에는 모모를 상징하는 노란색에 야구, 지구본, 망원경, 식물이 있고, 뒤쪽에는 토토를 상징하는 주황색에 물감, 붓, 노래가 있습니다. 모모는 과학을 좋아하고, 토토는 미술과 음악을 좋아합니다. 그렇다면 여러분은 무엇을 좋아하나요? 무슨 빛깔을 가지고 있나요? 이제 '나에게 집중하는 시간을 갖습니다. 다른 사람과 건강한 관계를 맺기 위해서는 자기 자신을 살피고 존중하는 일이 우선이기 때문입니다.

학생들은 자신이 좋아하는 활동, 물건, 음식 등을 곰곰이 떠올립니다. 그리고 활동지에 있는 '집'을 자신이 좋아하는 것들로 그려서 채우고, 자신을 나타내는 '색'을 정해서 칠합니다. 여기서 색은 '나'라는 고유한 존재를 나타냅니다. '나는 검정 휴대폰이 좋아서, 검정색입니다'에서 검정색이 자신의 성격이나 특징, 마음을 담아내지는 않습니다.

3장 공동체성 쌓아올리기 165

즉, 단순히 좋아하는 것으로 색을 정하는 것이 아니라 '나'의 마음과 성격, 특성으로 색을 정하도록 합니다. 선생님을 예시로 들어도 좋습니다. "선생님의 색은 짙은 녹색입니다. 푸른 나무처럼 여러분이 언제나 기댈 수 있고, 깊이 내린 뿌리처럼 생각을 넓혀나가기 때문입니다." 다른 사람의 시선이 아니라 스스로 자신의 색을 정하고, 자신이 좋아하는 것을 그림으로 그리고, 자신의 색으로 집을 칠하며 오롯이 자기 자신에 대해 생각해보는 시간을 갖습니다. 자신을 탐색하고 표현하며 '자기 존중'을 실감하는 것입니다.

자신에 대해 충분히 살폈다면 이번에는 친구를 살피는 '색깔 전시회'를 엽니다. 색깔 전시회는 '갤러리 워크'로 합니다. 갤러리 워크란 미술관에서 천천히 작품을 감상하듯이 교실 각 구역을 차분하게 돌아다니며 친구들의 작품을 감상하고, 감상평을 작품 옆에 남기는 활동입니다. 이를 위해 칠판과 4개의 모둠을 전시 구역으로 정하고, 학생들에게 포스트잇을 나눠줍니다. 그리고 '다름과 존중'이라는 감상 관점을 제시합니다. 다름을 환영하고 인정할 때 존중이 가능해지니까요. 교사가 먼저 "작품을 감상할 때는 그 친구에 대해 '몰랐던 점'이나, 나와는 '다른 점'에 주목해서 감상하도록 합니다. 느낌과 생각을 남겨도 좋고, 다른 점을 인정하고 소중히 여기는 '존중' 약속을 해도 좋습니다." 이렇게 말하자, "나는 추어탕을 싫어하는데, 너는 좋아하는구나? 나와는 다르지만 존중할게." "그동안 몰랐는데 사진을 잘 찍는구나? 다음엔 나도 가르쳐줘." 같은 내용이 나옵니다.

'색깔 전시회'가 끝나면 자신의 활동지에 붙은 친구의 감상평을 차근차근 살피고, 배움 소감을 '릴레이 서클'로 나눕니다. 릴레이 서클이란 자기 자리에 앉아서 한쪽 방향으로 돌아가면서 대답하는 것입니다. 한 학생은 "민트 초코를 좋아하는 아이가 드물어서 나도 좋아한다고 말한 적이 없는데, 활동지에 민트 초코를 좋아한다고 썼어요. 그랬더니 자기도 민트 초코를 좋아한다며 앞으로 그 얘기를 많이 하자는 감상평이 있어서 놀랐어요"라는 소감문을 남겼습니다. 또 다른 학생은 "친한 친구라 다 알고 있다고 생각했는데, 새로운 점이 많아서 신기했어요. 모모와 토토처럼 서로 다른 걸 존중하는 친구가 되고 싶어요"라는 다짐을 했습니다. 선생님도 소감과 기대를 함께 나눕니다. "모모와 토토의 방을 살펴보면 둘이 공통으로 좋아하는 것도 있고, 각자 좋아하는 것도 있어요. 둘은 '다르지만' 아주 친한 친구입니다. 우리 반도 모모와 토토처럼 서로의 다름을 존중하면서 건강한 관계를 맺으면 좋겠어요."

| 회복적 질문, 이렇게 나눠보세요 |

| | |
|---|---|
| 주제 질문 | - 여러분이 좋아하는 활동(행동), 물건, 음식은 무엇인가요?<br>- 여러분 자신을 색으로 표현한다면 어떤 색이 좋을까요?<br>  그 색을 정한 이유는 무엇인가요? 자신의 성격이나 마음, 특징을 나타내나요?<br>→ 저는 형광 연두색입니다. 독특한 생각을 잘 하고, 재밌고 발랄하며 많이 웃기 때문입니다.<br>→ 저는 초록색입니다. 거북이처럼 천천히, 느긋하게 쉬는 것을 좋아하기 때문입니다.<br>→ 저는 빨강입니다. 야구를 정말 열심히 하고, 빨강 하트처럼 친구들을 아주 좋아하기 때문입니다.<br>- 모모가 토토랑 화해하기 위해 '주황색 꽃'을 건넸어요. 주황색 꽃에는 무슨 의미가 담겨 있기에, 토토가 마음을 풀었을까요?<br>→ 주황색을 좋아하는 토토의 마음을 깨닫고, 토토의 취향을 존중하려는 뜻이에요.<br>→ 앞으로는 자신이 좋아하는 노란색을 강요하지 않고, 친구를 있는 그대로 인정하겠다는 약속 같아요. |
| 실천 질문 | - 이제부터는 친구들의 작품을 감상하겠습니다.<br>  갤러리에서 감상할 때 우리가 지켜야 할 태도는 무엇일까요?<br>- 친구의 작품을 볼 때는 그동안 '몰랐던 점'이나 여러분과는 '다른 점'을 위주로 감상해주세요. 여러분의 감상은 물론, 존중한다는 약속을 남겨도 좋습니다. |
| 배움 질문 | - 오늘 나만의 색깔을 찾고, '색깔 전시회'로 서로의 '다름'을 존중하는 시간을 가졌습니다. 수업에 참여하면서 들었던 생각이나 느낌, 새로운 배움을 나눠주세요. |

\* '모모와 토토 그리고 나' 활동지는 교육과실천 밴드에서 보실 수 있습니다.

| 회복적 생활교육의 가치 : 존중■ 관계□ 책임□ |

## 2. 빛깔 있는 존재로 만나기
## 모둠 서클

### 이 책을 읽었어요

**너는 어때?**
(스테파니 블레이크 글·그림 / 김영신 옮김 / 한울림어린이)

책 읽기를 좋아하는 늑대가 친구들에게 묻습니다. "너는 어때? 넌 무엇을 좋아해?" 친구들의 대답을 들은 늑대가 이번에는 하기 싫은 것은 무엇인지 묻습니다. 늑대와 친구들은 대화를 주고받으며 서로에 대해 알아갑니다. 그리고 늑대는 자신처럼 밤을 무서워하는 친구를 마주합니다. 늑대는 그 친구에게 어떤 말을 건넬까요?

3장 공동체성 쌓아올리기

## '나'를 이야기하고 '나와 너'를 알아갑니다

'관계성의 계좌'라는 말이 있습니다. 자신이 인간관계에서 형성한 신뢰를 통해 다른 사람에게서 느끼는 안정감을 의미합니다. 내가 누군가에게 편안하고 긍정적인 감정을 느낀다면 계좌가 플러스인 상태, 안 좋은 감정을 느낀다면 마이너스인 상태입니다. 당연히 관계성의 계좌가 풍족한 사람일수록 행복한 삶을 누릴 수 있겠지요. 우리 반 학생들의 관계성의 계좌는 어떨까요, 과연 건강한 관계를 맺고 있을까요?

관계는 '만남'과 '소통'으로 시작합니다. 교실에 들어온 첫날, 서로를 모를 때 관계성의 계좌는 0입니다. 학교생활을 이어나가며 나와 상대 사이에서 공통점을 발견했을 때, 나에게는 없는 다른 모습을 보았을 때, 어떤 계기로 상대방의 모습이 멋지게 느껴질 때, 상대의 생각이 궁금해질 때…. 그저 같은 반에 있을 뿐이었던 아이가 '친구'로 거듭날 수 있습니다. 싹이 트려면 적당한 물과 양분이 필요하듯 관계의 싹을 틔우는 데는 서로를 알아가는 과정이 필요합니다. 사람에게는 다른 사람에게 이해받고자 하는 욕구, 즉 자신의 본모습을 존중받고 싶어 하는 욕구가 있습니다. 관심과 존중을 일상적으로 표현할 수 있는 가장 좋은 방법은 '경청'이고요. 누군가 내 이야기를 가만히 들어주는 것만으로도 위로가 되고, 상대와 공감대를 형성할 수 있으니까요. 학생들이 교실에서 모둠 서클을 하며 자신을 드러내고 존중받는 순간, 선입견과 편견은 무너지고 서로를 빛깔 있는 존재로 만날 수 있습니다.

학급 전체가 한꺼번에 참여하는 신뢰 서클이 특정 주제에 대한 다수의 소통이라면, 모둠 서클은 소규모로 이루어집니다. 다수가 함께 하는 활동을 선호하는 외향형 아이가 있는가 하면, 몇 명의 친구와 속닥속닥 이야기하기를 좋아하는 내향형 아이도 있습니다. 모둠 서클은 4명 단위라서 친구들과 가까이에서 교류할 수 있고, 다수 앞에서 말해야 하는 부담감을 덜어주기도 합니다. 학생들은 모둠 서클을 통해 온전한 자신의 모습을 드러낼 수 있고, 서로의 이야기를 경청하면서 공감과 존중을 몸으로 익힙니다. 존중받는다고 느낄수록 자신의 이야기를 많이 꺼내게 되고, 풍부한 대화를 나누다 보면 깊이 있는 관계로 발전합니다. 또 모둠 서클에는 공동 미션 활동이 있어서 즐겁게 놀이하듯이 참여할 수 있습니다. 모둠 서클을 통해 일단 자신의 이야기를 꺼내고, 서로에게 다가가는 '소통'과 '경청'으로 '존중'과 '관계'를 배웁니다.

**배움 목표** 〈너는 어때?〉를 읽고, '모둠 서클'로 나와 너에 대해 알아가기

| 단계 | 회복적 활동 | 회복적 활동 과정 |
|---|---|---|
| 1 | 〈너는 어때?〉 함께 읽기 | - 〈너는 어때?〉 면지로 질문 만들기<br>- '너는 어때? 골든벨' 활동하기 |
| 2 | '모둠 서클' 하기 | - '모둠 서클' 활동하기 |

## 〈너는 어때?〉 함께 읽기

〈너는 어때?〉에서 초록 늑대는 자신의 이야기를 하며 질문을 던집니다. 표지 그림부터 익살맞은 표정으로 "너는 어때?"라고 묻고 있지요. 면지로 넘어가면 수박을 먹는 늑대, 뽀로통한 늑대, 쪼그려 앉은 늑대 등 다양한 늑대가 등장합니다. 늑대는 우리에게 무엇을 묻고 싶은 걸까요? 모둠별로 면지를 복사한 활동지를 나눠주고, 늑대가 던질 질문을 상상해서 말 주머니에 써본 후, 칠판에 전시하여 함께 살펴봅니다. 학생들은 3개의 스티커로 '우리 반 친구들과 나누고 싶은 질문'에 투표합니다. 친구들의 기발한 생각을 공유함과 동시에 우리가 나누고 싶은 대화 주제를 살피는 활동입니다.

이제 본문을 소리 내어 읽습니다. 교사는 늑대 역할을, 학생들은 친구들의 역할을 맡습니다. 책 읽기를 좋아하는 늑대가 친구들에게 무엇을 좋아하는지 묻습니다. 친구들은 춤, 수영, 날아다니기, 그림 그리기를 좋아합니다. 이번에는 어떤 음식이 제일 맛있는지 묻습니다. 수박부터 꿀, 딸기, 곤충에 이르기까지 다양한 음식이 등장합니다. 늑대는 자기 자신에 대해 소개하며 상대에게 끊임없이 질문을 던집니다. 웃음소리가 어떤지, 무슨 색을 좋아하는지, 언제 슬픈지를 묻지요. 늑대의 질문에는 상대방을 향한 관심이 담겨 있어서, 그다음에는 무엇을 물어볼지 기대하며 다음 장을 넘기게 됩니다. 마지막 장에서는 "나도 너처럼 밤이 너무 무서워"라고 친구가 말하지요. 그러자 늑대는 "나랑 같이 자자"며 친구를 꼭 껴안고 잠이 듭니다. 나를 드러내고 친구에 대해 알아가는 소통의 시간 끝에 늑대와 친구는 서로를 따뜻하게 품게 된 것입니다.

책을 삶과 연결할 순간입니다. 책에 등장한 질문을 바탕으로 '너는 어때? 골든벨' 활동을 합니다. 〈너는 어때?〉에 등장하는 11개 질문과 학생들이 직접 뽑은 '우리 반 친구들과 나누고 싶은 질문'을 합쳐서 퀴즈를 준비합니다. 학생들은 무작위로 골든벨 문제를 하나씩 가져가서 자신의 이름과 정답을 씁니다. 다 쓰면 종이를 통 안에 넣고 공책을 준비합니다. '너는 어때? 골든벨'로 친구에 대해 얼마나 잘 알고 있는지 확인해보는 시간입니다. 각자 몇 문제를 맞힐까, 점수를 예상해봅니다. 선생님이 무작위로 골든벨 퀴즈를 뽑습니다. 생동감을 더하기 위해 골든벨 효과음을 활용합니다.

"OO이의 골든벨 퀴즈입니다. OO이는 언제 제일 슬플까요?"
"정답은 엄마가 혼낼 때입니다!"
정답을 발표했는데 정답으로 할지 말지 모호한 경우에는 출제자가 직접 정답의 범위를 정하도록 합니다. '엄마가 나를 혼낼 때'가 정답이지만 몇몇 친구가 "엄마랑 싸웠을 때도 정답이 될까?"라고 묻자, 당사자가 그것도 정답으로 인정해줍니다. '나와 친구에 대한 퀴즈'이기 때문인지 학생들의 호응도가 매우 높습니다. 또 모두 골든벨 퀴즈의 주인공으로 등장하므로 소외되는 학생이 없습니다. 활동이 끝나면 자신의 점수(개수)를 살핀 후, 소감을 나눕니다.

| 회복적 질문, 이렇게 나눠보세요 |

| | |
|---|---|
| 여는 질문 | - (면지) 늑대의 모습을 살펴, 늑대가 던질 것 같은 질문을 모둠원과 마음껏 상상해봅시다. 그리고 늑대 옆에 예상 질문을 말 주머니로 그려봅시다.<br>- 모둠 활동지를 보고, 우리 반 친구들과 나누고 싶은 질문에 하트 스티커를 붙이세요.<br>→ 베스트 질문 : 무슨 노래 좋아해? 친구랑 어떻게 친해져? 어떤 친구가 좋아? 혼자 있는 거 좋아해? |
| 주제 질문 | - '너는 어때? 골든벨'에서 친구에 관한 퀴즈를 몇 개나 맞힐 수 있을지 예상해봅시다.<br>- 여러분의 예상 점수와 비슷한가요? 퀴즈를 많이 맞혔다면 친구에 대해 잘 알고 있다는 뜻입니다. 생각보다 적게 맞혔다면 오늘을 계기로 친구에게 관심을 갖고 더 소통해보는 것은 어떨까요? 활동을 하면서 어떤 생각과 느낌이 들었나요?<br>→ 친구의 골든벨 정답이 제 생각이랑 달라서 반전이었어요. 골든벨로 친구에 대해 더 알게 돼서 좋아요.<br>→ 친구들이 제가 좋아하는 보라색을 맞혀서 깜짝 놀랐고, 제게 관심이 있는 것 같아서 기분 좋아요.<br>→ 제 생각보다 점수가 낮아서 아쉬웠어요. 친구랑 더 많이 이야기를 나눌 거예요. 그래서 다음에는 골든벨 목표 점수를 채워보고 싶어요. |

* '너는 어때? 골든벨' 활동지는 교육과실천 밴드에서 보실 수 있습니다.

## '모둠 서클' 하기

모둠 서클은 4명씩 구성한 모둠 단위로 하는 소규모 서클입니다. 학생이 서클 키퍼가 되어 학생끼리 하는 서클이므로 전체 서클을 경험한 뒤에 하는 것이 좋습니다. 서로를 알아가는 데 목적이 있고, 모두에게 공정한 발언 기회를 제공하며 경청해야 한다는 점에서, 일반적인 대화와 차이가 있습니다. 모둠 서클을 처음 할 때는 '각자에게 의미 있는 소중한 물건'을 소개하는 시간을 갖고, 그 물건을 토킹 스틱으로 사용하도록 합니다. 이후의 모둠 서클에서는 '소중한 물건 소개하기'는 빼고 진행합니다.

### 모둠 서클

**모둠 서클을 처음 할 때**
① 모둠으로 둘러앉아 서클의 기본 규칙 다 함께 읽기 (센터 피스 : 서클 규칙)
② 첫 번째 주제 질문 나누기
  "여러분에게 의미 있는 물건을 소개해주세요. 모둠 서클을 할 때 토킹 스틱으로 사용합니다."
③ 모둠 서클을 하면서 인상 깊었던 친구의 이야기를 전체와 나누기
④ 서클 키퍼의 역할을 알아보고, 서클 키퍼 정하기
  * 서클 키퍼의 역할 : 서클 수호하기, 서클 규칙이 지켜지도록 부드럽게 알려주기, 규칙 다시 읽기
  * 서클 키퍼는 모둠 서클을 할 때마다 돌아가면서 할 수 있다는 내용 안내하기
⑤ 모둠 서클 질문지를 챙겨서 '모둠 서클' 실시하기
  - 모두가 서클에 참여할 준비가 되었는지 확인한 후, 서클 규칙 함께 읽기
  * 모둠 서클에서는 서클 키퍼의 토킹 스틱을 사용합니다.
  - 첫 번째로 참여하고 싶은 친구부터 무작위로 '서클 질문' 고르기
  - 고른 한 개의 질문지로 모둠원 4명이 돌아가면서 이야기 나누기
  - 그다음 친구가 질문지를 뽑은 후, 돌아가면서 이야기 나누기
  * 뽑힌 질문지는 바깥에 꺼내서 두고, 반복해서 활동합니다.

**모둠 서클 경험이 있을 때**
서클 규칙 읽기 → 서클 키퍼 정하기 → 제공된 질문으로 '모둠 서클' 하기

### 회복적 질문, 이렇게 나눠보세요.

| | |
|---|---|
| 주제 질문 | - 여러분에게 의미 있는 물건을 소개해주세요. 모둠 서클의 토킹 스틱으로 사용할 것입니다.<br>- 모둠 서클을 하면서 인상 깊었던 친구의 이야기가 있다면, 그 이야기를 들려주세요.<br>- 이제부터는 각 모둠별로 서클을 하겠습니다. 서클 키퍼는 어떤 역할을 하나요? 모둠 서클을 할 때마다 서클 키퍼를 돌아가면서 할 수 있습니다. 지금부터 서클 키퍼를 뽑아주세요.<br>- 각 모둠의 서클 키퍼는 질문지를 챙겨서, 순서에 따라 모둠 서클을 진행해주세요. |
| 실천 질문 | - 오늘 모둠 서클을 하면서 '잘됐다'고 느낀 모둠이 있나요? 어떤 점이 좋았나요?<br>- 모둠 서클을 하면서 '어려운 점이 많았다'고 느낀 팀이 있나요? 어떤 점이 어려웠나요? 앞으로 모둠 서클에 어떻게 참여하는 게 좋을지 이야기해주세요. |
| 배움 질문 | - 오늘 모둠 서클을 하면서 여러분이 느끼고 생각한 것을 나눠봅시다. |

■ 의미 있는 물건 소개하기 (토킹 스틱으로 활용)

도윤이가 야구를 처음 시작할 때부터 사용한 글러브입니다. 2년을 쓰고 다 떨어져서 지금은 못 쓰지만, 소중한 추억이 담겨 있어서 계속 가지고 있다고 합니다.

지훈이의 목도리입니다. 지훈이 부모님이 이혼하기 전에, 어머니께서 마지막으로 직접 짜준 소중한 물건이라고 해서 기억에 남습니다(허락을 받아 발표함).

\* 토킹 피스로 직접 사용하기 어려운 물건은 사진을 찍어서 투명한 컵에 넣어 활용합니다.

■ 모둠 서클 질문

- 학교에서 제일 편안한 공간은 어딘가요?
- 100만 원이 생기면 어떻게 쓸 건가요?
- 어른이 되면 무엇을 해보고 싶나요?
- 제일 무서워하는 것은 무엇인가요?
- 가장 기억나는 추억은 무엇인가요?
- 70살이 되면 어떤 모습일 것 같나요?
- 당신은 운이 좋은 편인가요?
- 어떤 어른이 되고 싶나요?
- [활동] 모둠원과 함께 만세 삼창하기
- [활동] 모둠원과 돌아가면서 악수하기
- [활동] '퐁당퐁당' 부르며 왼쪽 사람 어깨 안마하기

* 모둠 서클에서 활용할 수 있는 더 많은 예시 질문 자료는 교육과실천 밴드에서 보실 수 있습니다.

> 회복적 생활교육의 가치 : 존중■ 관계□ 책임□

## 3. 속상한 마음 다독이기
## 마음 집게

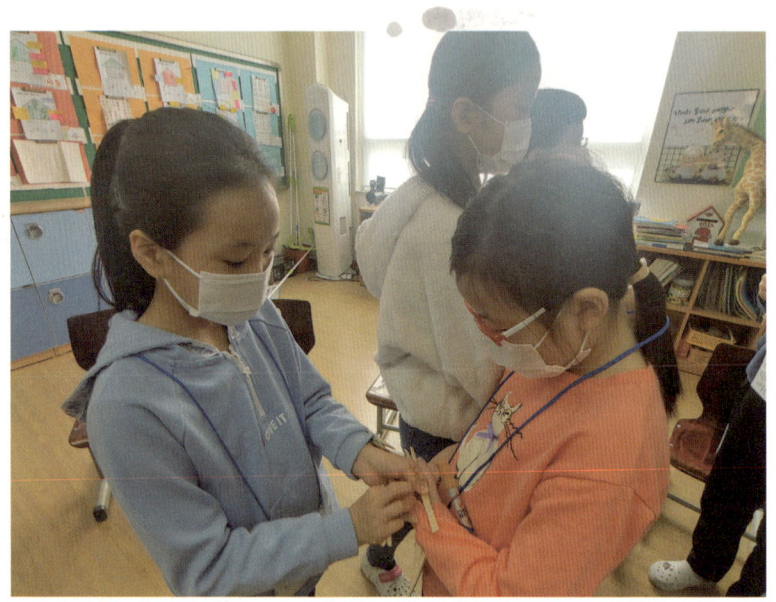

**이 책을 읽었어요**

**궁디팡팡**
(이덕화 글·그림 / 길벗어린이)

숲속에 울상인 친구들이 등장합니다. 엄마를 위해 만든 케이크를 떨어뜨린 토끼도 속상하고, 좋아하는 친구에게 거절당한 하마도 속상합니다. '궁디팡팡 손'은 궁디를 팡팡 두드리며 친구들의 마음을 다독여줍니다. 어느 날 '궁디팡팡 손'이 없어지자, 동물 친구들은 시무룩해집니다. 그때, 친구들이 둥글게 모여 앉기 시작합니다. 무엇을 하려는 걸까요?

## 속상한 마음을 알아주고 서로를 다독입니다

아침 활동 시간, 책을 읽는 학생들이 보입니다. 겉으로 보기엔 차분하고 평화로운 분위기입니다. 그런데 '감정 신호등'에 빨간불인 친구가 여럿입니다. 체크인 서클로 마음을 살펴봅니다.

"그동안 시합할 날만 기다리며 열심히 연습했는데, 발에 물이 차서 축구를 못하게 됐어요."
"아침에 형이 장난을 쳐서 싸웠는데, 엄마한테 저만 혼났어요."
"친구한테 사과를 해야 하는데, 어떻게 해야 좋을지 몰라서 마음이 무거워요."

자신의 마음을 표현한 아이들의 표정이 한결 밝아집니다. '지금 네 마음은 어떤지' 물어보고 가만히 들어주었을 뿐인데, 그것만으로 기분이 좋아졌다고 합니다. 사람은 사소한 일에 기분이 상하기도 하고, 사소한 말과 행동에 위로를 받기도 합니다. '사소한 일이 우리를 위로한다, 사소한 일이 우리를 괴롭히기 때문에.' 프랑스의 사상가 파스칼도 이런 명언을 남겼지요. 우리 아이들에게도 늘 작은 관심과 위로가 필요합니다. 교실은 학생들에게 삶의 터전이니 만큼, 기쁨과 행복은 물론이고 슬픔과 속상함까지 표현할 수 있는 따뜻하고 안전한 공간이어야 합니다. 흔히 무슨 일이 있으면 선생님에게 직접 말하거나 그게 어려우면 글로 써서 알려달라고 하지만, 정말 속상하거나 어려운 문제가 생겼을 때 선생님이나 주변 사람에게 먼저 말을 꺼낼 수 있는 학생이 몇이나 될까요? 마음을 드러낼 기회를 일부러 만들어주지 않으면 먼저 꺼내 보이기란 쉽지 않습니다.

그래서 〈궁디팡팡〉을 읽으며 일상에서 나를 속상하게 했던 일들을 함께 나누고 공감하는 시간을 가집니다. '내 마음'을 들여다보고, 우리에게 필요한 격려와 위로를 나눕니다. 속상함, 슬픔, 불안감 등 깊이 담아두었던 마음을 관찰하여 말로 드러내고, 헤아려주고, 서로를 따뜻한 눈빛으로, 귀 기울임으로, 응원의 한마디로 존중해줍니다. 그리고 가슴속에 갇혀 있던 답답함을 밖으로 배출하고, 그 자리를 친구의 따뜻한 말과 행동으로 채우는 '마음 집게' 활동을 합니다. 서로를 위로하며 함께 성장하는 교실로 나아갑니다.

| 배움 목표 | 〈궁디팡팡〉을 읽고, '마음 집게' 활동으로 서로 토닥이기 | |
|---|---|---|
| 단계 | 회복적 활동 | 회복적 활동 과정 |
| 1 | 〈궁디팡팡〉 함께 읽기 | - 위로의 말을 건네며 〈궁디팡팡〉 읽기<br>- 서클로 속상한 순간 나누기 |
| 2 | '마음 집게' 활동하기 | - '마음 집게' 활동하기 |

## 〈궁디팡팡〉 함께 읽기

서클로 둥글게 둘러앉아 표지부터 관찰합니다. 그림글자로 꾸민 제목에는 고양이, 양, 돼지, 토끼 등이 숨어 있습니다. 언제 '궁디를 팡팡' 치는지, 자유롭게 예상하며 호기심을 높입니다. 이 책은 동물 친구들이 속상한 일을 이야기하면 '궁디팡팡 손'이 위로하는 흐름으로 전개됩니다. 교사가 속상한 이야기를 읽으면 그 장면에서 잠시 멈추고 학생들이 직접 위로의 말을 해보도록 합니다. 그리고 다음 장을 넘겨서 궁디팡팡이 어떤 위로의 말을 건넸는지 확인합니다.

"오늘은 엄마 생일이야. 멋진 케이크를 만들어서 엄마를 깜짝 놀라게 해주고 싶었는데, 다 만든 케이크를 떨어뜨렸지 뭐야. 나는 사고뭉치야. 잘하는 게 아무것도 없는 것 같아."
"여러분이 토끼의 친구라면, 어떤 위로의 말을 건네고 싶나요?"
"걱정 마, 다음 생신 때 만들어드리면 되잖아. 엄마를 위해 케이크를 만든 것만으로 기뻐하실 거야."
"이번에는 용돈으로 케이크를 사드리고, 있었던 일을 말하면 네 마음을 알아주시지 않을까."

그러던 어느 날, 아무리 기다려도 궁디팡팡 손이 오지 않습니다. 궁금하게 여기던 동물 친구들이 둘러앉아서 저마다 속상한 일을 털어놓으며 서로를 다독입니다. 학생들이 "쟤네도 우리처럼 서클을 한다!"며 몰입합니다. 마지막 장면에 "너희도 주위를 둘러봐. 궁디팡팡이 필요한 친구가 있을지 모르니까 말이야." 이 말과 함께 꽃에 물방울 하나가 떨어집니다. 학생들은 이 장면을 어떻게 해석할까요? "친구끼리 서로 위로하며 '자라는 마음' 같아요." "꽃은 움직일 수 없으니까 슬퍼하는 꽃을 물방울이 찾아가서 위로하는 것 같아요." "우리도 〈궁디팡팡〉에서처럼 친구들의 이야기를 듣고 서로 위로해줬으면 좋겠어요." 훈훈하게 마무리합니다.

서로 속상했던 경험을 나누고, 마음을 위로하는 시간을 갖습니다. 눈을 감고 〈궁디팡팡〉에 나온 것처럼 '속상하거나 슬펐던 일'을 떠올립니다. "지금부터 여러분이 속상하거나 슬펐던 일을 나누도록 하겠습니다. 경험이 떠오르지 않는 친구는 '통과'해도 좋습니다. 친구의 이야기가 끝나면 오른쪽에 앉은 사람이 친구를 위한 위로와 격려의 말을 해주세요. 만약 적당한 말이 떠오르지 않으면 '괜찮아' 한마디도 좋습니다." 첫 번째 발표자의 태도에 따라 서클 분위기가 결정되므로 선생님부터 해봅니다. 선생님의 진솔한 이야기를 시작으로 편안하고 안전한 분위기를 만들어줍니다. 학생들도 마음에 담아두었던 속상한 감정을 밖으로 드러냅니다. "언니가 태블릿을 쓰다가 나한테 줬는데 배터리가 3%밖에 안 남은 거야. 충전해서 쓰려는데 아빠가 나한테 왜 이렇게 태블릿을 오래 하냐며 혼냈어." "괜찮아, 아빠한테 그 상황부터 말하자. 그리고 언니랑 안 싸운 게 대단한걸. 필요하면 내 태블릿을 빌려줄게." 친구가 따뜻한 말로 위로해줍니다.

### 회복적 질문, 이렇게 나눠보세요

| | |
|---|---|
| 여는 질문 | - (표지) 무엇이 보이나요? 우리는 언제 '궁디를 팡팡' 치나요? |
| 주제 질문 | - 여러분이 친구라면, 어떤 위로의 말을 건네고 싶나요?<br>- 마지막 장면에 나오는 꽃과 물방울은 무슨 의미일까요?<br>- 〈궁디팡팡〉에서처럼 속상했거나 슬펐던 일이 있나요? 솔직하게 그 마음을 표현해봅시다. 오른쪽에 앉은 친구는 위로와 격려의 말을 해주세요. '괜찮아' 한마디도 좋아요. |

■ 〈궁디팡팡〉 동물 친구들에게 건네는 학생들의 위로

| | |
|---|---|
| 좋아하는 친구로부터 뚱뚱해서 싫다는 거절을 들은 하마에게 | 나는 너의 모습이 보기 좋은걸! / 괜찮아, 너를 좋아하는 사람도 있어! / 거절당했어도 너는 여전히 멋져! / 분명 너랑 잘 맞는 사람도 있을 거야! |
| 싸우고 난 뒤 엄마가 동생 편만 들어서 슬픈 돼지에게 | 괜찮아. 그럴 수 있어. 형제가 있으면 그래. / 그런 게 인생이야. 엄마도 동생이 잘못한 걸 알면 너한테 미안해하실 거야. / 나는 네 동생이 잘못한 걸 아니까, 기분 풀어. |
| 미술 시간에 그린 그림에 "별로네~"라는 말을 들은 친구에게 | 괜찮아. 너는 개성 있게 그림을 잘 그려. / 걔가 나쁘게 말한 거지, 네가 잘못한 게 아니야. / 그런 말 신경 쓰지 마, 계속 연습하니까 점점 잘하게 되더라. / 실력을 키워서 제압하는 건 어때? |
| 예쁜 원피스 대신 못 생긴 코트를 입고 등교한 원숭이에게 | 괜찮아. 나도 엄마가 그런 옷을 입히면 속상할 거야. / 엄마는 널 걱정해서 그런 걸 거야. / 엄마가 그랬구나, 나는 무슨 옷을 입든 네가 좋아. / 내 눈엔 네 코트 정말 예뻐! |
| 치즈케이크를 동생이랑 나눠 먹어야 했던 곰에게 | 네가 형이라서 양보를 하는 모습이 멋져. / 네가 혼자 많이 먹었다면 양이 많았을 거야. / 나눠 먹어서 더 맛있었을 수도 있어. / 네가 나눠줬으니까 동생도 다음에 맛있는 걸 나눠줄 거야. / 나 용돈 있는데 같이 맛있는 거 사 먹을래? |

■ 서클 : '속상하고 슬펐던 순간'을 듣고 친구에게 위로(격려)의 말 건네기

— 내 생일날 오빠가 아파서, 집에서 열기로 한 생일 파티를 못 했어.
→ 내년 생일에 두 배로 크게 하면 되잖아. 지금이라도 생일 축하해!
— 언니가 깬 화분을 내가 치웠는데, 엄마가 나더러 '왜 이렇게 가만있지를 못하냐고' 혼냈어. 너무 속상해. → 언니나 누나가 있으면 그런 것 같아. 그래도 넌 좋은 동생이야, 엄마 말을 참고 들었잖아.
— 딴 반 친구랑 싸워서 내가 사과를 했는데, 사과를 받아주지 않고 계속 무시해. → 괜찮아, 일단 기다려보자. 그리고 우리 반에 네 친구 많잖아.


'마음 집게' 활동하기

울적하고 속상한 마음도 친구의 다정한 말과 친절한 행동에 스르르 풀립니다. 함께한다는 것은 불완전한 우리가 서로에게 기대며 살아가는 일입니다. 교실에서 긍정적인 마음은 물론이고 부정적인 마음도 있는 그대로 존중하고 드러내도록 격려합니다. 서로를 토닥이며 안전하고 따뜻한 교실로 거듭나기를 기대하며 '마음 집게' 활동으로 넘어갑니다. 마음 집게는 가위바위보를 통해 집게를 친구에게 붙여주고, 또 떼어주는 활동입니다. 여기서 집게는 '상처, 속상함, 슬픔'을, 집게를 붙이는 행위는 공동체 생활을 하다 보면 '나도 모르게 누군가에게 상처를 줄 수도 있다'는 것을 의미합니다. 또 가위바위보가 우연에 따라 결정되듯이 마음의 상처 역시 '의도하지 않아도' 생길 수 있다는

점을 상기합니다. 반대로 친구의 이야기를 듣고 위로하며 집게를 떼어주는 행동은 친구의 마음을 살피는 데 관심과 경청, 작은 노력이면 충분하다는 뜻입니다.

나무집게 3개, 명찰 목걸이, 명찰 종이, 매직을 챙겨 서클로 둘러앉습니다. 학생들은 서클 안을 자유롭게 돌아다니며 친구를 만나 가위바위보를 합니다. 이긴 친구는 자신의 집게로 친구의 옷을 집습니다. 머리카락이나 손가락 등 상대를 아프게 할 수 있는 부위는 집지 않습니다. 한 번 만난 친구는 다시 만나지 않고, 새로운 친구를 만나 가위바위보를 이어갑니다. 집게 3개를 다 쓰면 자기 자리에 앉습니다. 이제 질문과 대화로 집게의 의미를 살피고, 우리에게 필요한 위로를 알아봅니다.

"집게로 여러분의 살을 집으면 어떨까요? 아프겠지요. 이 나무집게는 여러분 마음의 '속상함과 슬픔'을 뜻합니다. 우리가 읽은 〈궁디팡팡〉에서는 엉덩이를 두들기며 위로했어요. 여러분은 친구가 어떤 말과 행동을 할 때 위로가 되나요? 어깨를 토닥이거나 손을 잡아주는 행동일 수도 있고, '괜찮아, 다 잘될 거야, 내가 도와줄게' 같은 말일 수도 있습니다. 여러분이 친구들에게 기대하는 위로의 말이나 행동을 종이에 쓰고, 명찰 목걸이에 끼워 착용해주세요."

명찰 목걸이에는 다른 사람에게 기대하는 각자의 위로 방법이 적혀 있습니다. 찬찬히 그 내용을 살펴보면 사람마다 원하는 위로의 방식이 다르다는 걸 알 수 있지요. 이제부터는 '속상함과 슬픔'을 상징하는 집게를 떼어냅니다. 아까처럼 친구를 만나 가위바위보를 하고, 진 친구는 최근에 속상하거나 우울했던 일, 위로가 필요했던 일을 이야기합니다. 이긴 친구는 이야기를 경청한 후, 친구의 목걸이에 쓴 위로를 해주면서 집게를 하나 떼어줍니다. 집게는 가지고 있다가 서클 중앙의 바구니(센터 피스)에 담습니다. 자신의 집게를 모두 뗀 학생은 자리에 앉되, 친구가 활동을 요청하면 더 참여할 수 있습니다. 회복적 질문을 나누며 활동의 의미를 되새기고, 배움 소감으로 마무리합니다.

---

### 마음 집게

**준비물 : 나무집게, 명찰 목걸이, 명찰 종이, 매직**

① 교실을 돌아다니며 친구와 가위바위보를 하고, 이긴 사람이 진 사람의 옷에 집게를 집는다.
  - 상대가 아플 수 있는 신체 부위에는 집지 않는다.
  - 한 번 만난 친구는 만나지 않고, 새로운 친구를 만나 활동한다.
② 집게의 의미를 살피고, 다른 사람에게 기대하는 위로의 말과 행동을 명찰 목걸이에 써서 착용한다.
③ 교실 산책으로 친구를 만나 가위바위보를 하고, 진 사람은 '속상하거나 위로가 필요했던 일'을 말한다.
④ 이긴 친구는 이야기를 듣고, 친구의 목걸이에 쓰인 위로 방법을 실천하며 집게를 하나 떼어준다.
  - 집게는 가지고 있다가 서클 중앙 바구니(센터 피스)에 담는다.
  - 자신의 집게가 모두 없어지면 자리에 앉되, 친구의 요청에 따라 추가로 활동할 수 있다.
⑤ 회복적 질문을 나눈다.

**회복적 질문, 이렇게 나눠보세요**

| | |
|---|---|
| 여는 질문 | − 교실을 돌아다니며 친구와 가위바위보를 한 후, 진 사람의 옷에 집게를 붙이세요. |
| 주제 질문 | − 집게로 여러분의 살을 집으면 어떨까요? 집게는 마음의 '상처/속상함/슬픔'을 뜻합니다.<br>− 여러분이 속상하고 슬플 때, 친구가 어떤 말이나 행동으로 위로를 해주면 좋을까요?<br>− 가위바위보로 집게를 붙이는 데 얼마나 걸렸나요? 아주 짧은 순간이었죠?<br>→ 함께 생활하다 보면 가위바위보를 하는 짧은 순간에도 친구에게 의도하지 않은 상처를 줄 수 있어요.<br>− (센터 피스를 가리키며) 마찬가지로 집게를 떼는 것도 금방이었죠? 친구가 여러분의 말을 듣고 위로해줄 때 기분이 어땠나요? |
| 실천 질문 | − 앞으로 교실에서 슬프고 속상한 친구가 있다면, 여러분은 어떻게 할 건가요? |
| 배움 질문 | − 〈궁디팡팡〉을 읽고 '마음 집게' 활동을 하니 어떤 생각과 느낌, 배움이 있었나요? |

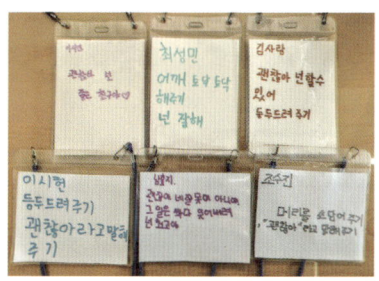 

회복적 생활교육의 가치 : 존중■ 관계□ 책임□

## 4. 자존감 키우기
## 특별한 자화상

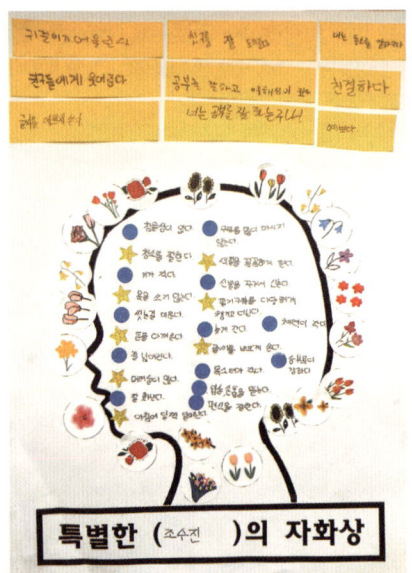

### 이 책을 읽었어요

**너는 특별하단다**
(맥스 루케이도 글 / 세르지오 마르티네즈 그림 / 아기장수의날개 옮김 / 고슴도치 )

웸믹들은 매일 서로에게 별표나 점표를 붙입니다. 별표를 더 받고, 점표는 받지 않으려고 애씁니다. 펀치넬로는 점표가 가득합니다. 혹시 점표를 더 받을까 봐 밖으로 나가는 것조차 두렵습니다. 그러다 어떤 표시도 없는 루시아를 만납니다. 루시아는 어떻게 별표도, 점표도 없을 수 있을까요?

## '나'라는 존재는 있는 그대로 소중합니다

미국의 심리학자 매슬로우의 '욕구 이론'에 따르면 4단계에 '인정 욕구'가 자리합니다. 인간은 생존과 안전이 기본적으로 보장되는 환경이라면 '나'라는 존재를 인정받고자 한다는 것입니다. 아이들은 집에서는 대견한 아들·딸이 되고 싶고, 학교에서는 선생님에게 칭찬받는 학생이자 인기 있는 친구가 되고 싶어 합니다. 그런데 인정 욕구는 삶의 원동력이 되기도 하지만 때때로 우리를 무척 힘들게 합니다. 남들이 기대하는 모습을 보이려고 애쓰느라 정작 자신을 돌보지 못하거나, 받아들여지지 못했을 때는 아예 자포자기하게 만들기도 하니까요. 특히 한창 자아상을 형성하는 과정에 놓여 있는 청소년들은 남들의 평가에 민감해서 다른 사람이 판단하고 정의하는 '나'를 진짜라고 착각하기도 합니다.

다른 사람만큼이나 끊임없이 나를 평가하는 사람이 또 있는데 바로 '내면의 나'입니다. 가령 부주의해서 물건을 잃어버렸을 때, 노력했는데 생각만큼 성과가 나오지 않았을 때, 여러분은 자신을 어떻게 대하고 있나요? '또 실수했어, 나 진짜 바보인가 봐' 자신을 탓하며 힘들어하나요? 아니면 '괜찮아, 속상하지만 노력한 걸로 됐어, 오늘은 맛있는 거 먹고 푹 자자' 따뜻한 위로를 보내주나요? 우리에게 필요한 건 스스로 우뚝 서서 나라는 존재를 있는 그대로 긍정하는 '자기 존중'입니다. 살다 보면 외롭고 힘든 순간이 있습니다. 그럴 때면 다시 회복하기 힘들 것 같은 어려움에 절망하기도 하지만, 자신을 신뢰하고 존중하는 자존감이라는 뿌리만 굳건하다면 아무리 힘들어도 다시 일어설 수 있습니다.

　내가 나를 소중히 여기지 못하고 다른 사람의 인정으로 존재를 확인하면 지칩니다. 남의 시선과 기대에 따라 행동하는 수동적인 사람으로 전락해버리지요. 하지만 내가 나를 아끼고 사랑하면 다른 사람의 평가는 더 이상 중요해지지 않습니다. 인정받으면 기분이야 좋겠지만 그렇지 않더라도 불안하거나 실패했다는 느낌을 받지 않습니다. 그러니 아무 조건 없이 자신을 아끼고, 다른 사람에게 친절을 베풀듯 나에게 친절해져야 합니다. 어떤 모습이어도 괜찮다고, '나는 단지 나라는 존재 자체로 특별하다'고 말해주어야 합니다. 어떤 상황에서도 스스로 가치 있는 사람임을 믿는 '자존감'만 있으면 의연하고 담대하게 살아갈 수 있다는 것을, '특별한 자화상' 활동으로 일깨워줍니다.

**배움 목표**  〈너는 특별하단다〉를 읽고, '특별한 자화상'을 만들며 자기 자신을 존중하기

| 단계 | 회복적 활동 | 회복적 활동 과정 |
| --- | --- | --- |
| 1 | 내가 보는 나, 남이 보는 나 '자화상' 만들기 | - 내가 생각하는 나, '자화상' 만들기<br>- 남이 생각하는 나, 교실 산책으로 '자화상' 만들기 |
| 2 | 〈너는 특별하단다〉 함께 읽기 | - 〈너는 특별하단다〉 공감 대화 나누며 읽기<br>- 웸믹의 입장이 되어 별표·점표 판단하기 |
| 3 | '특별한 자화상' 만들기 | - 영상을 보고 '특별한 자화상' 만들기 |

## 내가 보는 나, 남이 보는 나 '자화상' 만들기

자화상을 보면 그리는 사람이 자신을 어떻게 생각하는지가 드러납니다. 학생들은 자신을 어떻게 생각하고 있을까요? 자신을 되돌아보며 자화상을 만듭니다. 활동지에 그린 사람의 실루엣에 '내가 생각하는 나'의 모습을 씁니다. 장점이라고 생각하는 모습에는 별표 스티커를 붙이고, 단점이나 고치고 싶은 점이라고 생각하는 모습에는 점표(동그라미) 스티커를 붙입니다. 발표할 게 아니므로 솔직한 생각을 쓰도록 합니다. 자화상을 완성했으면 '내가 보는 나' 자화상을 천천히 살펴보며 어떤 기분과 생각이 드는지 이야기를 나눕니다. 학생들은 자신에 대해 잘 알고 있다고 생각했는데 '내가 어떤 사람인지' 쓰는 것이 쉽지 않았다고 고백합니다. 또 다 쓰고 보니 장점보다 단점이 훨씬 많아서 놀랐다고도 합니다.

이제는 '남이 보는 나'를 살펴봅니다. 자아상은 자기 자신은 물론이고 가족과 친구, 선생님 등 타인이 바라보는 모습에도 영향을 받습니다. 학생들은 자화상 활동지와 포스트잇 9장을 챙겨 교실을 자유롭게 돌아다닙니다. 그리고 일대일로 친구를 만나 자신이 생각하는 친구의 모습을 포스트잇에 써서 교환합니다. 포스트잇을 친구의 자화상 바깥에 붙여주고, 그 내용은 보지 않기로 약속합니다. 활동이 끝나면 자기 자리로 돌아옵니다. '친구가 나를 어떻게 생각했을까?' 호기심과 긴장감에 들뜬 분위기가 느껴집니다. 이제 조용한 분위기에서 자신의 자화상을 보고, '내가 보는 나'와 '남이 보는 나'의 모습이 어떤지 살핍니다. 가만히 자신의 자화상을 바라보던 한 학생이 자기는 공부가 세상에서 제일 싫은데, 친구들이 바라본 자신의 모습에는 '공부를 잘한다, 공부하는 걸 좋아한다'는 의견이 많아서 놀랐다고 합니다. 천천히 내가 보는 나와 남이 보는 나 사이의 공통점과 차이점을 살피며 자신에 대해 되돌아보는 시간을 갖습니다.

### 회복적 질문, 이렇게 나눠보세요

**주제 질문**
- 여러분이 생각할 때 여러분은 어떤 사람인가요? 자신에 대해 생각하여, 사람 안에 써봅시다. 이때 장점 옆에는 별표 스티커를, 단점이나 고치고 싶은 점 옆에는 점표(동그라미) 스티커를 붙이세요.
→ 여러분이 완성한 자화상을 보니, 어떤 생각이나 느낌이 드나요?
- 지금부터는 교실 산책을 하면서 친구들을 만나 생각을 교환하겠습니다. 포스트잇에 여러분이 생각하는 그 친구의 모습을 쓰고, 자화상 바깥에 붙여 주세요. 친구가 붙여준 내용은 보지 않습니다. 따로 감상할 시간을 주겠습니다.
→ 완성한 '특별한 자화상'을 보니 어떤 생각이나 느낌이 드나요?

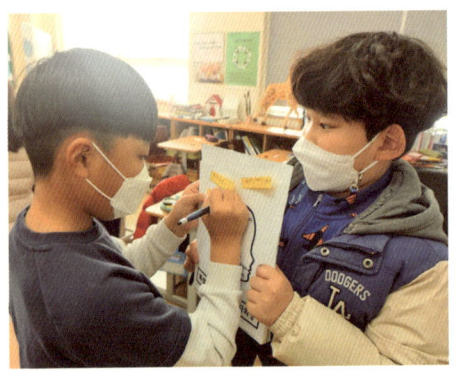 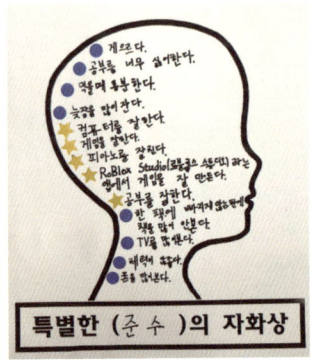

* '특별한 자화상' 활동지는 교육과실천 밴드에서 보실 수 있습니다.

## 〈너는 특별하단다〉 함께 읽기

　표지는 보여주지 않고 바로 본문을 읽습니다. 이야기를 통해 어떤 제목일지 상상해보라고 하자, 학생들의 얼굴에서 호기심이 묻어납니다. 마을에는 스티커가 붙여진 웸믹들이 등장합니다. 왜 스티커가 붙어 있을까요? 학생들은 단번에 '잘하고 못하는 것을 평가한 것'이라고 대답합니다. 자기들도 자라는 과정에서 칭찬 스티커를 받아본 경험이 있기 때문이겠지요. 별표가 가득 붙은 웸믹들의 모습을 보고, '이 마을 사람들은 다 착하고 친절한 사람들일 거야'라는 예상과 함께 다음 장을 펼칩니다. 그런데 웬걸, 별표로 가득한 웸믹들은 서로를 평가하느라 바쁩니다. 별표를 더 받기 위해 애쓰고, 다른 사람의 부족한 점을 찾아서는 점표를 붙입니다. 이런 식으로 스티커를 붙이는 건 차별이라는 학생들의 불만이 튀어나옵니다.

　그렇다면 우리 학생들이 경험한 별표와 점표에는 무엇이 있을까요? 어떤 모습이나 행동일 때 별표와 점표를 받는지 물어봅니다. 공부를 잘하거나 말을 잘 들을 때는 별표를 받고, 공부와 활동을 못하거나 말을 안 들을 때는 점표를 받는다고 합니다. 당연하다는 듯 자연스럽게 말하는 모습이 안타깝습니다. 눈에 보이는 스티커는 없지만 우리 역시 수많은 스티커를 붙이며 살아왔기 때문입니다. 이번에는 다른 사람의 말 때문에 '나는 좋은 사람이 아니다, 혹은 부족하다'고 느낀 순간이 있었는지 물어봅니다. 슬프게도 다수의 학생이 공부를 하면서, 춤을 배우면서, 보드를 타면서 수많은 일상에서 좌절감을 느낀 적이 있다고 대답합니다. 그럴 때마다 '내가 꽤 괜찮다고 생각했는데 사실은 많이 부족한가?' 하는 의문이 들었다고 합니다.

학생들은 자신에 대한 믿음보다 타인의 평가에 많은 영향을 받고 있었습니다. 타인의 칭찬으로 인정 욕구를 채우고, 존재감을 확인한 경험이 많아서일 것입니다. '90점을 넘지 못했으니, 나는 공부를 못한다', '친구가 놀기를 거절했으니, 나는 인기가 없다'는 식의 자기 비하는 남들의 평가에 끌려다닌 데서 나온 결과입니다. 인정과 성과를 따지는 경쟁에서 '성공한 나'를 긍정하는 것은 '자존심'입니다. 자존심은 남과의 비교, 경쟁, 서열에 따라 결정되므로 쉽게 흔들립니다. 주체적이고 행복한 삶을 살기 위해서는 자존심이 아니라 '자존감'을 키워야 합니다. 자존감은 자신에 대해 스스로 내리는 주관적인 판단으로, 자존감이 높다는 것은 '있는 그대로의 내 모습을 긍정하고', '나를 소중하고 귀하게 여기는 태도'를 지녔다는 것입니다. 자존감은 일상에 긍정적인 에너지를 선사함은 물론이고 살면서 겪게 되는 실패나 비교, 질책으로부터 자신을 지켜줍니다. 그리고 무엇보다 자존감은 '주관적'입니다.

이제 학생들 스스로 '자신의 모습을 긍정할 수 있도록' 별표·점표 주기 활동을 합니다. 책의 중간(15쪽)까지 읽은 후 PPT로 어떤 사람의 특징을 나타내는 문장을 제시합니다. 학생들은 문장을 읽고, 별표와 점표 중 무엇을 줄 것인지를 결정하고, 그 이유를 이야기 나눕니다. 주어진 문장은 다음과 같습니다. (공부를 못한다. / 의욕이 강하다. /

청각 장애가 있다. / 끈질기게 매달려 연구를 잘한다. / 사람들이 별로 안 좋아한다.]

대부분의 학생은 '의욕이 강하다'와 '끈질기게 매달려 연구를 잘한다'에 별표를 주고, 나머지에는 점표를 주었습니다. 특히 '공부를 못한다'와 '사람들이 별로 안 좋아한다'에는 모든 학생이 점표를 주었습니다. 학생의 본분이 공부라는 생각, 사람들에게 사랑받고 싶어 하는 마음이 그대로 드러납니다. 이어서 나머지 장을 읽습니다. 점표가 가득한 주인공 펀치넬로와 달리, 점표와 별표가 하나도 없는 루시아가 등장합니다. 주인공은 루시아의 말에 따라 엘리 아저씨를 만납니다. 아저씨는 "그 표는 네가 그것을 중요하게 여길 때만 붙는 거란다"라고 말합니다. '나도 단지 나라는 이유만으로 특별할지도 몰라' 펀치넬로가 이렇게 생각하는 순간, 점표 하나가 땅으로 떨어집니다. 펀치넬로의 모습을 보면서 우리도 무언가 잘하고 못한다는 '평가'에 연연하며 살고 있지는 않은지 되돌아봅니다.

**회복적 질문, 이렇게 나눠보세요**

주제 질문
- (6쪽) 왜 별이 붙어 있을까요?
- (8쪽) 별표나 점표를 받는 행동이나 모습에는 무엇이 있을까요?
- (14~15쪽) 다른 사람이 하는 말 때문에 '나는 좋은 사람이 아니다, 혹은 나는 부족하다'고 느꼈던 순간이 있나요?
- (별표·점표 주기) 이 사람에게 여러분은 점표, 별표 중 무엇을 줄 것인가요? 그 이유는 뭔가요?
- (16쪽) 루시아는 왜 점표와 별표가 붙지 않았을까요?
- (30쪽) 펀치넬로의 점표 하나가 땅에 떨어진 이유는 뭘까요?

## '특별한 자화상' 만들기

앞서 만든 자화상에서는 '자신이 보는 나의 모습'과 '남들이 바라본 나의 모습'이 나타납니다. 하지만 우리가 중요하게 살펴야 할 것은 남들의 시선이나 결과가 아닙니다. 우리에게는 있는 그대로의 모습을 높여 귀하게 대하는 자아 존중감, 자존감이 필요합니다. 따라서 '특별한 자화상 만들기'를 통해 나라는 존재를 아무런 조건 없이, 그저 나라는 이유만으로 특별하고 소중하다는 것을 되새깁니다. 먼저 앞서서 한 별표·점표 주기 활동의 비밀을 알려줍니다. 학생들이 별표와 점표를 줬던 그 특징들은 사실 한 사람이 가진 것이고, 정답은 바로 '에디슨'입니다. 만약 에디슨이 남들이 준 점표에 주눅이 들어 방에만 갇혀 있었다면, 혹은 자신을 인기 없고 공부 못하는 청각장애인으로만 여겼다면 어떻게 되었을까요? 남과 자신이 매긴 별표와 점표가 진정한 그 사람을 나타내지는 않습니다. 중요한 것은 자신이 어떤 모습이어도 자기 자신을 소중하고 특별한 존재로 아끼며 살아가는 것입니다.

이제 영상(도브 광고 : https://youtu.be/b4-PJcPxnAQ)을 봅니다. 화가가 두 점의 그림을 그립니다. 첫 번째는 주인공이 스스로의 모습을 묘사한 말을 듣고 그린 그림입니다. 두 번째는 주인공을 만난 다른 사람이 주인공에 대해 설명하는 말을 듣고 그린 그림입니다. 그런데 두 그림을 비교하자, 자신이 생각한 모습이, 남들이 생각한 모습보다 훨씬 어둡고 부정적으로 표현되어 있습니다. 이 영상이 던지는 메시지는 '당신은 스스로 생각하는 것보다 훨씬 아름답다'는 것입니다. 이 영상은 우리가 한 '자화상 만들기' 활동과도 일맥상통합니다. 영상의 의미를 떠올리며 자신의 자화상을 천천히 살펴봅니다.

"여러분의 자화상에는 별표와 점표 중 무엇이 더 많은가요? 거기에 적힌 글들은 진정한 여러분을 나타내고 있나요? 혹시 여러분에 대한 '판단이나 생각'은 아닐까요? 여러분이 만든 자화상은 진정한 여러분을 나타내지 못합니다. 여러분은 존재 자체로 소중하고 특별합니다. 남들의 생각이나 잘하고 못하는 것에 상관없이 자신을 아끼고 특별하게 대해주세요."

선생님의 이야기를 들으며 자신을 되돌아봅니다. 그리고 선생님이 나눠준 꽃 스티커로 자신의 자화상을 자유롭게 꾸밉니다. 제각각의 꽃이 그 자체로 아름답듯 모든 사람이 존재 자체로 아름답고 특별하다는 사실을 되새깁니다. 우리가 만든 자화상은 평가와 판단으로 가득 차 있습니다. 하지만 진짜 '특별한 자화상'은 '있는 그대로의 내가 소중하다'는 것을 깨달은 지금 이 순간에 완성됩니다.

| 회복적 질문, 이렇게 나눠보세요 | |
|---|---|
| 주제 질문 | - 여러분의 자화상에는 별표와 점표 중 무엇이 더 많나요?<br>거기에 적힌 글들이 진정한 여러분을 나타내고 있나요? |
| 실천 질문<br>및<br>배움 질문 | - 오늘 수업에서 기억에 남는 순간이 있나요?<br>- 오늘 수업을 하면서 생각이 바뀌거나 새롭게 다짐한 것이 있다면 말해주세요.<br>→ 앞으로 친구를 함부로 평가하지 않겠다고 다짐했다. 또, 다른 사람이 나에 대해 안 좋은 말을 하더라도 스스로를 나쁘게 생각하지 않고 언제나 나를 소중하게 여길 것이다.<br>→ 처음 자화상을 만들고 나서 장점보다 단점이 더 많이 적혀 있어서 충격을 받았다. 하지만 책을 읽고 나니 나의 단점에 신경을 덜 쓰게 되고 자신감도 생긴다. 그리고 영상(도브 광고)을 보고 이제부터라도 나 자신을 더 아끼고 소중히 여기기로 다짐했다.<br>→ 〈너는 특별하단다〉에서 펀치넬로의 잿빛 점표가 떨어지는 부분이 인상 깊었다. 또 우리가 점표와 별표를 준 사람이 에디슨이라는 사실이 신기하고 놀라웠다. 나도 나 자신을 더 소중하게 대할 것이다.<br>→ 내 자화상에는 단점이 가득하다. 내가 나 자신을 '이렇게 판단하고 있었구나'를 느낄 수 있었다. 하지만 이제부터는 별표나 점표에 상관없이 나 자신을 제일 중요하게 생각할 것이다. |

회복적 생활교육의 가치 : 존중☐ 관계■ 책임☐

# 1. 서로에 대해 알아가기
## 소통의 비행기

**이 책을 읽었어요**

### 나, 여기 있어
(피터 레이놀즈 글·그림 / 김경연 옮김 / 문학동네)

왁자지껄 시끌벅적, 아이들이 즐겁게 놀고 있습니다. 그런데 오른쪽 한 귀퉁이에 있는 소년이 홀로 친구들을 바라봅니다. 바람에 종이가 날아오자, 소년이 말합니다. "너도 혼자 있고 싶지 않구나? 걱정 마, 친구야. 내가 있잖아." 소년은 친구들을 향한 마음을 담아 종이비행기를 날립니다. 그 진심은 전달될까요?

## 나, 너를 '우리'로 연결하는 것은 작은 말과 행동입니다

외로움을 느껴본 적이 있나요? 외로움의 사전적 정의는 '홀로 되어 쓸쓸한 마음이나 느낌'입니다. 외로움은 '관계를 원하고 상대에게 받아들여지고 싶은데 그렇지 못할 때' 생깁니다. 그럼 학생들은 외로움을 느껴본 적이 있을까요? 놀랍게도 대다수 학생이 학교생활에서 외로움을 느껴봤다고 말합니다. '내가 없는데도 친구들끼리 잘 놀 때', '내가 잘 모르는 이야기를 친구들끼리 나누고 있을 때' 그렇다고 합니다. 특히 '새 학년이 되어 교실에 아는 사람이 없을 때', '학기 중인데도 아직 친한 친구가 없을 때' 큰 외로움을 느낀다고 합니다.

교실은 다양한 성격과 가치관을 가진 개인들이 모인 공간입니다. 싹싹하고 적극적인 성격이라서 금방 친구를 만드는 아이가 있는가 하면, 낯을 가려 관계를 맺기까지 시간이 오래 걸리는 아이도 있습니다. 학기 시작하고 몇 주가 지나면 교실에 어느 정도 친구 무리가 형성됩니다. 이 시기에 친구를 만들지 못한 아이는 외로움을 느낄 수밖에 없겠지요. 문제는 이렇게 외로움을 느끼는 아이들이 그 책임을 자신에게 돌린다는 데 있습니다. 내 성격이 별로인가, 나는 왜 친구가 없지, 먼저 말을 걸어야 했나…. 외로운 아이는 늘 마음 한편이 무겁습니다. 때로는 이런 불안감이 '거절에 대한 민감성'을 키우고, '거절 민감성'이 높아진 아이는 새로운 환경에서 사람을 만날 때마다 쉽게 믿지 못하고 경계하여 관계를 맺는 데 어려움을 겪습니다. 학생들에게 원활하게 관계 맺을 기회를 제공하여 외로움과 고립감에 빠지지 않도록 세심한 주의를 기울이는 것, 이 역시 교실이 맡아야 할 중요한 역할입니다.

그림책 〈나, 여기 있어〉에는 삼삼오오 모인 친구 무리와 떨어져 홀로 외로움을 느끼는 소년이 등장합니다. 학생들도 이 소년처럼 외로움을 느낀 적이 있을까요? 먼저 학생들과 솔직하게 이야기를 나누며 위로를 주고받고, 서로를 챙겨주어야 한다는 공감대를 형성합니다. 대단한 무엇이 아니어도 좋습니다. 친구와 눈이 마주쳤을 때 미소 짓기, 혼자 앉아 있는 친구에게 먼저 말 걸기 등 작은 행동이 큰 의미가 될 수 있습니다. '소통의 비행기' 활동으로 '나'의 존재를 교실에서 드러내고, 친구를 만나 서로를 알아갑니다. 이야기를 나누다 보면 한 사람 한 사람을 그만의 이야기를 가진 특별한 존재로 만나게 되고, 그 속에서 새로운 관계가 싹트기도 합니다.

| 배움 목표 | 〈나, 여기 있어〉를 읽고, '소통의 비행기'를 통해 관계 맺기 | |
|---|---|---|
| 단계 | 회복적 활동 | 회복적 활동 과정 |
| 1 | 〈나, 여기 있어〉 함께 읽기 | - 〈나, 여기 있어〉 함께 읽기<br>- 신뢰 서클 하기 |
| 2 | '소통의 비행기' 활동하기 | - '소통의 비행기' 활동하기 |

## 〈나, 여기 있어〉 함께 읽기

표지에는 "나, 여기 있어"라고 말하는 소년이 등장합니다. 대체로 어떤 상황일 때 '나, 여기 있다'고 외칠까요? 숨바꼭질에서 마지막까지 숨었을 때, 보물찾기에서 위치를 알려줄 때, 친구에게 내 존재를 알릴 때 등 이야기를 예상하며 본문을 펼칩니다. 그림과 글을 천천히 살피고, 이어질 내용을 예상하며 읽습니다. 삼삼오오 모여서 노는 친구들이 보입니다. 한쪽 구석에는 소년이 홀로 있습니다. 불어오는 바람을 맞으며 나뭇잎을 관찰합니다. 소년은 친구들과 노는 것보다 혼자 있는 것이 더 좋은 걸까요? 그 순간, 바람에 날아온 종이가 소년 앞에 떨어집니다. "너도 혼자 있고 싶지 않구나? 걱정 마, 친구야. 내가 있잖아." 소년도 친구들과 놀고 싶지만 먼저 다가갈 용기가 없을 뿐입니다. 소년은 친구들과 어울리고 싶은 마음을 담아 종이비행기를 접어 날립니다. "나, 여기 있어." 그 진심이 전해진 걸까요? 소녀가 종이비행기를 들고 소년에게로 옵니다. 소년과 눈을 맞추고 웃으며 말합니다. "너, 여기 있었구나." 나의 외로움을 알아주는 단 하나의 친구가 생긴 순간, 잔잔한 감동이 교실을 따뜻하게 감쌉니다.

책을 삶으로 가져와 서클을 합니다. 〈나, 여기 있어〉의 소년처럼 학교에서 '나 혼자인 것 같다'고 느낀 적이 있는지 묻습니다. 대다수 아이가 크고 작은 외로움을 느끼고 있다고 말합니다. 전학을 와서 아는 친구가 없을 때, 친구랑 등하교하는 아이들을 볼 때, 친구가 다른 친구랑 즐거운 시간을 보낼 때… 솔직하게 자신들의 이야기를 꺼내놓고

'나만 그렇게 느낀 것은 아니구나' 안도합니다. 그렇다면 혼자 있는 소년에게 다가간 소녀처럼 '학교나 우리 반에서 누군가 나를 위해준다'고 느낀 적은 언제일까요? 친구가 같이 놀자고 할 때, 준비물을 나눠 쓸 때, 공부를 알려줄 때, 감정 신호등을 보고 "오늘 기분 안 좋아?" 물어줄 때, 체육 시간에 나를 응원해줄 때 등이었습니다. 학생들은 대단한 무엇이 아니라 사소하고 따뜻한 말 한마디에서 안정감과 유대감을 느끼고 있었습니다. 이야기를 나눌수록 우리에게 필요한 것은 서로를 향한 관심이라는 것을 알 수 있지요.

이번에는 실천 질문을 던져봅니다. "교실에서 외롭고 소외되는 사람이 없었으면 좋겠어요. 혼자 있는 친구에게 여러분이 할 수 있는 말과 행동은 무엇일까요? 실천할 수 있는 것을 약속해주세요." 눈이 마주칠 때 먼저 안녕 하고 인사하기, 같이 놀자고 말하기, 혼자 있는 친구에게 다가가서 말 걸기 등 각자가 할 수 있는 것을 다짐합니다. 서클을 통해 '관계와 우정'이라는 추상적인 개념을 각자가 경험한 삶의 모습으로 드러내고, 당장 일상에서 할 수 있는 것을 약속하고 실천합니다.

### 회복적 질문, 이렇게 나눠보세요

| | |
|---|---|
| **여는 질문** | - (표지) "나, 여기 있어"라고 말하는 소년이 보이네요. 어떤 상황일까요? |
| **주제 질문** | - 혼자 있는 소년이 종이를 발견했어요. 소년은 이 종이로 무엇을 할 것 같나요?<br>- 소녀가 종이비행기를 들고 와서 "너, 여기 있었구나"라고 말할 때, 소년은 어떤 기분일까요? |

| 주제 질문 | - 〈나, 여기 있어〉의 소년처럼 학교에서 '나 혼자인 것 같다'고 느낀 적이 있나요?<br>- 혼자 있는 소년에게 다가간 소녀처럼 학교나 우리 반(공동체)에서 누군가 '나를 위해준다'고 느낀 적은 언제인가요? |
|---|---|
| 실천 질문 | - 혼자 있는 친구, 외로운 친구가 있을 때 여러분은 어떤 말과 행동을 할 것인가요? 실천할 수 있는 것을 약속해주세요. |

## '소통의 비행기' 활동하기

'소통의 비행기'는 서클로 둘러앉아 자신에 대한 내용을 쓴 종이비행기를 날린 다음, 그걸 주운 친구를 만나서 이야기를 나누는 활동입니다. 교실 안 여러 구성원 중에서 한 명을 만나 따뜻한 눈 맞춤과 대화로 관계를 맺으며 서로를 알아갑니다.

---

**소통의 비행기**

**준비물 : 여러 색의 A4 용지(120g 이상 추천), 매직/사인펜**

① 학생은 다양한 색의 A4 용지와 매직 중에서 마음에 드는 것을 고른다.
② A4 용지 한 면에 다음 항목에 대해 쓴다. (모니터/칠판에 작성할 항목을 보여준다.)

> 1. 내가 좋아하는 것 한 가지 (물건, 취미, 사람 등 종류 무관)
> 2. 애칭 (들으면 기분 좋은 별명)
> 3. 내가 하고 싶은 일 (활동)
> 4. 듣고 싶은 말

③ 비행기를 접는다. (예시 외의 다른 접는 방법을 활용할 수 있다.)

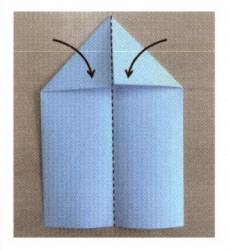  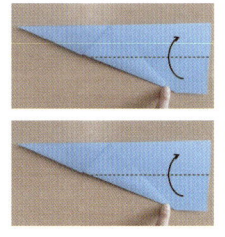

❶ 접기 선에 맞춰 양 끝을 모아 접는다.  ❷ 뒤집어서 양 끝을 모아 접는다.  ❸ 반으로 접은 후, 날개를 올려 접는다

④ 사람을 향하지 않도록 주의하며 자기 자리에서 종이비행기를 반대편으로 날린다.
⑤ 가장 가까운 비행기를 주워 한 번 더 종이비행기를 날린다. (2~3회 반복)
⑥ 가장 가까이에 있는 비행기를 주워서 펼친다.
⑦ 비행기의 주인을 찾아서 모니터/칠판에 적힌 대화 방법대로 이야기를 나눈다.

1. 내가 좋아하는 것 한 가지
2. 애칭 → "(비행기 주인을 찾아가서) ⑴을 좋아하는 ⑵ 님~!"
   * 비행기 주인이 맞으면 대화를 이어가고, 아니면 비행기 주인을 다시 찾는다.
3. 내가 하고 싶은 일 (활동)
   → "⑶을 하고 싶으시군요. 이번에 꼭 하셨으면 좋겠어요. 저도 응원해요!"
   * 3과 관련한 응원과 공감, 긍정의 말을 한다.
4. 듣고 싶은 말 → "⑵님, ⑷ 듣고 싶은 말)"

⑧ 대화가 끝나면 각자의 비행기를 서클 중앙 '센터 피스'로 모은다.
⑨ 종이비행기를 원형으로 둥글게 배치하고, 활동의 의미를 나누며 서클을 한다.

교사 멘트 : 색색의 비행기처럼 나, 너 우리는 다릅니다. 하지만 '우리 반'이라는 공동체로 연결되어 있습니다. '소통의 비행기' 활동에서 대화를 나눈 것처럼 주변 친구에게 관심을 갖고, 먼저 다가가 관계를 맺으면 좋겠습니다. 외로운 사람이 없는, 평화롭고 안전한 교실이 되기를 기대합니다.

### 회복적 질문, 이렇게 나눠보세요

| 실천 질문 | - 자신에 대해 알려주는 종이비행기를 만드세요. '소통의 비행기' 활동을 통해 친구와 눈을 맞추고, 그 친구가 어떤 사람인지 알아보세요. 그리고 따뜻한 말을 해주세요. |
|---|---|
| 배움 질문 | - 오늘 활동을 하면서 어떤 생각과 느낌, 배움이 있었나요?<br>→ 친구의 애칭이 '개그맨'인 줄 상상도 못했어요. 친구에 대해 새로운 점을 많이 알게 되었어요.<br>→ 듣고 싶었던 말을 친구가 해주니까, 쑥스러우면서도 기분이 좋았어요. 그 친구랑 친해진 느낌이에요.<br>→ 친구에게 관심을 더 가질 거예요. 친구가 좋은 말을 해주니까 고마웠어요. 저도 친구가 듣고 싶어 하는 말을 자주 해줄 거예요. |

회복적 생활교육의 가치 : 존중☐ 관계■ 책임☐

## 2. 서로 존중하는 건강한 관계 맺기
## 관계의 거리

### 이 책을 읽었어요

**똑, 딱**
(에스텔 비용 스파뇰 글·그림 / 최혜진 옮김 / 여유당)

똑이와 딱이는 언제나 함께인 친구입니다. 그런데 어느 날, 똑이의 곁에서 딱이가 사라집니다. 화들짝 놀란 똑이는 딱이를 찾아 헤맵니다. 드디어 찾은 딱이는 다른 친구들과 재미있게 놀고 있습니다. 똑이는 슬픔에 빠집니다. 둘은 다시 사이좋은 친구로 지낼 수 있을까요?

## '나'와 '너'를 존중하며 건강한 관계를 맺습니다

학교는 본격적으로 '사회적 관계'를 맺는 곳입니다. 학생들은 또래가 가득한 교실에서 누구의 도움도 없이 홀로 우뚝 서기를 시작합니다. 그래서인지 초·중학생의 고민 1위는 친구 관계입니다. 학기 초에는 친구를 어떻게 사귈지 고민하고, 학기 중에는 친구와 어떻게 관계를 유지할지 걱정합니다. 특히 중·고학년 아이들은 친구에게 가족보다 깊은 친밀감을 느끼기도 하고, 그들에게서 유대감과 안정감을 얻기도 합니다. 아이들은 '관계'를 위해 부단히 애씁니다. 때로는 '나하고만 놀았으면 좋겠는데' 하는 마음에 다른 사람과 잘 지내는 친구를 질투하기도 하고, 몇몇 친구와는 영원한 우정을 약속하기도 합니다. '우리끼리 놀자'며 소유욕을 드러내거나 친한 친구와 그렇지 않은 친구를 구별하여 관계에 선을 긋기도 하지요. 또 친구와 잘 지내려고 말이나 행동, 취향을 상대에게 맞추는 등 자신을 희생하기도 합니다. 관계를 배우는 과정에서 겪는 시행착오는 성장의 계기가 되기도 하지만 깊은 마음의 상처를 남기기도 합니다. 어리다고 해서 '다 그런 거야, 네가 먼저 다가가 봐'라거나 '모두가 친구가 될 순 없으니까, 그냥 무시해'라고 섣불리 조언할 수도 없습니다. 관계에 정답은 없고, 모든 행동을 당사자가 선택하고 책임져야 하기 때문입니다.

관계란 무엇인가? 학생들 스스로 관계를 어떻게 맺어나갈지 생각하도록 합니다. 다른 사람의 기대에 휘둘리지 않으며 지켜나가야 할 자신의 영역을 정하고, 아무리 친한 관계라도 해서는 안 될 말과 행동이 있음을 이해하도록 합니다. 또 상대에게 관심과 애정을 표현하되, 그 사람만의 영역으로 넘어가지 않도록 배려하는 '관계의 적절한 거리'를 지키는 것이 중요하다는 것도 알립니다. 그 거리는 사람에 따라, 관계에 따라 다르다는 것을 스스로 찾게 합니다.

학생들과 '친구'를 주제로 솔직한 마음을 나누어봅니다. 나와 제일 친한 친구가 다른 친구랑 놀고 있을 때 어떤 마음이 들까요? 질투와 배신감을 느끼는 아이도 있고, 대수롭지 않게 여기는 아이도 있습니다. '그렇게 생각할 수도 있구나' 하며 너와 나의 다름을 인식하도록 하는 것이 중요합니다. '관계의 거리' 활동에서는 관계라는 추상적인 개념을 실을 통해 눈으로 확인하면서 '관계의 쌍방향성'과 '연결'에 대해 알아봅니다. 친구를 향한 우정이 부담과 폭력으로 변질될 수 있고, 반대로 서운함을 느끼게 할 수도 있습니다. 또한 둘만의 것이라고 생각했던 관계가 우리 공동체에 영향을 미치기도 합니다. 관계에는 밀고 당기기의 배려가 필요하며, 적절한 거리가 건강한 관계를 만들어준다는 것을 몸과 마음으로 체험하도록 합니다.

| 배움 목표 | <똑, 딱>을 읽고, '관계의 거리'로 서로를 존중하는 관계 맺기 |

| 단계 | 회복적 활동 | 회복적 활동 과정 |
| --- | --- | --- |
| 1 | '가치 수직선' 토론하기 | – '가치 수직선' 토론하기 |
| 2 | <똑, 딱> 함께 읽기 | – <똑, 딱> 질문 릴레이로 읽기<br>– 갤러리 워크로 '내 마음의 장면' 나누기 |
| 3 | '관계의 거리' 활동하기 | – '관계의 거리' 활동하기<br>– 2차 '가치 수직선' 활동하기 |

## '가치 수직선' 토론하기

학기 중반이 넘어가면 친구들 사이에도 무리가 형성됩니다. 친한 친구와 그렇지 않은 친구가 나뉘고, 일부 아이는 자리를 바꿀 때나 교과 외 활동을 할 때 특정 친구와 어울리려는 성향을 보입니다. 친구가 다른 친구랑 사이좋게 지내는 모습에 속상해하기도 하고, 홀수로 이루어진 무리에서는 묘한 긴장감이 흐르기도 합니다. 친구 관계에서 누구나 겪을 수 있는 이런 자연스러운 감정을 이야기 나누어봅니다. "여러분이 제일 친하다고 생각하는 단짝 친구가 있나요? 만약 그 친구가 여러분이 아닌 다른 친구와 놀고 있을 때, 여러분의 마음은 어떤가요?"

교사가 제시한 상황에서 각자가 느꼈을 마음(감정)을 빨간색 포스트잇에 씁니다. 그리고 '가치 수직선' 위에 '아무렇지도 않다'는 긍정형 반응 3단계와 '마음이 상한다'는 부정형 반응 3단계 사이에 포스트잇을 붙입니다. 가치 수직선에 모두의 생각을 붙이고 나면 우리 반 학생들의 생각을 한눈에 볼 수 있습니다. 친구는 많을수록 좋다고 생각하는 한 학생은 '아무렇지 않다'는 긍정 3단계 반응을 보였고, 본인도 다른 친구와 놀고 싶기 때문에 '괜찮다'고 표현한 학생들도 있습니다. 반면 '나하고만 놀았으면 좋겠다'는 생각이 들어서 마음이 불편하다는 부정 1단계 반응과 '예전에 비슷한 경험이 있는데 다른 친구를 더 좋아하는 것 같아서 배신감이 들었다'는 부정 3단계 반응도 있습니다. 가치 수직선으로 자신의 마음을 들여다보고 표현합니다.

이제 물레방아 토론을 합니다. 교실 중앙에 가치 수직선 긍정 3단계부터 부정 3단계까지 순서대로 한 줄로 섭니다(긍정 3, 2, 1 → 부정 1, 2, 3단계). 중간에 선 학생을 기준으로 반으로 나누고, 두 줄로 만들어 마주 보고 앉습니다. 마주 보고 있는 친구와 토론을 시작합니다. 자신의 가치 수직선과 그 이유를 밝히고, 각자의 입장을 보충하거나 궁금한 것을 물어봅니다. 이 대화의 목적은 옳고 그름을 따지거나 이기고 지는 데 있지 않습니다. 친구의 입장을 경청하고 다양한 시각에서 생각해보자는 데 있습니다. 3~5분 정도 대화를 마치고, 왼쪽으로 한 칸씩 자리를 이동하여 새로운 짝과 토론을 합니다. 물레방아 토론은 모든 구성원이 일대일 만남으로 돌아가며 이야기를 나누는 방식이라서, 동등한 발언권과 책임감을 갖고 능동적으로 참여할 수 있습니다. 또 많은 인원이 동시다발적으로 소통할 수 있다는 것이 장점입니다.

### 회복적 질문, 이렇게 나눠보세요

**주제 질문**
- 만약 여러분의 단짝 친구가 나 말고 다른 친구들이랑 놀고 있을 때, 여러분의 마음은 어떨까요? 솔직한 마음을 포스트잇(빨간색)에 써서, '가치 수직선'에 붙여봅시다.
- 다양한 입장을 가진 친구들과 만나 서로의 생각을 나눠보세요. 여러분과 같은 의견이면 그 이유를 살펴보고, 다른 의견이면 어떤 점에서 차이가 나는지 이야기 나누세요. 정답은 없으며, 이기고 지는 것도 아닙니다. 서로의 생각을 경청하고 존중하기를 기대합니다.

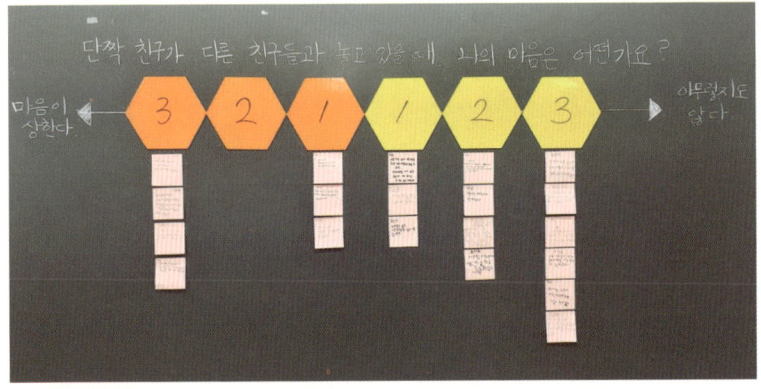

## 〈똑, 딱〉 함께 읽기

제목에서 무엇이 떠오르나요? 학생들은 시계 소리, 자동차 방향등 소리, 단추 소리 등을 떠올립니다. '똑'과 '딱'의 공통점은 각각의 소리가 세트로 붙어 다닌다는 것이지요. 표지에는 귀여운 새 두 마리가 있습니다. 둘은 무슨 관계일까요? 서클로 동그랗게 둘러앉아 '질문 릴레이'로 책 읽기를 시작합니다. 질문 릴레이로 책 읽기는 모든 학급 구성원이 한 장면씩 읽고, 질문을 던지고 대답하는 활동입니다. 1번 학생이 한 장면을 읽고, 해당 장면과 관련한 질문을 던집니다. "왜 알이 있을까?"라고 묻습니다. 다음 차례인 2번 학생은 그 질문에 "새가 태어나려고 있어"라고 대답합니다. 2번 학생이 다음 장면을 읽고 질문하면, 3번 학생이 대답하고 이어서 읽습니다. 이렇게 읽으면 높은 집중력으로 글과 그림을 꼼꼼히 살피게 됩니다. 질문과 답에 정답은 없으며, 질문과 답이 단순할지라도 참여하는 것 자체에 의미를 둡니다.

학생들이 질문 릴레이로 책을 읽을 때 교사는 학생들의 생각을 유심히 살핍니다. 대답에 학생들의 생각과 경험이 묻어나오기 때문입니다. "(똑이와 딱이가) 왜 항상 곁에 있을까?"라는 질문에 "친하니까 항상 붙어 다녀야 해"라고 대답합니다. '친한 친구라면 늘 같이 있어야 한다'는 학생의 생각이 드러납니다. 이때, 전체와 나누고 싶은 질문을 '핵심 질문'으로 기억해둡니다. 학생의 질문 중에 "똑이는 왜 딱이를 보고 숨었을까?(10번)"를 핵심 질문으로 뽑습니다. 또 "자기가 하고 싶은 걸 하면서 지내려고 같이 안 노는 거야(18번)"라는 대답을 바탕으로 "친구가 따로 하고 싶은 것이 있다고 할 때, 친구에게 혼자만의 시간을 줄 수 있나요?"를 핵심 질문으로 만듭니다. 책 읽기가 끝나면 핵심 질문으로 소통하면서 학생들의 생각을 깊이 있게 살펴봅니다.

학생들의 마음에는 어떤 장면이 남았을까요? '갤러리 워크'로 다시 한번 책을 살피고, '내 마음의 장면'을 뽑습니다. 갤러리 워크는 미술관에서 작품을 감상하듯이 교실 곳곳에 작품을 전시하고 감상한 뒤에 각자의 생각과 느낌을 살피는 활동입니다. 이를 위해 교실 한쪽에 〈똑, 딱〉의 모든 장면을 순서대로 게시합니다. 학생들은 교실을 돌아다니며 '가장 인상 깊고 좋았던, 마음에 드는 장면'을 내 마음의 장면으로 고릅니다. 그리고 그 이유를 포스트잇에 써서 해당 장면에 붙입니다. 갤러리 워크로 친구들의 감상도 읽으며 서로의 생각과 느낌을 존중합니다.

**회복적 질문, 이렇게 나눠보세요**

| 여는 질문 | – (표지) 제목 〈똑, 딱〉을 보고 무엇이 떠오르나요?<br>표지의 새 두 마리는 무슨 관계일까요? |
|---|---|
| 주제 질문 | – 한 장면씩 읽고 질문을 던져보세요. 어떤 질문과 답도 좋습니다.<br>– (핵심 질문) 똑이가 다른 친구들과 노는 딱이를 보고 숨었습니다. 왜 숨었을까요?<br>– (핵심 질문) 친구가 "너랑 노는 대신 내가 하고 싶은 걸 따로 할래"라고 말한다면, 여러분은 친구에게 혼자만의 시간을 줄 수 있나요?<br>– '갤러리 워크'로 〈똑, 딱〉에서 가장 인상 깊거나 마음에 들었던 '내 마음의 장면'을 뽑아주세요. 각자의 포스트잇에 그 장면을 고른 이유를 적어서 붙여주세요. |

■ '질문 릴레이'로 읽기

| 한 장면 읽고 질문 만들기 | 질문에 자유롭게 답하기 |
|---|---|
| 1. 왜 알이 있을까? | 2. 새가 태어나려고 있어. |
| 2. '쩍, 팍, 팍, 쩍' 소리가 왜 날까? | 3. 알을 깨고 나오는 소리야. |
| 3. 똑이와 딱이는 왜 항상 곁에 있을까? | 4. **친하니까 항상 붙어 다녀야 해.** |
| 4. 함께 있으면 뭐가 좋을까? | 5. 친하니까 함께 있을 때 재미있어. |
| 5. 딱이가 사라진 걸로 왜 저리 놀랄까? | 6. 세상에 둘도 없는 친구라 늘 함께 있었거든. |
| 6. 왜 뱀에게 물어볼까? | 7. 숲에서 뱀이 모든 걸 지켜보고 있었거든. |
| 7. 왜 딱이가 없으면 똑이가 아닐까? | 8. **친하니까 항상 붙어 다녀서, 딱이가 없으면 어색해.** |
| 8. 딱이와 똑이는 어떻게 친해졌을까? | 9. 늘 같이 놀면서 친해졌어. |
| **9. 딱이는 왜 다른 새들과 놀고 있을까?** | 10. 친구 똑이가 없어서 딴 친구랑 놀았을 뿐이야. |
| **★ 10. 똑이는 왜 딱이를 보고 숨었을까?** | 11. 똑이만 딱이를 원하니까, 딱이가 볼까 봐 부끄러워서. |
| 11. 똑이가 없는데 딱이는 왜 행복할까? | 12. 다른 친구들과 노는 것도 재밌기 때문이야. |
| 12. 똑이는 왜 누워 있을까? | 13. **딱이가 자기를 버리고 친구랑 놀아서 우울하거든.** |
| 13. 왜 꽃이 폈을까? | 14. 그만큼 시간이 많이 흘렀다는 뜻이야. |
| 14. 왜 똑이를 찾아다닐까? | 15. 이야기를 나누기 위해서야. |
| 15. 똑이가 딱이를 보러 나올까? | 16. **기분이 나빠서 딱이랑 같이 안 놀 것 같아.** |
| 16. 똑이와 딱이가 만났을 때 어떤 기분일까? | 17. 신날 거야. |

| 17. 왜 둘이 같이 안 놀까? | ★ 18. 자기가 하고 싶은 걸 하면서 지내기 위해서야. |
|---|---|
| 18. 서로 들려주고 싶은 이야기가 많은 이유는 뭘까? | 1. 각자 다른 경험을 했기 때문이야. |

* 숫자는 각 학생을 뜻합니다. 가령, 2번은 2번 학생이 한 대답과 질문입니다.
* 진하게 표시한 내용에서 '친구 관계'에 대한 학생들의 기존 가치관이 드러납니다.
* 별표 표시한 10번과 18번은 '핵심 질문'으로, 전체와 한 번 더 이야기 나눕니다.

■ 핵심 질문 나누기

— 똑이가 딴 친구들과 함께 노는 딱이를 보고 숨었습니다. 왜 숨었을까요? (질문 릴레이 ★10번 질문)

다른 친구들이랑 즐거워 보이니까 나설 용기가 없어서 / 나 없이도 혼자 잘 노니까 마음이 상해서 / 딴 친구들과 노니까 '내가 없어도 되는구나' 속상하고 질투 나서 / 그동안 찾아다닌 것도 모르고 노니까 짜증나서 / 딱이가 행복하게 놀고 있는데 똑이를 보면 불편할까 봐 / 나중에 딱이 스스로 나(똑이)에게 돌아오기를 바라서

— 친구가 "너랑 노는 대신 내가 하고 싶은 걸 따로 할래"라고 말한다면, 여러분은 친구에게 혼자만의 시간을 줄 수 있나요? (질문 릴레이 17번 질문과 ★18번 대답)

① 네 (14명) : 단짝이라고 해도 하고 싶은 걸 못 하게 하고 나랑 놀자고 할 수는 없어요. / 혼자만의 시간도 갖고, 놀 시간도 가지면 괜찮아요. / 친구라면 이해해줘야 해요.

② 아니요 (4명) : 평생 친구였으니까 모든 걸 같이 했으면 좋겠어요. /

친구가 나랑 같이 안 있으려고 하면 속상해요.

■ '갤러리 워크'로 '내 마음의 장면' 나누기

① 친구와 함께 있으면 어디든지 갈 수 있을 것 같고, 함께 있으면 행복하다. 친구가 나에게서 떨어지니까 우정이 깨진 것 같았다. 친구를 찾아다니며 친구를 걱정했던 적이 있어서 똑이가 딱이를 찾는 장면을 골랐다.

② "(딱이 없는) 너는 똑이가 아니야!" 개미의 말이 맞다. 친구가 없으면 존재감도 없어지고, 내가 아닌 것 같다. 또 친구가 없을 때면 내가 100%가 아니라 50%가 되는 것 같다. 친구는 가족만큼 소중하기 때문이다.

③ 자기가 하고 싶은 것을 하면서 좋은 걸 나누는 장면이 마음에 든

다. 나도 친구랑 각자 좋아하는 취미, 롱 보드 얘기를 하며 좋았던 경험이 있다. 그래서 똑이와 딱이가 나뭇가지에서 이야기 나누는 장면이 좋다.

④ 단짝 친구라도 각자 하고 싶은 것이 많은데 그것을 서로 이해하고, 하고 싶은 것을 하는 모습이 좋았다. 그래서 똑이가 혼자 놀고 있는 장면을 골랐다.

'관계의 거리' 활동하기

'밀당'이라는 말이 있습니다. 관계에서도 '밀고 당기기'가 중요해서 생긴 말입니다. 상대와 건강한 관계를 맺기 위해서는 '적절한 거리'가 필요하니까요. '관계의 거리'는 상대와 적절한 거리를 유지하는 것의 중요성을 깨닫게 하는 활동입니다. 첫 번째 학생에게 실의 한쪽 끝을 잡게 하고 실뭉치를 전달하고 싶은 친구의 이름을 말하게 합니다. 교사는 첫 번째 학생이 지목한 학생에게, 서클 바깥쪽에서 실이 꼬이지 않도록 전달합니다. 두 번째 학생은 실을 선물할 세 번째 학생을 지목하고, 세 번째 학생은 네 번째 학생을 지목하고⋯. 이런 식으로 실을 주고받으며, 반 전체가 실 하나로 연결되도록 합니다. 이 실은 우리의 연결, 관계를 의미합니다. 모두 주고받은 뒤에는 우리가 만든 실의 모양, 즉 관계망을 천천히 살펴봅니다. 그리고 교사가 실의 한 부분을 세게 잡아당깁니다. 실을 잡고 있던 학생들이 선생님의 힘에 끌려오거나 반대로 더 세게 힘을 주어 잡거나 합니다. 그러면 전체적으로 관계망이 흐트러지고, 실을 놓치는 사람이 생기면 연결이 끊어지기도 합니다. 이제 질문을 던집니다.

"선생님이 여러분의 관계망, 실을 잡아당기니까 어떤가요?"
"힘들어요."
"팽팽해져서 잡고 있기가 어려워요."
"모양이 바뀌어요."
"제 줄이 아닌데도 힘들어요."
"맞아요. 친구가 좋다는 이유로 배려하지 않고 내 마음대로 행동하면 상대방은 힘들어져요. 결국 사이가 나빠질 수도 있어요. 상대방을 존중하고 배려하면서 적당한 힘으로 당기는 것이 중요해요. 혹시 선생님이 실을 당기는 걸 느낀 친구는 손을 들어보세요. 나와 너의 관계는 둘만의 일이라고 생각하기 쉽지만, 두 명 사이의 실을 잡아당기자, 양쪽 사람뿐 아니라 연결된 다른 사람들까지 팽팽해지는 것을 느꼈지요? 두 사람의 관계는 이렇게 공동체 전체에 영향을 미치기도 한답니다."

이번에는 다른 질문을 해봅니다. "친구가 여러분을 좋아하는 마음으로 한 말과 행동인데, 정작 여러분은 싫었던 것은 무엇인가요?" 머리카락 만지기, 볼 꼬집기, 장난친다고 깜짝 놀라게 하기, 다른 애랑 놀고 있을 때 '나랑 놀자'고 하거나 기분 나쁜 내색하기, 물건 함부로 만지기…. 대답이 계속 나옵니다. 차마 화를 내지 못했지만 마음이 상했던 경험들입니다. 아무리 절친한 관계라 해도 '해서는 안 될 말과 행동'이 있음을 분명하게 이해합니다. 이번에는 실타래를 너 풀어서 실을 길게 늘어뜨린 후, 느슨하게 잡도록 합니다. 실이 축 늘어지고, 일부는 실을 약하게 잡다가 떨어뜨리기도 합니다.

"반대로 선생님이 여러분의 관계망인 실을 느슨하게 잡도록 하니까 어떤가요?"
"실이 축 늘어져요."
"모양(관계망)이 바뀌어요."
"힘을 많이 빼니까 떨어뜨렸어요."
"맞아요. 관계에는 관심과 노력도 필요해요. 여러분이 친구에게 관심이나 우정의 표현을 하지 않으면 멀어질 수도 있어요. 실을 느슨하게 잡다가 놓쳐버린 것처럼 친구와의 사이가 끝날 수도 있고요. 관계를 위해서는 상대에게 관심을 갖고 다가가는 노력도 중요해요."

관계라는 추상적인 개념을 '실 전달하기'로 경험함으로써 관계는 너와 나 쌍방향으로 이루어진다는 것을 확인합니다. 건강한 관계를 맺기 위해서는 적절한 거리를 유지해야 하고, 배려와 존중과 관심이 필요하다는 것도 몸과 마음으로 느낍니다. 또 실을 잡아당기고 푸는 과정을 통해 나와 너 둘의 관계가 우리 반 공동체에 영향을 끼친다는 사실도 깨달았지요. 앞으로 반에서 다툼이나 오해가 생겼을 때 다른 친구가 중재해준다면 공동체에 큰 도움이 될 것입니다.

다시 한번 가치 수직선에 자신의 생각을 표현해봅니다. 이번에는 노란색 포스트잇에 자신의 생각을 쓰고, 가치 수직선 위에 붙입니다. 학생들은 '똑이와 딱이처럼 항상 친구와 붙어 있지 않아도 된다는 믿음이 생겼다', '친구가 나랑 안 놀면 불안하지만, 나하고만 놀자고 세게 당기면 친구도 불편할 수 있다는 걸 알게 됐다'고 말합니다. 이제 우리 반에서 건강한 관계를 위해 각자가 할 수 있는 노력을 약속합니다. 나와 같은 활동만 하자고 조르지 않기, 혼자 있는 친구에게 먼저 다가가 말 걸기, 서로를 불편하게 하는 행동이 있으면 솔직하게 고백하고 고치기, 싸움이 생기면 중간에서 이야기를 듣고 서로 이해하도록 돕기 등을 다짐합니다. 깨달음을 구체적인 말과 행동으로 약속하고, 일상에서 실천하도록 격려합니다.

### 관계의 거리

**준비물 : 포근한 촉감의 실타래**

① '관계의 거리' 규칙을 이해하고 동의하는 과정을 거친다. 실은 한 번만 받을 수 있고, 한 번만 줄 수 있다. 즉, 한 번 실을 받은 친구는 또 받을 수 없다. 모두 공평하게 실을 한 번 받는다. 먼저 받아서 좋거나, 늦게 받는다고 마음 상할 일이 아니다.
② 둥글게 서클로 앉은 상태에서 실을 전달할 친구의 이름을 말하면, 교사가 전달한다.
③ 실을 받은 사람이 또 다른 사람에게 실을 전달하여, 모두가 실을 주고받는다.
④ 만들어진 실의 모양(관계망)을 천천히 살피고, 교사가 실을 잡아당기거나 느슨하게 잡도록 한다.
⑤ 회복적 질문을 나누며, '관계의 거리' 활동의 의미를 나눈다.
* 학생들이 실을 받는 순서로 감정이 상할 것 같으면 활동 전에 제비뽑기로 실을 선물할 친구를 정한다.

| 회복적 질문, 이렇게 나눠보세요 |

| | |
|---|---|
| 주제 질문 | – 선생님이 여러분의 관계망, 실을 잡아당기니까 어떤가요?<br>– 친구가 좋아하는 마음으로 한 말과 행동 중에, 여러분은 싫었던 말과 행동은 무엇인가요?<br>– 선생님이 여러분의 관계망인 실을 느슨하게 잡도록 하니까 어떤가요?<br>– 다시 한번 자신의 생각을 노란색 포스트잇에 쓰고 '가치 수직선'에 붙여봅시다. |
| 실천 질문 | – 우리 반 친구들과 건강한 관계를 이어가기 위해 할 수 있는 노력은 무엇이 있을까요? 실천할 수 있는 것으로 각자 하나씩만 약속해봅시다. |
| 배움 질문 | – 활동을 하면서 들었던 생각과 느낌, 배움을 나눠봅시다. |

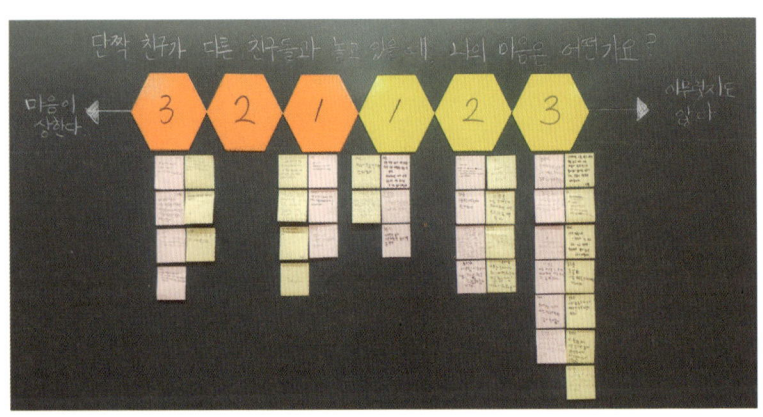

회복적 생활교육의 가치 : 존중☐ 관계■ 책임☐

## 3. 함께 성장하는 관계 맺기
## 어울림 컵·어울림 퍼즐

### 이 책을 읽었어요

**길 아저씨 손 아저씨**
(권정생 글 / 김용철 그림 / 국민서관)

윗마을 길 아저씨는 다리가 불편하고, 아랫마을 손 아저씨는 두 눈이 보이지 않습니다. 세월이 흘러 부모님마저 세상을 떠나자, 길 아저씨는 방 안에 꼼짝없이 있고, 손 아저씨는 지팡이에 의지해 구걸을 다닙니다. 그러던 어느 날, 손 아저씨가 길 아저씨를 찾아갑니다. 과연 두 아저씨는 잘 살아갈 수 있을까요?

## 서로를 도우며 함께 성장하는 관계를 맺습니다

4월 20일 '장애인의 날'에 3학년 학생들과 장애인 차별에 반대하는 엽서를 만들었습니다. 그때 한 학생의 엽서가 유독 눈에 띄었는데, 단 하나의 조각이 없어서 완성하지 못한 퍼즐을 그린 그림에 '하나의 조각만 없어도 퍼즐을 완성할 수 없듯이, 이 사회의 모든 사람이 소중합니다'라고 쓰여 있었습니다. 그걸 본 순간 '그래, 함께 살아간다는 건 이런 거지' 하는 생각이 퍼뜩 들었습니다. 사람도 퍼즐도 고유한 모양을 가지고 있으며, 그 자체로 소중합니다.

학교생활을 하다 보면 나와 남을 비교하는 일이 자주 생깁니다. 모둠에서 각자 기여할 수 있는 것을 이야기 나눌 때도 "저는 수학을 잘해요." "저는 발표를 잘해요." "저는 체육을 잘해요." 이렇게 말하는 학생들이 있는 반면에, "저는 잘하는 게 아무것도 없어요"라고 말하는 학생들이 있습니다. 학생들은 교과 이외의 능력을 재능으로 인식하지 못하는 경향이 있습니다. 모든 사람에게는 자기만의 고유한 모습과 장점이 있고, 다양한 사람이 함께 모여서 더불어 살아가고 있는데도 말입니다.

순위 매기기에 익숙한 학생들은 '함께 살아가는 방법'을 잘 알지 못합니다. 무언가 잘했을 때는 남들보다 내가 뛰어나다는 우월감으로 친구의 부족함을 탓하고, 뭔가를 못할 때는 미숙한 모습을 보이는 데 민감해져서 부정적으로 반응합니다. 교실에서 "빨리 해!" "이것도 몰라?" "너 몇 등이야?" "난 잘하는 게 없어." 이런 말들이 나오는 것도 그래서일 것입니다. 입시 경쟁과 취업난의 파고를 넘어 안정적인 삶을 살고 있는 어른들 중에서도 마음의 빈곤함과 허무함을 호소하는 분들이 있습니다. 과도한 경쟁 구도 속에서 '서로를 도우며 함께 성장하는 관계'를 맺어보지 못했기 때문일 것입니다. 끊임없이 비교하고 채찍질하는 것이 발전의 원동력이 될 수도 있겠지만, 그것이 행복한 삶을 보장해주지는 않습니다. '빨리 가려거든 혼자 가라, 멀리 가려거든 함께 가라'는 인디언 속담처럼, 자신을 있는 그대로 존중하며 다른 사람을 돕고 또 도움을 받으며 관계를 맺을 때, 사람은 비로소 행복하게 살아갈 수 있다고 믿습니다. 우리는 '어울림 컵' 활동으로 '함께 성장하는 관계'를 직접 경험하며 마음의 울림을 느껴보고, '어울림 퍼즐' 활동으로 서로 도우며 함께 성장할 수 있다는 것을 배웁니다.

**배움 목표** <길 아저씨, 손 아저씨>를 읽고, '어울림 컵·어울림 퍼즐'로 서로 도우며 성장하는 관계 맺기

| 단계 | 회복적 활동 | 회복적 활동 과정 |
|---|---|---|
| 1 | <길 아저씨 손 아저씨> 함께 읽기 | – <길 아저씨 손 아저씨> 함께 읽기<br>– '내 마음의 장면' 고르기 |
| 2 | '어울림 컵' 활동하기 | – '어울림 컵' 활동하기 |
| 3 | '어울림 퍼즐' 활동하기 | – '어울림 퍼즐' 활동하기 |

\* '어울림 컵'과 '어울림 퍼즐' 활동은 각기 다른 날 진행해도 좋습니다.

## 〈길 아저씨 손 아저씨〉 함께 읽기

책을 180도로 활짝 펼쳐서 표지부터 살핍니다. 등에 업힌 아저씨는 손가락으로 징검다리를 가리키고, 다른 아저씨의 두 눈은 감겨 있습니다. 한 장을 넘기자, 앞면지에는 닫힌 문이 그려져 있습니다. 방 안에는 누가 있을까요? 궁금증을 품고 책을 펼칩니다. 윗마을 길 아저씨는 불편한 다리 때문에 방에서만 지내고, 아랫마을 손 아저씨는 눈이 보이지 않아 지팡이에 의지해 구걸을 다닙니다. 그때 손 아저씨가 길 아저씨를 찾아가 굳게 닫혀 있던 문을 활짝 엽니다. "우리 서로 도와가며 살도록 하세." 그날부터 두 아저씨는 한 몸처럼 서로 도우며 살아갑니다. 뒷면지에도 문이 등장합니다. 그런데 앞에서는 굳게 닫혀 있던 문이 활짝 열려 있습니다. 문이 열린 것은 어떤 의미일까요? 한 학생은 '길 아저씨와 손 아저씨가 혼자서는 문을 열고 세상에 나오기 어려웠는데, 둘이 힘을 합쳐서 세상 밖으로 나왔다'고 말합니다. 다른 학생은 '혼자라는 외로움과 우울감에 마음을 닫을 수밖에 없었지만, 서로 도우면서 어려움을 극복한 덕분에 마음의 문이 열렸다'고 합니다. 혼자서는 열 수 없었던 문을 둘이 활짝 연 것입니다.

책에서 학생들의 삶으로 한 발 나아갑니다. "살면서 혼자는 어려웠지만, 함께해서 해낼 수 있었던 일이 있나요?" "사물함 뒤에 물건을 떨어뜨렸는데, 아무리 끙끙대도 밀리지 않더니 친구와 힘을 합쳤더니 금방 밀려서 물건을 찾았어요." "보드를 탈 때마다 넘어져서 포기하려는데, 친구가 손을 잡고 잘 타도록 도와줬어요. 즐겁게 연습한 끝에 지금은 학년을 대표하는 보드선수가 되었어요." 학생들은 크고 작은 일상에서 '함께 살아감'을 느끼고 있습니다. 그 기억과 느낌을 떠올리며 '서로 기대고 도우며 성장하는 관계'에 대한 공감대를 쌓습니다. 이제 책이 전한 따뜻한 감동을 공유한 채 '내 마음의 장면'을 뽑아봅니다. 모둠별로 책을 다시 한번 천천히 살핍니다. 각자 인상 깊었거나 마음에 드는 장면을 정하고, 그 이유를 포스트잇에 씁니다. 모둠원과 이야기를 나누고 칠판의 '생각 모음 판'에 붙여서 학급 전체가 감상을 공유합니다.

### 회복적 질문, 이렇게 나눠보세요

| | |
|---|---|
| 여는 질문 | - (표지) 무엇이 보이나요? 어떤 이야기가 펼쳐질까요? 닫힌 문 안에는 누가 있을까요? |
| 주제 질문 | - (앞면지) 처음에 닫혀 있던 문이 열린 이유는 무엇일까요?<br>- 살면서 나 혼자서는 어려웠지만, 함께라서 해낸 일이 있나요?<br>- 이 책을 읽으면서 인상적이거나 마음에 들었던 장면은 무엇인가요? |

■ 우리 반 베스트 '내 마음의 장면'

1위 "우리 함께 서로 도와가면서 살도록 하세."
불편한 부분이 있는 두 사람이 서로 의지하고 돕는 게 감동적이다.

2위 두 아저씨가 함께 일하는 장면
처음에는 구걸만 했는데, 자기 힘으로 돈을 버는 게 멋있다.

3위 문이 열리고 두 아저씨가 마주하는 장면
혼자 깜깜한 방에 있다가 세상 밖으로 나오는 모습이 인상 깊다.

4위 손 아저씨가 길 아저씨를 업고 있는 장면

5위 길·손 아저씨 가족이 다 함께 있는 장면

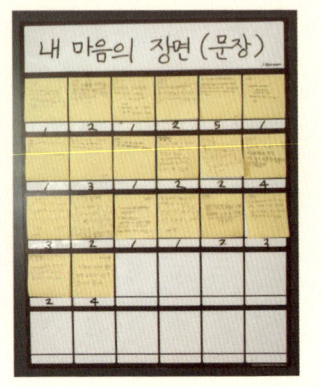

## '어울림 컵' 활동하기

'어울림 컵'은 모든 사람에게 장점과 단점이 있음을 알고, 서로 어울려 함께 살아갈 때 더 많이 성장할 수 있다는 것을 깨닫게 하는 활동입니다. 학생들은 자신의 장단점을 종이컵에 표현합니다. 장점은 그대로 두고, 단점 부분을 잘라냄으로써 종이컵은 제각각의 모양을 갖습니다. 서로의 종이컵을 살피며, 자연스럽게 다름을 인식합니다. 교사는 '나'를 상징하는 종이컵들에 숨겨놓았던 쌀과자를 붓습니다. 그 순간 '아~' 하는 탄식이 흘러나옵니다. 종이컵에 가득 담길 수 있었던 과자가 단점의 오려낸 부분으로 흘러내리기 때문입니다. 여기서 '과자'는 학생들이 살면서 얻는 배움과 성장을 뜻합니다. 장점이 있어도 단점 때문에 배움과 성장을 잃어버릴 수 있다는 것을 의미하지요. 그렇다면 각자가 가진 단점과 부족함에도 과자를 더 많이 담을 수 있는 방법은 무엇일까요? 오려낸 컵 모양을 그대로 유지하면서 과자를 많이 담을 방법을 모둠원들과 상의합니다. 학생들은 어떤 방법을 찾아낼까요?

### 어울림 컵

**준비물 : 개인별 종이컵 1개, 가위, 사인펜, 깨끗한 4절지, 쌀과자 죠리퐁(비밀로 하기)**

\* 과자를 비밀로 하는 이유는 활동 전에 과자를 보면 소란스러워지고, 자른 종이컵에 과자를 붓는다는 것을 알면 활동에 진지하게 참여하기 어려워지기 때문입니다.

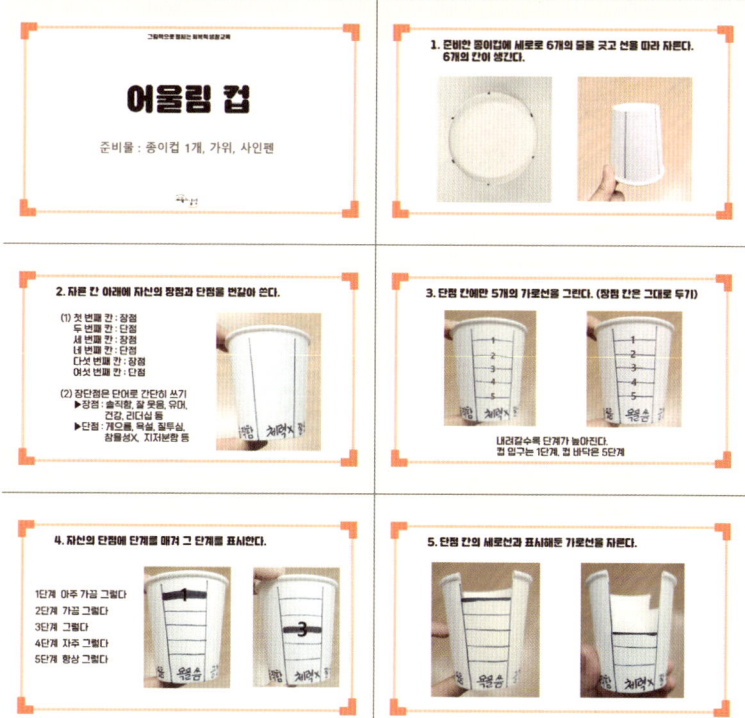

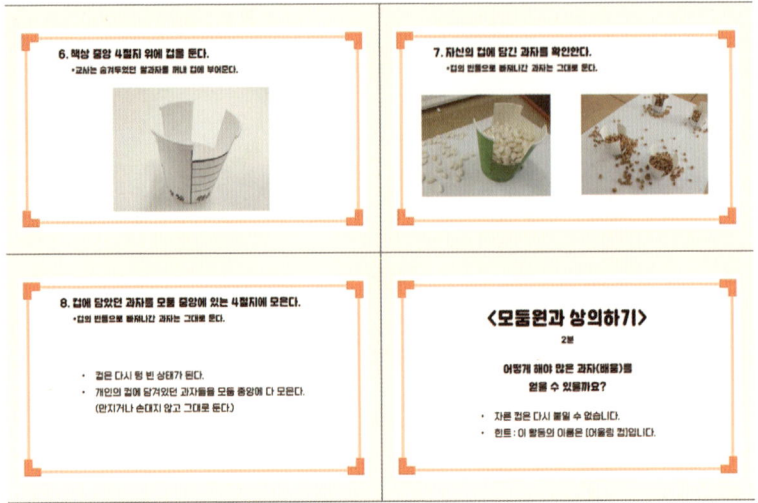

* '어울림 컵' PPT 자료는 교육과실천 밴드에서 보실 수 있습니다.

모둠에서는 상의해서 어울림 컵을 새로 배치합니다. 교사는 어울림 컵 8단계에서 모둠별로 모아두었던 과자를 다시 부어줍니다. 학생들은 크게 두 가지 방법을 생각해냅니다. 첫 번째 방법은 컵을 겹치는 것입니다. 빈칸 때문에 과자가 흘러내리니까 컵을 겹쳐서 단점 칸을 친구의 장점 칸으로 채웁니다. 모둠원 4개의 컵을 모두 모아 하나의 컵을 만들기도 하고, 컵을 두 개씩 겹쳐서 두 개의 컵을 만들기도 합니다. 모아둔 과자를 다시 컵에 부으면 아까보다 흘러내리는 과자는 적습니다. 하지만 여전히 과자가 남습니다. 즉, 덜 새기는 해도 아까 모둠에서 각자 받았던 과자의 총량보다는 적게 담깁니다. 과자를 밖으로 흘리지 않으면서 동시에 양을 늘릴 방법은 없을까요?

바로 두 번째 방법, 단점과 장점을 서로 기대도록 하면 됩니다. 단점으로 인해 오려낸 부분에 친구의 장점 칸을 기대어 배치하면 각자의 컵에 담을 수 있는 과자의 양도, 모둠 전체가 담을 수 있는 과자의 양도 늘어납니다. 어울림 컵 8단계에서 각자의 컵에 담겼던 과자를 모아둔 까닭도 그래서입니다. 모아둔 과자를 새로 배치한 어울림 컵에 붓자, 전부 담깁니다. 더러는 어울림 컵의 공간이 남아서 추가로 과자를 붓기도 합니다. 그 순간, 학생들은 환호를 지릅니다. 누구에게나 장점과 단점이 있습니다. 불완전한 인간 세상이 지금처럼 발전할 수 있었던 것도 서로 기대어 도움을 주고받으며 '함께' 살아왔기 때문일 것입니다. 학생들은 어울림 컵을 경험하면서 '서로 기대고 도우면 더 많이 성장할 수 있다'는 것을 이해합니다. 끝으로 활동 이름을 알려주며 '어울림'의 의미를 다시 한번 마음에 새겨봅니다.

1단계 : 컵을 모아 겹치기

2단계 : 단점에 장점을 기대어 어울리기

**회복적 질문, 이렇게 나눠보세요**

| 주제 질문 | - 여러분의 컵에 과자가 밖으로 흘렀습니다. 그 이유는 무엇인가요?<br>- 여러분 모두 각자의 컵 모양이 다르네요. 다른 이유는 뭔가요?<br>→ 사람마다 장점과 단점이 다르기 때문입니다.<br>: 그렇습니다. 이 컵은 제각각의 장점과 단점을 가진 여러분 자신입니다. 사람마다 컵 모양이 다르지요. 이때, 과자는 여러분이 살면서 얻게 되는 배움과 성장을 뜻합니다. 장점에도 불구하고, 단점 때문에 배움과 성장(과자)이 줄어들게 되지요.<br>- 컵 모양을 그대로 유지하면서 과자를 많이 담을 방법은 무엇일까요? |
|---|---|
| 실천 질문 | - 어느 모둠이 과자를 제일 많이 담았나요? 이렇게 많이 담은 비결은 무엇인가요?<br>- 어느 모둠이 과자를 제일 적게 담았나요? 생각보다 적게 담긴 이유는 무엇인가요? |
| 배움 질문 | - '어울림 컵' 활동을 하면서 들었던 생각과 느낌, 배움과 다짐은 무엇인가요?<br>→ 과자를 많이 담을 방법을 찾으면서 나 혼자보다는 같이 노력하는 게 중요하다고 느꼈어요. 친구랑 저랑 장단점이 다르니까 오히려 좋았고, 친구랑 서로 도우며 지내기로 다짐했어요.<br>: 그렇습니다. 이 세상에 단점이 없는 사람은 없습니다. '어울림 컵'처럼 서로 기대고 도우면 더 많이 성장할 수 있습니다. |

## '어울림 퍼즐' 활동하기

'어울림 퍼즐'은 학생들이 '함께 성장하는 관계'를 삶에서 실천하도록 합니다. 4명으로 구성한 모둠에 퍼즐 4개를 제공합니다. 퍼즐에는 튀어나온 부분과 들어간 부분이 있습니다. 퍼즐이 '나'라는 사람이라고 할 때, 퍼즐 모양은 어떤 의미일까요? 학생들은 쉽게 퍼즐의 튀어나온 부분을 자신의 '장점(강점)'이라고 생각합니다. 반대로 들어간 부분은 '단점'이라고 생각합니다. 하지만 곰곰이 생각해보면 어떤 퍼즐이든 들어간 부분이 있어야만 튀어나온 부분을 끼울 수 있습니다. 그러니 빈 부분에는 친구에게 배우고 싶은 점(성장)을 쓸 수도 있고, 맞물리는 친구의 장점을 빛나게 해주는 특성을 써도 좋습니다. 예를 들어 친구가 튀어나온 부분에 '자신감 있게 큰 목소리로 발표를 잘한다'고 썼다면, 그와 맞물리는 부분에 '친구처럼 큰 목소리로 발표해본다', 또는 '친구가 발표를 잘 하도록 글을 잘 정리한다'라고 쓸 수 있습니다. 두 학생이 만나서 시너지 효과를 내는 것입니다. 빈 부분을 채우는 것이 '단점 찾기'로 왜곡되지 않도록 안내하는 것이 중요합니다. 그런 다음에는 모둠에서 자신이 기여할 수 있는 점, 모둠원에게 배울 점에 대해 이야기를 나누고 퍼즐을 만들어 조립합니다. 완성한 '어울림 퍼즐'은 교실에 전시하여 언제나 '함께 성장하는 관계'를 되새기도록 합니다.

### 회복적 질문, 이렇게 나눠보세요

| | |
|---|---|
| 주제 질문 | – 여러분의 퍼즐에서 튀어나온 부분과 빈 부분은 무엇을 뜻할까요?<br>– 여러분이 모둠에서 기여할 수 있는 것은 무엇이 있을까요? 퍼즐의 들어간 부분에는 친구에게 배울 점을 써도 좋고, 친구의 장점을 빛나게 해주는 특성을 써도 좋습니다. 서로에게 기대고 어울리며 더 많이 성장할 수 있습니다. |
| 배움 질문 | – 모둠에서 '어울림 퍼즐'을 만들어보고 어떤 생각과 느낌, 배움이 있었나요?<br>→ 이런 이야기를 해보는 게 처음이라서 내가 할 수 있는 것과 친구에게 배우고 싶은 점을 찾아가는 게 쉽지는 않았어요. 하지만 완성한 '어울림 퍼즐'을 보니 뿌듯하고 기분이 좋아요.<br>→ 저한테 없는 부분을 친구가 도와준다고 생각하니 마음이 든든해요. 서로에 대해 계속 얘기하면서 친구에 대해 더 잘 알 수 있어서 좋았어요. |

■ 어울림 퍼즐

| 퍼즐의 튀어나온 부분 → 퍼즐의 빈(들어간) 부분 |
|---|
| 1. 색칠을 잘한다.<br>　→ 색칠 잘하는 법을 배워서 그림을 완성하고 싶다. |
| 2. 격려와 칭찬을 잘한다.<br>　→ 칭찬을 들으면 더 열심히 한다. 친구를 칭찬해본다. |
| 3. 친구들의 말을 귀 기울여 듣는다.<br>　→ 내 이야기 하는 걸 좋아한다. 듣는 자세를 배운다. |
| 4. 청소를 잘한다. → 서랍이랑 사물함 정리하는 법을 배운다. |
| 5. 축구에 관심이 많고, 축구 교실에서 골키퍼를 하고 있다.<br>　→ 한 번도 안 해본 골키퍼를 배워서 해보고 싶다. |

* '어울림 퍼즐' 활동지는 교육과실천 밴드에서 보실 수 있습니다.

회복적 생활교육의 가치 : 존중□ 관계■ 책임□

## 4. 기쁘게 이별하기
## 추억 나무와 따뜻한 말

> 이 책을 읽었어요

**여우 나무**
(브리타 테켄트럽 글·그림 / 김서정 옮김 / 봄봄출판사)

숲속 공터에서 여우가 편안한 죽음을 맞이합니다. 여우를 좋아하는 부엉이와 다람쥐, 족제비, 곰, 사슴, 토끼, 생쥐 등이 공터로 모입니다. 슬픔이 친구들을 감돌 때, 부엉이가 미소를 지으며 여우와의 추억을 이야기합니다. 생쥐와 곰, 토끼와 다람쥐도 여우와 행복했던 추억을 하나둘 꺼냅니다. 그때, 여우가 누워 있던 자리에서 무언가가 보입니다. 떠난 여우가 돌아오는 걸까요?

## 따뜻한 추억과 응원으로 기쁘게 이별을 맞이합니다

새 학기를 맞이하던 때가 기억나나요? 첫 만남의 중요성을 떠올리며 빈 교실에서 자리 배치도를 만들고, 환영의 인사말을 써놓습니다. 학생들과 함께 나눌 자기소개, 기념사진 찍기, 타임캡슐 활동도 준비합니다. 그렇다면 학년의 마지막, 종업식을 앞두고는 어떤 활동으로 이별을 준비하나요? 한 해를 마무리하고 새 학기가 나아올 무렵, 학생들은 걱정이 앞섭니다. 다음 학년으로 올라가기 싫어요, 지금 친구들이 너무 좋아요, 헤어지기 싫어요, 또 선생님 반 되면 좋겠어요…. 살아가는 동안 우리는 숱한 만남과 헤어짐을 반복하지만 이별은 늘 어렵습니다. 헤어짐에 대한 두려움과 아쉬움으로 슬퍼지기도 합니다. 익숙한 환경이 바뀌는 일은 누구에게나 큰 스트레스라서 시작만큼 마무리도 중요합니다. 학기를 시작할 때 세심하게 만남을 준비한 것처럼, 학년을 마무리할 때도 기쁘게 이별하기 위한 과정이 필요합니다.

언제까지 아끼고 사랑하는 모든 사람과 함께일 수는 없습니다. 하지만 함께한 순간을 따뜻한 추억으로 간직할 수는 있습니다. 지난 시간을 되돌아보며 마음을 한껏 드러낼 수 있도록 웃음과 눈물, 어울림과 갈등이 가득했던 공동체의 추억을 하나하나 가슴에 채워 넣는 시간을 마련합니다. 미처 건네지 못한 고마움, 미안함도 전합니다. 나만 아쉽고 속상한 것은 아니구나, 친구들 마음도 나랑 똑같구나, 공감하는 순간 마음이 한결 편안해집니다. 한 해를 정리하며 곁에 있는 친구와 선생님에게 따뜻한 말을 선물하며 용기 있게, 기쁘게 이별을 맞이합니다. 우리의 마음 한편이 추억으로 가득 찬다면 그것으로 충분합니다. "작년에도 처음엔 걱정을 많이 했지만 결국 여러분은 1년 동안 잘 해냈어요. 그러니 겁먹지 말고 새로운 만남을 기대하세요. 여러분은 또 한 해를 분명 잘 지낼 수 있을 거예요." 솔직한 마음을 표현하며 추억을 나누다 보면 헤어짐을 받아들이고 새롭게 시작할 용기를 얻게 됩니다.

| 배움 목표 | <여우 나무>를 읽고, '추억 나무' 서클로 한 해 마무리하기 | |
| --- | --- | --- |
| 단계 | 회복적 활동 | 회복적 활동 과정 |
| 1 | 〈여우 나무〉 함께 읽기 | - 〈여우 나무〉 함께 읽기 |
| 2 | '추억 나무'와 '따뜻한 말' 서클하기 | - 함께한 추억 떠올리기<br>- '따뜻한 말 카드' 선물하기 |
| 추천 | 추억의 사진 찍기 | - 추억의 사진 찍기 |

## 〈여우 나무〉 함께 읽기

서클로 동그랗게 모여 앉아 책을 읽습니다. 책을 180도로 활짝 펼쳐 앞뒤 표지를 한눈에 살핍니다. 앞표지에는 〈여우 나무〉라는 제목과 함께 빨간 열매가 달린 나무와 여우가 있습니다. 뒤표지에는 숲에서 빨간 나무를 중심으로 동그랗게 모여 앉은 동물 친구들이 있습니다. 과연 어떤 이야기가 펼쳐질까요? 표지를 관찰하여 이야기를 예상합니다. 〈무지개 물고기〉처럼 여우 혼자 나무를 차지하다 친구를 잃고 나서 나무를 공유하는 이야기다, 항상 혼자인 외로운 여우에게 친구를 만들어주기 위해 서클을 하는 이야기다, 여우가 죽은 뒤 여우가 심어놓은 나무가 여우 대신 친구들을 살펴주는 이야기다…. 학생들의 상상으로 호기심을 높입니다.

그림을 살피며 시간 간격을 두고 천천히 읽습니다. 학생들은 자연스럽게 그림으로 글을 유추하며 읽습니다. "동물들도 우리처럼 서클을 하나 봐!" 학생들의 반응을 허용하며 책을 읽습니다. 여우가 숲속 공터에서 죽음을 맞이하자, 친구들이 공터로 모입니다. 모두 여우와 친했기 때문에 몹시 슬픕니다. 하지만 여우가 떠날 때라는 건 알고 있었지요. 슬픔과 적막함 속에서 부엉이가 웃으며 말합니다. "가을이면 떨어지는 나뭇잎을 누가 많이 잡나 내기를 하곤 했어." 다른 동물들도 여우와의 추억을 떠올립니다. 지는 해를 함께 봤던 기억, 아기 곰을 돌봐준 기억, 술래잡기를 했던 기억. 동물들은 한 명씩 돌아가며 여우와 함께했던 날들을 이야기합니다. 마음이 한결 따뜻해집니다. 슬픔과 공허함의 자리를 추억이 대신합니다. 그때, 여우가 누워 있던 자리에서 작은 싹이 납니다. 이야기를 나누는 동안 싹은 무럭무럭 자라 나무가 됩니다. 오렌지 나무를 본 동물들은 여우가 여전히 곁에 있음을 알게 됩니다. 추억과 사랑으로 자란 여우 나무는 동물들의 보금자리가 되어줍니다. 여우는 모두의 마음에 영원히 살아 있습니다.

면지에는 나뭇가지와 잎이 등장합니다. 앞에서는 파란색 가지와 잎이 가득했는데, 뒤에서는 여우를 상징하는 주황색 가지와 잎이 펼쳐져 있습니다. 주황색 나무가 등장한 이유는 무엇일까요? 그 이유를 상상하며 책에 대한 감상을 정리합니다. 한 학생은 '이제 숲에 여우는 없지만 여우와 함께한 추억이 언제나 친구들과 함께하기 때문'이라고 합니다. 삶에는 늘 만남과 이별이 있지만 그렇다고 이별에 마냥 슬퍼할 필요는 없습니다. 함께한 시간들은 추억으로 남아서 나의 일부로 언제나 내 안에 있으니까요.

**회복적 질문, 이렇게 나눠보세요**

| 여는 질문 | - (표지) 표지를 관찰해봅시다. 무엇이 보이나요? 어떤 이야기가 펼쳐질지 상상해봅시다. |
|---|---|
| 주제 질문 | - (면지) 앞면지와 달리, 뒤면지에서 주황색 나뭇가지와 잎이 생긴 이유는 무엇일까요? |

## '추억 나무'와 '따뜻한 말' 서클하기

〈여우 나무〉에서 여우는 숲을 떠났지만 동물들은 여우와의 따뜻한 추억으로 행복하게 살아갑니다. 1년 동안 공동체로 살아온 우리의 시간도 곧 끝나지만 함께한 추억은 늘 우리 곁에 있을 것입니다. '추억 나무'와 '따뜻한 말' 서클로 행복한 나날을 추억하며 기쁘게 이별을 맞이합니다. 눈을 감고 서클을 시작합니다. "처음 교실에 들어온 날부터 지금까지 봄, 여름, 가을, 겨울을 돌아봅시다. 올해 학교생활에서 가장 기억에 남는 일은 무엇인가요? 기억이 난 친구는 조용히 눈을 떠주세요." 눈을 뜨고 서클에 참여할 준비가 되면 모니터를 봅니다. 모니터에는 지난 1년간 학교생활을 담은 슬라이드 쇼가 등장합니다. 저때 정말 재미있었어, 저때 진짜 웃겼는데…. 자연스럽게 호응하며 함께했던 순간들을 회상합니다. '우리 반 추억'이라는 하나의 공감대가 형성되면 학생들에게 미니 카드를 한 장씩 나눠주고, 지난 1년간 학교생활에서 가장 소중하고 기억에 남는 일을 쓰도록 합니다. 모두 작성을 완료하면 돌아가면서 추억을 이야기합니다. 서클에는 공감의 끄덕임과 따뜻한 눈빛이 가득합니다. 추억을 다 나누면 센터 피스의 나무에 카드를 동그랗게 가져다 둡니다. 우리 반 '추억 나무'입니다.

이제 자기 자신과 친구에게 따뜻한 응원을 보낼 시간입니다. "지난 1년간 스스로 '참 잘했다, 대견하다'고 느낀 순간을 떠올려주세요. 작은 일이어도 좋아요. 떠오른 친구는 손을 무릎 위에 얹어주세요." 용기 내서 봉사위원 선거에 나간 일, 낯을 가리지만 편지를 써서 새로운 친구를 사귄 일, 우주쉼터를 만들 때 텐트를 가져온 일, 피구 경기에서 무릎이 멍들 정도로 몸을 날렸던 일 등 소중한 순간들을 나눕니다. 지난 한 해를 되돌아보며 한층 성장한 자신을 칭찬합니다. 이야기가 끝나면 센터 피스에 '따뜻한 말 카드'를 둥글게 배치합니다. '따뜻한 말 카드'에는 응원과 격려, 공감의 문장이 적혀 있습니다. 글이 없는 흰색 카드도 함께 둡니다. 자신의 마음을 표현할 문장이 없을 때는 흰색 카드를 고르고, 전하고 싶은 마음을 말로 표현합니다.

"따뜻한 말 카드를 눈으로 살펴보세요. 오늘 우리는 한 해를 되돌아보며 함께한 추억과 성장을 나눴습니다. 지금부터 여러분의 오른쪽에 앉은 친구에게 선물할 카드를 고르세요. 미처 전하지 못한 고마움, 미안함도 좋고, 응원과 격려도 좋습니다." 서로에게 따뜻한 말 카드를 선물하며 그 카드를 고른 이유를 밝힙니다. "저는 빈 카드를 골랐습니다. 하늘이가 재미있는 말로 우리 반을 항상 웃게 해줘서 정말 고맙습니다." 늘 우리에게 웃음을 선사하는 하늘이가 카드를 선물 받고 고개를 숙입니다. "하늘이가 또 개그를 하나?" 다함께 웃음을 머금고 하늘이를 보다가 이내 진지한 분위기로 바뀝니다. 하늘이가 진짜로 눈물을 흘렸기 때문입니다. 카드에 담긴 진심이 하늘이에게 전해진 모양입니다. 칭찬과 격려가 담긴 카드 선물을 주고받는 학생들의 눈이 반짝입니다. 서로에게 전한 '따뜻한 말 카드'는 각자 가져가서 따뜻하고 소중했던 순간을 기억하도록 합니다. 오늘 이 자리에서 경험한 성숙한 이별 의식으로 아이들은 한 뼘 더 성장할 것입니다.

### 회복적 질문, 이렇게 나눠보세요

| | |
|---|---|
| 주제 질문 | - 처음 교실에 들어왔던 때부터 지금까지 봄, 여름, 가을, 겨울을 돌아봅시다. 올해 학교생활을 하면서 가장 기억에 남는 일은 무엇인가요?<br>- 지난 1년간 스스로 '참 잘했다, 대견했다'고 느낀 순간을 나눠주세요. 작은 일도 좋습니다. 대답이 떠오른 친구는 손을 무릎 위에 얹어주세요. |
| 실천 질문 | - '따뜻한 말 카드'를 눈으로 살펴보세요. 오늘 우리는 한 해를 되돌아보며, 함께한 추억과 성장을 나눴습니다. 지금부터 여러분의 오른쪽에 앉은 친구에게 선물할 카드를 고르세요. 전하지 못한 고마움, 미안함도 좋고 응원과 격려도 좋습니다. |

| 배움 질문 | - 1년간 이 교실에서 함께 생활한 소감 혹은 오늘 수업에서 든 생각과 느낌을 나눠주세요.<br>→ 오늘 서클을 하면서 뭔가 울컥하는 마음이 들었어요. 마지막 서클이라고 생각하면 여전히 속상하지만 선생님과 친구들 이야기를 들어서 좋았고, 마음이 조금 가벼워졌어요.<br>→ 한 해 동안 좋은 일만 생기라고 많이 빌었는데, 그 소원이 이뤄진 것 같아요. 실수도 하고 짜증 낸 적도 많지만 우리 반이 저랑 함께해줘서 너무 좋았고, 모두에게 정말 고마워요. |
|---|---|

### 이런 활동 어때요? 추억의 사진 찍기

마지막 순간을 사진으로 남겨보는 것은 어떨까요? 모두에게 추억으로 남을 사진입니다. 개학 첫날 만남을 기념하는 학급 사진을 찍듯, 헤어짐을 기념하는 사진이기도 합니다. 이 활동은 꼭 마지막 날에 하지 않아도 됩니다. 낙엽이 물든 가을날이나 햇볕이 따뜻한 겨울날에 해도 좋습니다. 단체 사진과 모둠 사진을 찍습니다. 모둠을 구성할 때는 무작위로 성별을 섞고, 토의를 통해 학교의 어느 공간에서 어떤 포즈로 찍을지 정합니다. 이때 찍은 사진을 선생님이 파일로 간직해두었다가 학기 말에 교실에서 다 같이 감상합니다. 사진을 감상하다 보면 과거를 행복하게 추억하는 한편, 다가올 미래에 대한 걱정이 들기도 합니다. 이럴 때 편안하게 그 마음을 드러내도록 합니다. 우리 반이 영원했으면 좋겠어요, 친한 친구가 같은 반이 안 될까 봐 걱정이에요, 무서운 선생님을 만나면 어쩌죠?…. 솔직하게 표현하다 보면 '나만 아니라 너도 같은 마음'이란 걸 공감하며 서로의 감정을 자연스럽게 받아들일 수 있습니다. 이야기를 다 나눈 후에는 모둠별 최종 사진 한 장을 뽑습니다. 선정한 사진을 학급 문집에 싣기도 합니다. 이밖에도 사진으로 롤링 페이퍼, 우리 반 사진전, 사진 선물 전달식 등을 할 수 있습니다.

**회복적 질문, 이렇게 나눠보세요**

| | |
|---|---|
| 주제 질문 | - 함께한 친구들과 추억의 사진을 찍을 거예요. 학교의 어떤 장소에서, 어떤 포즈로 사진을 찍고 싶은가요? 모둠별로 상의해보세요.<br>- 곧 새 학년이 되는데, 이별과 변화를 앞둔 여러분의 마음은 어떤가요? |
| 배움 질문 | - 추억의 사진을 감상하고 이야기를 나누니, 어떤 생각과 느낌이 드나요? |

회복적 생활교육의 가치 : 존중☐ 관계☐ 책임■

# 1. 학급 가치 정하기
# 우리 반 가치와 이름

### 이 책을 읽었어요

**돌멩이 국**
(존 무스 글·그림 / 이현주 옮김 / 달리)

세 스님이 마을에 들어섭니다. 마을 사람들은 낯선 외지인을 모르는 척하고 문을 잠급니다. 전쟁, 가뭄 등 여러 일을 겪은 뒤로 마음의 문을 닫았기 때문입니다. 그러자 스님들이 돌멩이 국을 끓이기 시작합니다. 돌멩이를 넣은 국이라니, 마을 사람들은 어리둥절합니다. 정말 돌멩이로 국을 끓일 수 있을까요?

## 우리 반이 나아갈 방향을 찾아서 나·너·우리가 함께합니다

공동체라는 단어를 생각하면 드라마 〈전원 일기〉가 떠오릅니다. 가족 3대가 한집에 모여 살며 밥 먹고, 농사짓고, 무슨 일이 생기면 이웃들이 발 벗고 나서서 돕는 모습이 인상적이기 때문입니다. 20~30년 전만 해도 공동체는 우리의 삶 그 자체였습니다. 음식을 하다가 재료가 부족하면 옆집에서 얻어왔고, 저녁 먹을 때가 되면 놀이터와 골목마다 아이들 부르는 소리로 가득했습니다. 그런데 현재를 살아가는 우리에게 공동체라는 단어는 왠지 낯설기만 합니다. 외로움은 하루에 담배 15개비를 피우는 것만큼이나 해롭다는 연구 결과가 시사하듯, '함께하는 삶'은 여전히 중요한데 말이지요. 인간은 소속감, 안정감, 서로 연결되어 있음을 느낄 때 비로소 마음의 평화를 얻을 수 있습니다. 공동체로서 살아가는 방법을 익혀야 하는 이유이기도 합니다.

학생들은 '우리 반'이라는 이름으로 공동체 생활을 하고 있지만 각기 다른 성격과 가치관, 표현 방식을 가진 개인이 함께 생활하기란 만만치 않습니다. 관계를 기초로 쌓아올린 공동체성이 축적되어야만 '나'와 '너'가 '우리'라는 이름으로 나아갈 수 있습니다. 그러려면 각자에게 어떤 가치가 소중한지 서로의 목소리를 듣는 시간이 필요하겠지요. 우리가 기대하는 공동체의 모습에 대해 이야기를 나누고, 그 가치를 어떻게 행동으로 옮길 수 있을지 약속해봅니다. '학급 가치'를 정하고 공유하면서 자연스럽게 공감대와 책임감을 형성하면, 교실의 주인으로서 학급 일에 적극적으로 참여하게 됩니다. 그 가치를 담아 '우리 반 이름'도 정합니다. 학급 가치와 이름은 공동체가 나아가야 할 방향과 동시에 목표가 됩니다. 학급 가치와 이름을 만들면서 쌓은 소통과 공감의 시간은 자연스럽게 소속감과 책임감을 키워줍니다. 그리하여 학급 가치와 이름을 볼 때마다 우리가 꿈꾼 교실의 모습을 떠올리며 함께 성장할 수 있습니다.

| 배움 목표 | <돌멩이 국>을 읽고, '우리 반 가치와 이름' 정하기 | |
|---|---|---|
| 단계 | 회복적 활동 | 회복적 활동 과정 |
| 1 | <돌멩이 국> 함께 읽기 | - <돌멩이 국> 함께 읽기 |
| 2 | '우리 반 가치' 정하기 | - 우리 반에서 내가 소중히 여길 가치 정하기<br>- '우리 반 가치 나무' 만들기 |
| 3 | '우리 반 이름' 만들기 | - '우리 반 가치'로 떠오르는 단어를 마인드맵으로 정리하기<br>- 학급 가치가 담긴 '우리 반 이름' 만들기 |

\* '우리 반 가치와 이름 정하기' 활동은 각기 다른 날 진행해도 좋습니다.

## <돌멩이 국> 함께 읽기

서클로 동그랗게 모여 앉아 <돌멩이 국>의 표지부터 살펴봅니다. 표지에는 냄비에 떨어지는 세 개의 돌을 바라보는 스님과 소녀가 있습니다. <돌멩이 국>이 우리에게 전하고자 하는 메시지는 뭘까요? 학생들에게 묻습니다. 맛있는 돌멩이 국을 먹고 음식의 소중함을 깨닫는 이야기다, 돌멩이 국의 돌처럼 무겁고 따뜻한 마음을 가지라는 이야기다, 돌멩이 국의 맛은 먹는 사람에 달린 것처럼 마음가짐이 중요하다는 이야기다, 쓸데없어 보이는 돌도 중요한 역할을 할 수 있다는 이야기다…. 다양한 예상이 등장합니다. 예상할수록 책에 대한 호기심이 높아집니다. 그 마음을 안고 책을 펼칩니다.

  교사와 학생들이 번갈아가며 책을 읽습니다. 미리 PPT로 학생들이 읽을 부분은 파란 글씨, 교사가 읽을 부분은 검정 글씨로 표시해놓습니다. 읽는 중에 잠시 멈춰 질문을 던짐으로써 학생들과 생각을 나눕니다. 복, 록, 수 세 스님이 한 마을에 들어서자 마을 사람들은 문을 닫아버립니다. 스님들은 돌멩이 국을 끓이는 법을 알려주기로 하는데 냄비가 작아서 고민할 때 소녀가 자신의 집에서 큰솥을 가져옵니다. 모락모락 연기가 피어오르자 마을 사람들이 호기심 가득한 눈으로 구경합니다. 소금과 후추가 아쉽다는 복 스님의 말에 학자가 양념을 가져옵니다. 당근만 있으면 달콤할 것이라는 수 스님의 말에 아낙이 당근을 가져옵니다. 한 사람이 마음을 열고 자기 것을 내놓자, 다음 사람은 더 많은 것을 내놓습니다. 한 사람 한 사람의 기여로 다양한 재료가 들어간 돌멩이 국은 맛있어집니다. 다음 날, 떠나는 스님에게 마을 사람들이 말합니다. "서로 나누면 모두 넉넉해진다는 걸 가르쳐주셨어요." 그러자 스님이 대답합니다. "행복해지는 것은 돌멩이 국을 끓이는 것만큼이나 간단한 일이지요."

공동체로서 함께 생활한다는 것은 수많은 갈등을 겪는다는 것이기도 합니다. 성격도 가치관도 제각각인 사람들이 모이면 당연히 부딪히는 일이 생기고, 나의 힘듦과 손해를 주장하느라 상대방의 이야기를 잘 듣지 못하게 됩니다. 누구라도 그런 갈등은 피하고 싶을 테고, 그래서 때로는 단절을 선택하기도 합니다. 하지만 사람은 오롯이 혼자서는 살 수 없는 존재입니다. 돌멩이 국을 맛있게 끓이는 비법처럼 조금씩 마음을 내주어보는 것은 어떨까요? 내가 먼저 양보하는 순간, 상대도 나를 위할 마음의 여유가 생깁니다. 〈돌멩이 국〉이 전하는 따뜻한 메시지를 음미하며 우리 반을 행복하게 할 비법을 생각해봅니다.

**회복적 질문, 이렇게 나눠보세요**

| | |
|---|---|
| 여는 질문 | - (표지) 〈돌멩이 국〉이 우리에게 전하고자 하는 메시지는 무엇일까요? |
| 주제 질문 | - 스님들이 산에서 내려오자, 마을 사람들이 모두 집 안으로 들어간 이유는 뭘까요?<br>- 사람들은 왜 재료를 내놓기 시작했을까요?<br>- 우리 반을 행복하게 할 비법은 무엇일까요? |

## '우리 반 가치' 정하기

한 교실에서 생활하게 되었지만 학생마다 경험과 가치관이 다릅니다. 각자 소중하게 여기는 가치를 이야기 나눠봅니다. 우리가 필요로 하는 가치가 무엇인지를 살피고 공감하는 과정을 거쳐서 공동체가 나아갈 방향을 찾습니다. 우리라는 이름으로 공동체의 일에 참여하면 자연스럽게 소속감과 책임감이 생깁니다. '우리 반 가치'를 주제로 서클을 합니다. 마을 사람들은 돌멩이 국을 통해 행복을 되찾았는데, 그렇다면 우리 교실의 평화와 행복을 얻기 위해 각자에게 필요한 것은 무엇일까요? 학생들은 센터 피스의 가치 덕목 카드를 보고, 자신이 소중히 여기며 실천할 가치를 포스트잇에 씁니다. 그리고 각자에게 중요한 가치와 그것이 가진 의미를 이야기합니다. 첫 발표자의 태도가 서클 분위기에 큰 영향을 끼치므로 진지하게 발표할 친구부터 시작합니다. "저는 '노력'을 가장 소중한 가치로 뽑았습니다. 교실이 행복해지기 위해서는 한 사람이 아니라 모두의 노력이 모여야 하니까요." "저는 '양보'가 중요하다고 생각합니다. 먼저 양보하면 다른 사람도 양보하고 싶다는 마음이 생겨서 교실이 평화로워질 것 같습니다." 모두 돌아가며 이야기를 마치고, '우리 반 가치' 종이에 자신이 고른 가치를 적습니다. 학급 구성원들이 중요하게 생각하는 가치가 한눈에 보이고, 자연스럽게 우리가 기대하는 교실의 모습도 그려집니다. 이제 우리 반에서 가장 많은 공감을 받은 가치, 중요하게 지켜나갈 '학급 가치'를 정합니다. 우리 교실에서는 '노력·존중·예절'을 가장 중요한 학급 가치로 정했습니다.

이번에는 '학급 가치'를 삶에서 어떻게 실천할지 이야기 나눕니다. 행복해지는 방법은 돌멩이 국을 끓이는 것만큼이나 간단한 일이라고 했습니다. 그렇다면 우리 교실에서 '노력·존중·예절(학급 가치)'을 실천할 수 있는 말과 행동은 무엇일까요? 작은 것도 좋으니 자기가 진짜 실천할 수 있는 것을 한 가지씩 약속합니다. 학생들은 '아침 인사하기', '감정 신호등 보고 기분이 안 좋은 친구 존중하기', '모르는 게 있을 때 눈치 주지 말고 친절하게 알려주기', '1인 1역 열심히 하기' 등 일상에서 실천할 수 있는 것을 하나씩 약속합니다. 서클이 끝나면 실천을 다짐하며 지장을 찍습니다. 완성한 '우리 반 가치 나무'는 교실에 1년 내내 전시하여 늘 볼 수 있도록 합니다.

### 회복적 질문, 이렇게 나눠보세요

| | |
|---|---|
| 주제 질문 | - 평화롭고 행복한 교실이 되기 위해, 여러분에게는 어떤 가치가 중요한가요? 여러분이 소중히 여기고 지킬 가치를 포스트잇에 적어주세요. 또 여러분에게 중요한 가치와 그 이유를 말해주세요.<br>- 친구의 이야기를 떠올리며 '우리 반 가치'를 살펴봅시다. 우리 반에서 가장 많은 공감을 받았거나, 중요하다고 생각하는 가치는 무엇인가요? 학급 가치를 정해봅시다. |
| 실천 질문 | - '우리 반 가치'인 '노력·존중·예절'을 실천할 수 있는 말이나 행동은 무엇일까요? 작은 것도 좋습니다. 여러분이 정말 실천할 수 있는 것을 한 가지씩 약속해주세요. |
| 배움 질문 | - '우리 반 가치'로 신뢰 서클을 하면서 어떤 생각과 느낌이 들었나요? |

## '우리 반 이름' 만들기

모든 이름에는 나름의 뜻과 사연이 담겨 있습니다. 교실에서도 학급 가치가 잘 드러나는 이름을 만들어봅니다. 학급 이름에 우리가 원하는 교실의 모습을 담으면 이름을 사용할 때마다 소중한 가치와 우리가 나아가야 할 방향을 떠올릴 수 있습니다. 학급 이름은 이정표이자 목적지입니다. '우리 반 이름'을 만드는 경험을 통해 '나'와 '너'가 '우리'로 거듭납니다.

---

### 우리 반 이름 만들기

**준비물** : 4절지, 매직, 스티커(1인당 3장), 검정 8절지, 분필, 색종이

① 모둠별로 학급 가치에서 연상되는 단어를 4절지에 마인드맵으로 쓰고, 발표한다.
② 마인드맵에 나온 단어를 조합하여 모둠별로 '우리 반 이름' 후보를 만든다. (3개 이하)
③ '우리 반 이름' 후보를 발표하고, 스티커를 붙여 투표한다. (1인당 스티커 3장, 중복 투표 불가)
④ 많이 뽑힌 '우리 반 이름' 후보 3개를 살펴서, 회의로 이름을 정한다.
⑤ 모둠별로 글자를 맡아 이름을 꾸미고, 완성한 '우리 반 이름'은 교실에 1년간 전시한다.

---

먼저 우리 반 가치인 '노력·존중·예의'를 떠올립니다. 가치는 추상적인 개념이므로 이 가치를 상징할 수 있는 단어를 연상하도록 합니다. "선생님은 '노력'이라는 단어를 들으면 '애벌레'가 떠올라요. 애벌레는 힘든 번데기 과정을 거쳐서 나비가 되니까요. 또 '땀'이라는 단어도 떠오르네요. 뭔가를 위해 열심히 노력하면 땀이 나니까요. 여러분은 '노력' 하면 무엇이 떠오르나요?" 안내가 끝나면 모둠별로 마인드맵을 그리고 발표합니다. 발표가 끝나면 모둠 활동지를 전부 칠판에

붙여서 학급 가치가 담긴 단어를 모두가 볼 수 있도록 합니다.

　가치를 보고 떠올린 단어를 활용하여 모둠별로 학급 이름 후보를 만들고, 여기에 담긴 의미를 발표합니다. 이제 우리 반 이름을 정할 차례입니다. 1인당 3개의 스티커로 투표에 참여하되, 중복 투표는 불가합니다. 이때, 투표에 필요한 규칙도 함께 정합니다. 자기 모둠에 투표하는 것이 공정하지 않을 수 있다는 의견이 있었으나 투표를 제한하면 오히려 좋은 이름에 투표하지 못한다는 의견에 합의하여, 자기 모둠에는 한 표만 투표하도록 했습니다.

　투표가 끝나면 가장 많은 표를 받은 3개의 후보를 살핍니다. 최다 득표한 것을 학급 이름으로 정하기보다, 우리 반의 가치를 가장 잘 나타내는 표현을 살려서 이름을 정합니다. 우리 교실에서는 '뿌리 깊은 애벌레 반', '뿌리 깊고 단단한 4-1반', '모두를 위해 노력하는 우리 반' 이렇게 3개의 이름 중에서 최종 회의를 통해 '모두를 위해 노력하는 뿌리 깊은 애벌레 반'으로 결정합니다. '모두'는 공동체를 뜻하고, '뿌리'는 가지각색으로 뻗어 있지만 연결된 우리를 존중하자는 의미를 담고 있습니다. '애벌레'는 번데기라는 힘든 시기를 거쳐 나비가 되듯이 우리도 멋지게 성장하자는 뜻입니다. 우리 반 이름을 완성하면 모둠별로 1~2개씩 글자를 맡습니다. 검정 8절지에 분필로 글자를 쓰고, 색종이를 찢어서 모자이크로 꾸밉니다. 글자를 완성하면 순서대로 배치하여 교실에 1년 내내 전시합니다.

**회복적 질문, 이렇게 나눠보세요**

| | |
|---|---|
| 주제 질문 | – '우리 반 가치'인 '노력·존중·예의'를 생각하면 어떤 단어가 떠오르나요? 각 학급 가치를 볼 때 떠오르는 단어를 마인드맵으로 정리해주세요.<br>– 우리 반 이름 후보와 그 이름에 담긴 의미를 소개해주세요.<br>– 이제부터 '우리 반 이름'에 투표합니다. 투표할 때 필요한 규칙에는 무엇이 있을까요? |
| 실천 질문 | – 모둠원과 '우리 반 이름'을 색종이 모자이크로 꾸밉니다. 학급 가치를 떠올리며 모둠원과 협동해보세요. 여러분이 만든 한 글자 한 글자가 모여서 '우리 반 이름'이 완성됩니다. |
| 배움 질문 | – '우리 반 이름'을 함께 정하고 꾸며보니, 어떤 생각과 느낌이 드나요? |

회복적 생활교육의 가치 : 존중☐ 관계☐ 책임■

## 2. 주인 의식 갖기
## 모두의 리더십

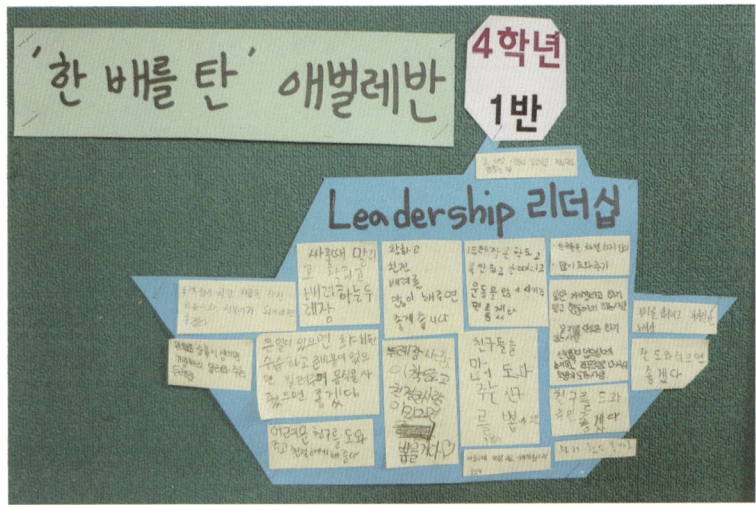

> **이 책을 읽었어요**

### 검피 아저씨의 뱃놀이
(존 버닝햄 글·그림 / 이주령 옮김 / 시공주니어)

검피 아저씨가 배를 끌고 강으로 나옵니다. 동네 꼬마들이 같이 타도 되냐고 묻습니다. "그러렴, 둘이 싸우지만 않는다면." 그러자 토끼, 고양이, 개, 돼지, 양, 닭, 송아지, 염소도 배를 타고 싶어 합니다. 검피 아저씨는 배에 얌전히 있을 것을 부탁하며 태워줍니다. 하지만 배가 조용할 리 없습니다. 쿵쿵, 파닥파닥, 음매, 깡충… 결국 배가 기울어 모두 물에 빠집니다. 이들은 어떻게 될까요?

## 공동체의 구성원으로서 책임감을 갖고 함께 생활합니다

'한배를 탔다'는 말이 있습니다. '운명을 같이 한다'는 의미입니다. 한 해 동안 같은 반이 된 학생들과 선생님도 '한배'를 탄 셈입니다. 배를 타고 함께하는 여정은 어떨까요? 목적지까지 가는 동안 배가 흔들리기도 하고 기울기도 합니다. 소나기나 거센 바람을 만나기도 하고, 멀미를 할 수도 있습니다. 물론 반짝이는 물결, 푸른 하늘을 볼 수도 있겠지요. '우리 반'이 되어 공동체 생활을 한다는 것은 이렇게 즐거움, 행복과 더불어 수많은 갈등과 난관을 함께 겪는 일이기도 합니다.

우리는 자라온 환경, 성격, 가치관 등 모든 것이 다른 사람들이 모였으니 생활에 불편함을 겪는 것은 당연합니다. 배가 기울고 궂은 날씨를 만났다고 여정을 멈출 수는 없는 것처럼, 공동체 생활에서 겪는 어려움도 자연스럽게 받아들여야 합니다. 수많은 어려움 속에서 웃고 울고 부딪히고 해결하며 함께 성장하는 곳이 교실이니까요. 그렇다면 학교생활을 하면서 우리가 겪을 수 있는 어려움과 갈등에는 무엇이 있을까요? 배가 기울어지는 것과 같은 위기 상황을 미리 이야기 나눠봅니다. 그리고 그 어려움을 예방하기 위해, 혹은 어려움이 생겼을 때 극복하기 위해 우리에게 필요한 태도는 무엇인지 생각해봅니다.

흔히 교실의 주인은 학생이라고 말합니다. 하지만 실제로 그렇게 생각하는 학생은 얼마 되지 않는 것 같습니다. 어려움이나 갈등 상황이 생기면 선생님에게 달려가 말하는 것이 먼저라고 여기거나, 선생님이 없을 때는 봉사위원이 선생님을 대신해서 뭔가를 지시하고 결정해야 한다고 믿는 학생도 많으니까요. 그런데 공동체가 겪는 수많은 어려움과 갈등은 몇 사람의 노력으로 해결되지 않습니다. 교실의 진짜 주인은 학생들이고, 그들의 말 한마디, 작은 행동 하나하나가 모여 반의 모습을 결정하니까요. 구성원 한 명 한 명이 책임감과 주인 의식을 갖고 나서지 않으면, '우리 반'이라는 배는 안전하고 행복한 여정을 이어갈 수 없습니다. 이러한 이야기를 학급 구성원들과 나누며 공감대를 쌓고, 각자 주체성과 책임감에 대해 생각해보도록 합니다. 공동체의 일이 곧 나의 일이자 책임이라는 것을 인식한 후, 한 해 동안 여행을 잘할 수 있는 방법을 고민해봅니다. 배가 기울어 물에 빠지는 일이 생길지라도 함께하겠다는 마음만 있다면, 햇볕에 몸을 말리고 다시 여행을 계속할 수 있습니다.

| 배움 목표 | <검피 아저씨의 뱃놀이>를 읽고, 우리 반에 필요한 리더십을 살펴 주인 의식 가지기 | |
|---|---|---|
| 단계 | 회복적 활동 | 회복적 활동 과정 |
| 1 | <검피 아저씨의 뱃놀이> 함께 읽기 | – <검피 아저씨의 뱃놀이> '까바 놀이' 하기<br>– <검피 아저씨의 뱃놀이> 예상하며 읽기 |
| 2 | 우리 반에 필요한 '모두의 리더십' 나누기 | – 학교생활의 어려움과 갈등 나누기<br>– 우리가 갖춰야 할 리더십 나누기 |
| 선택 활동 | '봉사위원' 선출하기 | – '봉사위원' 선출하기 |

\* '모두의 리더십' 수업 후에 봉사위원을 선출하면 학급 구성원 한 명 한 명의 책임감과 노력이 중요하다는 것을 이해하게 됩니다.

## 〈검피 아저씨의 뱃놀이〉 함께 읽기

　책을 180도로 활짝 펼쳐서 앞뒤 표지를 한눈에 봅니다. 학생들은 1분 동안 표지에서 관찰한 것을 '~다' 형태의 문장으로 공책에 씁니다. 그다음에 '까바 놀이'를 합니다. '~다'로 끝나는 문장을 '~까?'로 '바꾸는 놀이입니다. 학생들이 돌아가면서 표지에서 관찰한 것을 말합니다. 그러면 나머지 학생들이 '~다'로 끝나는 문장을 '~까?'로 바꿔서 말합니다. 한 학생이 "검피 아저씨가 보입니다"라고 말하면 나머지 학생들이 "검피 아저씨가 보입니까?"라고 바꿔서 말하는 식입니다. 이 놀이로 표지를 자세히 살피는 것은 물론, 친구들의 말을 집중해서 듣게 됩니다. 교사는 '까바 놀이'에서 나온 질문들을 모니터에 기록하여 보여줍니다. 그리고 한 번 더 나누고 싶은 질문들을 골라 '꼬질꼬질 놀이'를 합니다. 학생이 대답하면 교사가 그 답에 '꼬'리를 무는 새로운 '질'문 던지기를 반복하는 것입니다. '까바 놀이'와 '꼬질꼬질 놀이'로 책에 대한 호기심을 높입니다.

　이제 본문을 살핍니다. 〈검피 아저씨의 뱃놀이〉는 글이 많지 않은 그림책이라서 학생들이 소리 내어 읽습니다. 검피 아저씨가 배를 끌고 강으로 나옵니다. 동네 꼬마들이 묻습니다. "우리도 따라가도 돼요?" 아저씨는 말합니다. "그러렴, 둘이 싸우지만 않는다면." 이번에는 토끼가 등장합니다. "아저씨, 나도 따라가도 돼요?" "그러렴, 하지만 깡충깡충 뛰면 안 된다." 이번에는 고양이입니다. 고양이는 토끼를 쫓아다니지 않기로 하고 배에 탑니다. 누군가 배를 타고 싶어 하면 검피 아저씨는 한 가지만 지켜줄 것을 부탁하며 배에 태워줍니다. 이제부터는 예상하며 읽습니다. 고양이 다음에는 누가 배를 태워달라고 할까요? 앞서 '까바놀이'로 표지를 충분히 살폈기 때문에 '염소, 개, 닭, 돼지, 소' 등 다양하게 추측합니다. 새로운 등장인물이 나오면 검피 아저씨가 어떤 부탁을 할지도 예상해봅니다. 마지막에는 만약 이 책을 읽는 우리가 배를 타고 싶어 하면 아저씨가 어떤 부탁을 할지도 상상해봅니다.

아저씨와 친구들은 한배를 타고 뱃놀이를 즐깁니다. 그러나 그것도 잠시, 염소는 뒷발질을 치고, 송아지는 쿵쿵거리고, 닭은 파닥거리고, 양은 우는 등 여러 가지 문제가 생깁니다. 결국 배가 기우뚱하더니 모두 물속으로 빠집니다. "어휴, 이럴 줄 알았어. 검피 아저씨랑 한 약속만 지켰어도…." 학생들 사이에서 탄식과 원망이 흘러나옵니다. 그렇다면 이들을 태운 검피 아저씨는 어떤 반응을 보일까요? 약속을 어겨서 화를 낸다, 잔소리를 한다, 다시는 안 태워줄 것이다, 물에 빠진 김에 물놀이를 한다…. 다양한 대답이 나왔지만 대부분 검피 아저씨가 '화'를 낼 것이라는 데는 의견이 일치합니다. 물에 빠진 동물들은 땅으로 올라와 따뜻한 햇볕 아래서 몸을 말립니다. 드디어 아저씨가 말문을 엽니다. "다들 집으로 돌아가자, 차 마실 시간이다." 싸우기는커녕 모두 식탁에 둘러앉아 따뜻한 차를 마십니다. 그리고 다음을 기약합니다. "잘 가거라, 다음에 또 배 타러 오렴."

책을 읽고 학생들은 검피 아저씨가 '화를 내지 않고 품어주는' 부분에서 놀랍니다. '검피 아저씨가 너무 착하다'고 합니다. 모두를 배에 태워주었고, 배가 넘어졌을 때도 '차 한잔 마실 것'을 제안하는 검피 아저씨의 모습은 너그러움 그 자체니까요. 심지어 다음에도 배를 타러 오라고 말합니다. 어려움을 겪고도 누군가를 제외하거나 비난하지 않고 따뜻하게 다음을 기약하는 아저씨의 모습은, 공동체가 나아가야 할 방향을 제시해줍니다. 학생들에게 묻습니다. "여러분이 잘못이나 실수를 했을 때, 누군가가 검피 아저씨처럼 너그럽고 따뜻하게 받아준 경험이 있나요?" 하나둘 자신의 이야기를 합니다. 우리에게 필요한 것도 비난과 배제 대신 이렇게 따뜻한 차를 마시며 다음 뱃놀이를 기약하는 넉넉한 마음이 아닐까요? 이 책이 전하는 메시지를 학생들과 나눠봅니다.

"많은 사람이 배를 타면 흔들리거나 심지어 뒤집힐 수도 있어요. 당연한 일이에요. 생각과 성격이 다른 사람들이 모였으니까요. 중요한 것은 이런 위기 상황에 빠졌을 때 어떻게 행동하는가 하는 거예요. 검피 아저씨는 물에 빠지고 나서도 누구 때문이라며 비난하지 않았어요. 대신 따뜻한 햇볕에서 다 같이 젖은 몸을 말리고, 따뜻한 차를 마셨지요. 우리도 교실에서 어려운 일이 생기면 너그러운 마음으로 함께 해결해보는 것이 어떨까요? 그리고 다시 시작하는 거예요. 검피 아저씨가 다음에 또 배를 타러 오라고 한 것처럼요."

### 회복적 질문, 이렇게 나눠보세요

| | |
|---|---|
| 여는 질문 | - 표지에서 관찰한 것을 '~다.' 문장으로 써봅시다. 이제부터 '까바 놀이'를 시작합니다.<br>- 꼬리에 꼬리를 무는 질문, '꼬질꼬질 놀이'를 시작합니다. 자유롭게 대답하며 질문을 해보세요. |
| 주제 질문 | - (장면을 넘기기 전) 다음 장에서는 어떤 동물이 나올까요?<br>- (인물 확인 후) 검피 아저씨가 이 인물에게 어떤 부탁을 하며 배를 태워주실까요?<br>- 만약 여러분이 배를 타고 싶어 하면, 검피 아저씨는 여러분에게 어떤 부탁을 할까요?<br>→ 제가 겁이 많아서 다른 동물이 탈 때, 소리 지르지 말라고 할 것 같습니다.<br>→ 제 키가 커서 한쪽으로 기울어지지 않도록 조심하라고 할 것 같습니다.<br>- (물에 빠진 장면) 다 같이 물에 빠졌네요. 검피 아저씨는 어떤 말과 행동을 할까요?<br>- 여러분이 잘못이나 실수를 했을 때, 누군가가 검피 아저씨처럼 너그럽고 따뜻하게 받아준 경험이 있나요?<br>→ 해를 보러 배 타고 바다에 갔을 때, 엄마 휴대폰으로 사진을 찍다가 휴대폰을 빠뜨렸어요. 죄송해서 눈물이 났는데, 엄마가 괜찮다고 네가 안 다쳤으니 됐다고 저를 안아주셨어요.<br>→ 문방구에서 친구랑 구경을 하고 집에 갔는데, 우산을 접으려고 하니까 안에 새 수첩이 들어 있었어요. 제가 훔친 게 아니라서 억울했는데, 엄마가 제 말을 믿어주셨어요. 그래서 직접 수첩을 갖고 문방구에 가서 어떻게 된 일인지 말씀드리고 왔어요. |

■ 까바 놀이

— 강에 모여 있습니다. → <u>강에 모여 있습니까?</u>

— 나무/배/오리/들판/소/염소가 있습니다. → <u>나무/배/오리/들판/소/염소가 있습니까?</u>

— 검피 아저씨가 보입니다. → <u>검피 아저씨가 보입니까?</u>

■ 꼬질꼬질 놀이

Q. 동물과 사람 다 같이 배를 타고 있습니까?
A. 네. 사람과 소, 염소 등 동물이 같이 배를 타고 있습니다.
Q. 왜 배를 타고 있습니까?
A. 산책이나 뱃놀이, 모험, 여행을 하는 것 같습니다.
Q. 여행(모험, 뱃놀이)을 하면서 무슨 일이 생길 것 같습니까?
A. 함께 고난과 역경을 해결할 것 같습니다.
Q. 어떤 고난과 역경이 생길 것 같습니까?
A. 배가 뒤집어질 것 같습니다. 무거워져서 가라앉을 것 같습니다.
Q. 배가 가라앉으면 어떻게 할 것 같습니까?
A. 각자의 재능으로 노를 열심히 저어서 위기를 극복할 것 같습니다.

## 우리 반에 필요한 '모두의 리더십' 나누기

조용한 분위기에서 교사는 칠판에 그림을 그리기 시작하고, 학생들은 무슨 그림인지 추측해봅니다. 그림을 그리는 중간 중간 멈추고, 무슨 그림인지 맞혀보도록 합니다. 완성한 그림은 아주 큰 '배(ship)'입니다. 다 그리고 나면 '학교생활에서 어렵고 힘들었던 순간'에 대해 이야기를 나눕니다.

"혹시 '한배를 탔다'는 말을 들어본 적이 있나요? 이 말은 '운명을 같이 한다'는 뜻이에요. 우리는 한 해 동안 같은 시간과 경험을 나누며 성장할 공동체입니다. 4학년 1반이라는 한배를 탄 거예요. 배를 타고 여행을 하다 보면 거센 비바람이 불거나 파도가 쳐서 배가 흔들리는 일이 생길 수도 있어요. 마찬가지로 우리도 학교생활을 하면서 여러 가지 갈등이나 어려움을 겪을 수 있어요. 학교생활을 하면서 어렵고 힘든 순간은 언제일까요? 어떤 어려움과 갈등이 있을까요?"

학생들은 그동안의 학교생활을 떠올리며 우리 반에서 겪을 수 있는 여러 가지 어려움과 갈등을 예상합니다. 교실에 있는 물건을 서로 먼저 쓰겠다고 할 때, 준비물을 받았는데 다른 게 더 좋아 보여서 다툴 때, 보드 게임 인원수보다 하고 싶은 친구가 많을 때, 친구가 내 말을 오해할 때, 현장 체험학습에서 위험한 장난을 치거나 누군가 없어질 때, 1인 1역을 나눌 때, 교실이 지저분할 때 등 학생들이 경험한 크고 작은 어려움이 등장합니다. 교사는 칠판에 그려놓은 배의 바깥쪽에 어려움과 갈등의 순간들을 기록하며 내용을 충분히 공유합니다. 몇몇 학생이 물꼬를 터주면 너나 할 것 없이 자신의 경험을 이야기하느라 바쁩니다. 이제 칠판에는 학생들이 펼쳐놓은 갈등 상황으로 가득합니다. 공동체에서 숱한 문제와 어려움이 생기는 것은 자연스러운 현상입니다.

"선생님에게는 남동생이 둘 있는데 함께 지내면서 많이 싸웠어요. 선생님이 태어난 순간부터 지금까지 함께했는데도 말이에요. 그런데 이 교실을 보세요. 각자 다른 집에서 태어나 다른 경험을 하면서 살고 있는 친구들이 모여 있어요. 생김새도 성격도 말투도 다 달라요.

이렇게 다른 우리가 함께 모여서 학교생활을 하는 거니까, 성격이 안 맞거나 의견이 다른 건 당연하겠지요?"

공동체가 맞닥뜨린 어려움과 갈등은 어떻게 해결해야 할까요? 함께 헤쳐 나가려는 의지와 책임감만 있다면 이 또한 교실에서는 배움의 기회가 됩니다. 학생들은 교실의 주인이 자신이라는 것을 알면서도 그렇게 행동하지는 못합니다. 좋은 선생님과 친구들을 만나면 학교생활이 행복할 거라고 믿을 뿐이지요. 구성원 하나하나의 노력이 모여서 단단한 '우리 반'이라는 공동체가 만들어진다는 것, 교실의 진정한 주인인 우리 모두에게 책임감이 필요하다는 것을 '모두의 리더십'으로 알아봅니다.

"(배 바깥의 갈등 상황을 가리키며) 학교생활에는 이렇게 다양한 어려움과 갈등이 있어요. 그럼에도 우리는 4학년 1반으로 1년을 같이 보낼 거예요. '위기 상황에서 최고의 배(ship)는 리더십(leadership)'이라는 말이 있어요. 이 배를 탄 우리 모두가 주인공이고 리더입니다. 그렇다면 이런 어려움을 함께 헤쳐 나가기 위해 이 반의 주인으로서 여러분이 갖춰야 할 리더십은 무엇일까요? 구체적인 말과 행동을 떠올려 봅시다."

학생들은 포스트잇에 자신이 갖춰야 할 리더십을 구체적인 말과 행동으로 씁니다. 그리고 칠판에 그려놓은 배 위에 붙입니다. 포스트잇 한 장에 한 가지 방법을 쓰되, 여러 개를 쓰고 싶으면 포스트잇을 더 사용합니다. 아침에 친구에게 밝게 인사하기, 준비물 빌려주기, 수학 문제 알려주기, 따뜻하게 말하기, 거짓말하지 않기, 못해도 괜찮다고 말하기, 싸움이 나면 함께 말리기, 선생님이 안 계실 때도 바르게 행동하기…. 모든 학생이 작성을 완료하면 칠판 앞으로 나와서 어떤 내용이 있는지를 살피며 공감대를 형성합니다. 올해 우리 반의 주인으로서 자신이 꼭 실천할 약속과 그것을 다짐한 이유를 나눕니다. 발표자는 자신의 역할을 공언하며 책임감을 전하고, 듣는 학생들은 구성원 한 명 한 명의 역할이 막중하다는 것을 새삼 인식합니다. 그리고 다 같이 책임감을 지닌 교실의 주인으로 거듭날 수 있도록 서로에게 지지의 눈빛을 보냅니다. 나눔이 끝나면 학생들이 쓴 포스트잇을 배 모양의 종이 위에 붙여서 '모두의 리더십'을 완성하고, 교실 앞에 1년 내내 전시하여 모두가 이 교실의 주인이며 함께 여정을 잘 헤쳐 나갈 것을 다짐합니다.

> **회복적 질문, 이렇게 나눠보세요**

| 여는 질문 | - (그림을 그리는 중간마다 멈춰서) 선생님이 칠판에 그리는 것은 무엇일까요? |
|---|---|
| 주제 질문 | - 학교생활을 하면서 어렵고 힘들었던 순간이 있나요? 어떤 어려움과 갈등이 있을까요?<br>- 우리 모두가 이 배의 주인공이고 리더입니다. 그렇다면 어려움을 함께 헤쳐 나가기 위해, 이 반의 주인으로서 여러분이 갖춰야 할 리더십은 무엇일까요? 구체적인 말과 행동으로 써봅시다. |
| 실천 질문 | - 우리 반의 주인으로서 여러분이 올 한 해 꼭 실천할 것 한 가지를 발표해봅시다. 이 약속을 다짐한 이유도 함께 말해주면 좋습니다. |

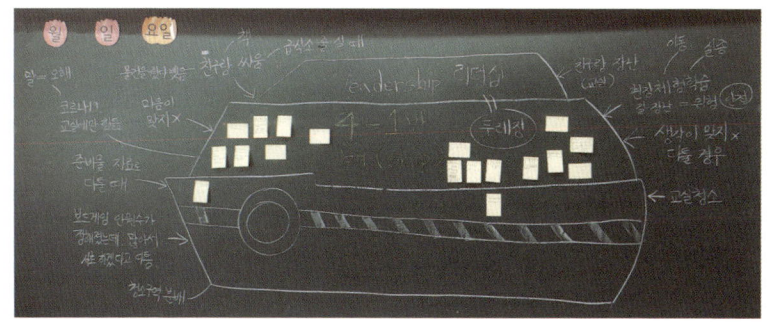

> **이런 활동 어때요?** **봉사위원 선출하기**

봉사위원 선출을 앞두고 학생들에게 물어봅니다. "봉사위원은 어떤 사람인가요?" 학생들의 대답에 깜짝 놀랍니다. 선생님 안 계실 때 떠드는 애들 이름 쓰는 사람, 선생님을 대신하는 사람, 줄 세우는 사람, 칠판 지우는 사람…. 대답에서 엿볼 수 있는 공통적인 인식은 '우리 반을 주도적으로 이끄는 사람, 교실에서 나서는 사람'이란 것입니다. 대다수 학생이 우리 반이라는 공동체에서 자신의 역할과 책임감을 간과하고 있다는 사실이 안타깝습니다. 봉사위원을 뽑기 전에 '모두의 리더십' 활동을 하는 것이 좋은 이유입니다. 우리 반의 주인은 학급 구성원 모두이며 하나하나의 노력과 책임감이 모여서 공동체가 만들어진다는 사실을 되새겨보고, '모두의 리더십'과 '봉사위원'을 연결합니다. '모두의 리더십' 활동을 마치고, '내가 정말 저기 있는 말과 행동을 이 반의 누구보다 열심히 실천하겠다!'는 의지가 있는 학생이 봉사위원으로 지원하도록 북돋아주는 것입니다. 멋있어 보여서, 친구가 나를 추천했으니까, 인기 있는 사람이 하는 거니까, 이런 이유로 봉사위원을 하는 학생이 없도록 합니다. '모두의 리더십' 활동 후에 봉사위원을 선출하면 학급 인원의 1/3, 많게는 반이나 되는 학생이 지원합니다. 모두의 마음에 한번쯤 자신의 역할과 책임을 다하고 싶다는 의지와 열정이 숨어 있기 때문입니다. 그 불씨가 타오르도록 작은 바람을 불어넣어주면, 자신의 역할이 무엇인지를 충분히 아는 봉사위원을 선출할 수 있습니다.

---

**봉사위원 선출**

'모두의 리더십' 수업 → '모두의 리더십'을 통해 봉사위원의 의미와 역할 살피기
→ 봉사위원 후보로 자원 및 추천하기 → 후보자의 진솔한 마음이 담긴 연설하기
→ 질의응답을 통해 후보자 검증하기 → 선거의 원칙을 지킬 것을 약속하고 투표하기
→ 당선 발표 후, 모든 후보자에게 응원과 격려의 박수 보내기 → 당선자 소감 발표하기

---

### ■ 후보자와의 질의응답 시간에 나온 질문들

— 우리 반이 행복하고 평화롭기 위해 가장 중요한 것은 무엇이라고 생각하나요?
— 만약 친구들이 싸우면 어떻게 할 건가요? 싸우는 친구들을 말리다가 맞으면 어떻게 할 건가요?
— 친구들끼리 사이가 좋아지도록 무엇을 할 건가요? 따돌림이 발생한다면 어떻게 할 건가요?
— 봉사위원으로서 꼭 지켜야 할 리더십은 무엇이라고 생각하나요?
— 봉사위원은 학급 구성원의 이야기를 잘 들어줘야 하는데, 우리의 이야기를 어떻게 들을 건가요?
— 만약 봉사위원으로 뽑혔는데, 바꿨으면 좋겠다는 이야기가 나오면 어떻게 할 건가요?

| 회복적 생활교육의 가치 : 존중☐ 관계☐ 책임■ |

# 3. 말의 힘을 알고 책임감 갖기
## 말과 책임

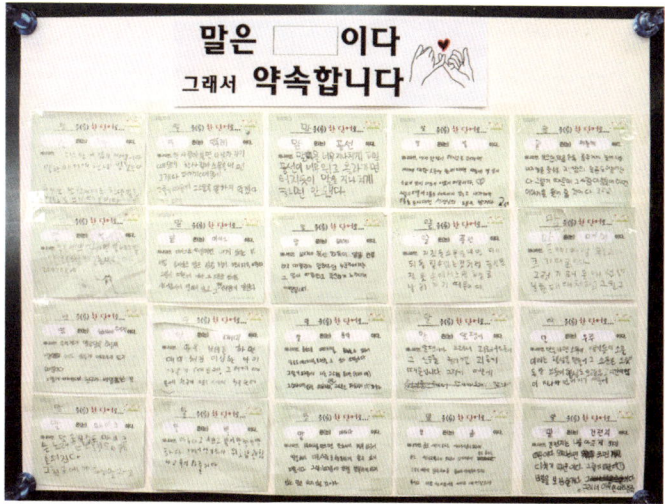

### 이 책을 읽었어요

**피바디 선생님의 사과**
(마돈나 글 / 로렌 롱 그림 / 김원숙 옮김 / 문학사상사)

피바디 선생님은 야구를 가르칩니다. 어느 날, 토미는 과일 가게에서 사과를 가방에 담고 그냥 가는 선생님의 모습을 봅니다. 토미는 이 사실을 친구들에게 알리고, 친구들은 부모님에게, 부모님은 이웃에게 알리면서 마을 전체에 소문이 퍼집니다. 아이들은 야구 시합에 나오지 않게 되고, 이웃들은 선생님이 인사를 해도 모른 척합니다. 소문에 대해 알게 된 선생님은 토미를 만납니다. 선생님과 토미는 어떤 이야기를 나눌까요?

## 행동의 결과를 직면하고 자발적으로 책임집니다

교사는 학생들과 생활하면서 어떤 점이 가장 힘들까요? 많은 선생님이 '생활지도'를 꼽고, 그중에서도 학생들 간 '갈등'을 중재하는 것이 가장 어렵다고 말합니다. 교사는 하루에도 몇 번씩 판사가 되어 상황을 판결하고 처벌합니다. 그나마 그 판결로 교실이 평화로워지면 다행이지만 이상하게도 같은 문제가 반복됩니다. 어떻게 해야 생활지도가 '생활교육'으로 나아갈 수 있을까요? 학생들이 자신의 잘못을 인식하고 스스로 책임지는 모습을 보이는 건 정말 꿈만 같은 이야기일까요?

교실에서 발생하는 갈등은 그 양상이 다양하지만 대체로 사소한 '말'에서 불거집니다. 신체적 폭력은 그 모습과 피해가 명확하니 누구라도 '잘못'이라고 여기지만, 말은 폭력임을 인식하지 못할 때가 많습니다. 특히 직접적인 비난을 한 게 아니거나 비속어를 쓰지 않았을 경우에 더 그렇습니다. 교묘하게 눈치를 주는 것, 농담으로 포장하여 상대를 얕잡아보듯 말하는 것, 사실이라는 이유로 직설적으로 내뱉는 것, 이 모두가 폭력입니다. 말이란 하기는 쉬워도 다시 주워 담을 수는 없습니다. 나쁜 말일수록 강하게 각인되고, 부정적인 말일수록 전염력이 강해서 말의 힘과 그에 따르는 무게를 깨닫는 활동이 중요합니다.

모든 말과 행동에는 책임이 따릅니다. 그런데 우리 아이들은 자신의 잘못을 어떻게 책임지고 있을까요? 아이는 어른을 통해 옳은 행동을 배우고, 잘못을 했을 때는 어른이 알려주는 대로 사과합니다. 문제는 나이가 듦에 따라 책임의 양상이 변해야 하는데 그렇지 못하다는 점입니다. 어릴 때는 '네 행동은 잘못이니까 미안하다고 말해야 해!' 하는 식으로 타율적 책임을 부여받았다면, 청소년기부터는 '내가 잘못한 건 뭘까?', '그 행동을 어떻게 책임져야 할까?', '어떻게 하면 상대방이 괜찮아질까?'를 배워야 합니다. 자신의 행동이 다른 사람에게 미치는 영향을 이해하고, 관계를 회복하기 위해 자신의 실수를 책임져야 하는 것이지요. 하지만 학생들 대부분이 '자발적 책임'을 져본 경험이 없습니다. "네가 이만큼 잘못했는데 어떻게 할래?(처벌)"라는 말은 자주 들었어도 "네 잘못으로 생긴 피해를 되돌리기 위해 무엇을 할 수 있겠니?(책임)"라는 말을 들어본 적은 드물지요.

〈피바디 선생님의 사과〉를 읽고, 피바디 선생님의 입장이 되어 진정한 '책임'의 의미를 생각해봅니다. 피바디 선생님이 학생 스스로 잘못을 직면하고 자발적으로 책임질 기회를 주는 순간, 교사 중심의 생활지도가 학생이 성장하는 생활교육으로 탈바꿈합니다. '잘못을 저지른 순간'조차 교육과 성장의 기회가 되는 것입니다.

| 배움 목표 | <피바디 선생님의 사과>를 읽고, '말의 힘'을 느끼며 '자발적 책임감' 가지기 | |
|---|---|---|
| 단계 | 회복적 활동 | 회복적 활동 과정 |
| 1 | <피바디 선생님의 사과> 함께 읽기 | - '지우개 지우기' 활동하기<br>- <피바디 선생님의 사과> 함께 읽기 |
| 2 | '말과 책임' 신뢰 서클 하기 | - '말(소문)'을 주제로 신뢰 서클 하기<br>- '말은 ~이다.' 문장 만들기와 약속으로 책임감 갖기 |

## <피바디 선생님의 사과> 함께 읽기

<피바디 선생님의 사과> 표지를 보며 '지우개 지우기' 활동부터 합니다. 지우개 지우기는 책에 등장하지 않을 것 같은 낱말을 지우는 활동입니다. 활동지에 16개의 단어를 제시하고, 책에 등장하지 않을 것 같은 단어 4개를 고르도록 합니다. 모둠원들끼리 표지를 살펴 인물, 배경, 사건을 추측하며 이야기를 상상합니다. 그리고 어떤 단어를 지울 것이며, 왜 지워야 하는지 토의합니다. 지우개 지우기로 이야기를 예상하며 호기심과 상상력을 높입니다. 모둠에서 지우기로 정한 4개의 단어를 벌집맵에 적고, 1모둠부터 순서대로 칠판에 벌집맵을 붙이며 그 단어를 지운 이유를 발표합니다. 발표가 끝나면 반 전체에서 어떤 단어가 많이 지워졌는지 한눈에 알 수 있습니다. 지우개 지우기의 정답은 바로 공개하지 말고, 책을 읽으며 정답을 직접 확인하도

록 함으로써 책 읽기에 집중합니다.

　이제 본문을 읽습니다. 글이 많으므로 차분한 분위기에서 천천히 읽습니다. 읽는 중간마다 잠시 멈춰, 미리 준비한 질문을 던집니다. 이어질 전개를 예상해보기도 하고, 만약 나라면 어떻게 행동할지 이야기 나누며 읽습니다. 피바디 선생님은 작은 마을의 학교에서 역사와 야구를 가르칩니다. 야구 시합이 끝나고 집으로 가던 선생님은 과일 가게에서 사과 하나를 집어 가방에 넣습니다. 그때 토미가 선생님이 사과 값을 내지 않고 가는 것을 보고, 친구들에게 이 사실을 말합니다. 친구들은 부모님에게, 부모님은 이웃들에게 알리면서 마을 사람 모두가 알게 됩니다. 이때부터 아무도 선생님의 인사를 받지 않고, 아무도 야구장에 오지 않습니다. 의아해하는 선생님에게 빌리가 찾아와 소문을 말해줍니다. 사실은 선생님이 가게 주인과 사과 값을 한꺼번에 치르기로 한 것인데, 토미가 오해하고 잘못 전달한 거였습니다. 책을 읽던 학생들의 입에서 탄식이 흘러나옵니다. 선생님이 도둑이라는 소문은 진실이 아니니까요. 학생들에게 묻습니다. "만약 여러분이 선생님이라면 소문을 낸 토미에게 어떤 말과 행동을 할 건가요?"

　"네가 선생님이라서 이런 소문에 시달리면 어떨 것 같니?라고 물으며, 선생님이 얼마나 힘들었는지 생각해보게 할 거예요.""진실을 알려주고, 왜 선생님에게 먼저 묻지도 않고 떠들고 다녔는지 물어볼 거예요.""토미가 직접 모든 사람들을 만나서 선생님에 대한 소문은 사실이 아니라고 말하게 할 거예요." 소문으로 인한 선생님의 고통 알아주기, 선생님에게 묻지 않고 소문을 낸 이유 해명하기, 잘못된 소문 바로잡기 등 구체적인 요구가 등장합니다. 피바디 선생님의 피해를 정확히 인지했기에 할 수 있는 대답들입니다.

 이어서 책을 읽습니다. 선생님은 토미에게 깃털 베개를 가지고 야구장으로 오라고 합니다. 과연 베개는 왜 필요한 걸까요? 학생들과 베개의 용도에 대해 예상해봅니다. 야구상에서 토미를 민닌 선생님은 베개를 반으로 잘라서 깃털을 모두 털어내라고 합니다. 수많은 깃털이 바람에 날리며 사방으로 흩어집니다. 베개의 깃털이 모두 사라지자, 이번에는 토미에게 깃털을 전부 모으라고 합니다. 토미는 불가능하다고 말합니다. 그러자 선생님은 '소문을 되돌리는 것'도 바람에 흩날린 깃털을 줍는 것만큼이나 어려운 일이라고 알려줍니다. 그 순간, 토미는 자신의 말 한마디가 얼마나 큰 힘을 가졌는지를 깨닫습니다. 마지막 장에는 토미의 방이 등장합니다. 창밖에는 야구를 하고 있는 토미, 빌리, 선생님이 보이고, 침대에는 바느질 자국이 남아 있는 두툼한 베개가 보입니다. 학생들은 이 장면에서 무엇을 느낄까요? 학생들에게 묻습니다. "깃털을 날려 보낸 베개가 바느질되어 침대에 있습니다. 어떤 뜻이 담겨 있을까요?"

 "꿰맨 베개와 사과를 보면, 토미랑 선생님이 잘못된 소문을 풀고 사이가 좋아진 것 같아요." "말 한마디로 선생님에게 큰 잘못을 했으니, 죄송한 마음으로 깃털을 모두 주워서 꿰맨 것 같아요." "깃털이 베개에 들어 있다는 건, 토미가 소문을 수습하기 위해 엄청나게 노력했다는 뜻이에요. 그런데 아직 깃털 세 개가 날아다니는 걸 보니, 그렇게 노력을 해도 소문은 아직 남아 있는 것 같아요."

　토미는 자신이 본 그대로 주변에 말을 옮겼습니다. 하지만 '사실'이라고 해서 다 옳은 것은 아닙니다. 우리는 〈피바디 선생님의 사과〉를 통해 순간의 말과 행동이 타인에게 얼마나 큰 영향을 미치는지를 깨닫습니다. 나아가 '진정한 사과'의 의미도 살필 수 있습니다. 토미는 자신의 잘못을 책임지기 위해 무엇을 했을까요? 마지막 장면의 꿰매진 베개를 보면 토미가 바람에 흩날린 베개 깃털을 하나하나 줍듯이 소문을 해명했음을 짐작할 수 있습니다. 살면서 잘못을 저지르지 않는 사람은 없습니다. 중요한 것은 잘못과 피해를 '직면'하고, 최선을 다해 '자발적으로 책임지는 것'입니다. 이것이 상대에 대한 진정한 사과이자 훼손된 관계와 피해를 회복하는 길입니다.

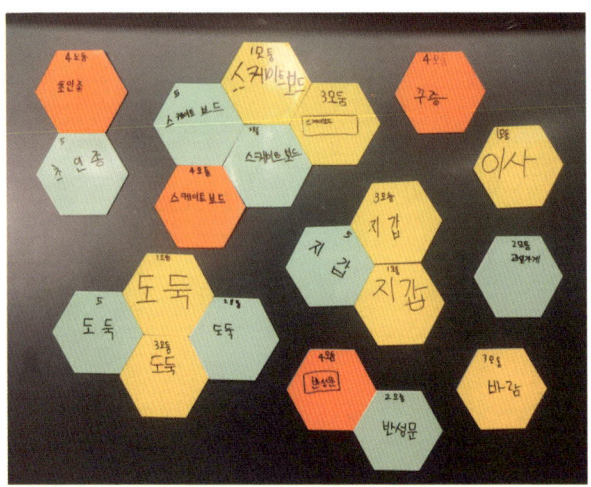

> 회복적 질문, 이렇게 나눠보세요

| 여는 질문 | - 표지를 살펴 어떤 이야기가 펼쳐질지 상상해보고, 책에 등장하지 않을 것 같은 4개의 단어를 모둠원과 함께 찾아보세요. |
|---|---|
| 주제 질문 | - (면지) 사과와 깃털은 어떤 의미를 담고 있을까요?<br>→ 사과는 실수나 잘못을 비는 뜻인 것 같고, 깃털은 사과를 하고 나서 가벼워진 마음 같아요.<br>- (10쪽) 만약 여러분이 '선생님이 돈을 내지 않고 사과를 가져가는 장면'을 보게 된다면 어떻게 행동할 건가요?<br>- (18쪽) 만약 여러분이 신생님이리면, 토미에게 어떤 말과 행동을 할 건가요?<br>- (20쪽) 선생님은 토미에게 왜 깃털 베개를 가져오라고 했을까요?<br>→ 베개 싸움이나 베개 때리기로 화나는 마음과 스트레스를 풀기 위해서요.<br>→ 정확히 모르는 것을 말하고 싶다면, 베개에게 말하라고 할 것 같아요.<br>→ 베개의 깃털을 날리면서 토미가 선생님에 대해 갖고 있던 오해도 날아가길 바라는 거예요.<br>→ 같이 밤새 이야기를 나누면서 상처받은 마음을 풀려고 하는 것 같아요.<br>→ 토미 앞에서 깃털 베개를 터뜨려, 날아가는 깃털처럼 소문은 빨리 퍼져나가고, 빨리 가라앉지도 않는다고 알려줄 것 같아요.<br>- (30쪽) 살아서 깃털을 날려 보냈던 베개가 바느질되어 침대 위에 있습니다. 이 베개가 의미하는 것은 뭘까요? 어떤 뜻이 담겨 있을까요? |

■ '지우개 지우기' 활동

Q. 책에 등장하지 않을 것 같은 단어 4개를 지워주세요.

— 스케이트보드 (5표) : 옛날 농촌 같은데, 스케이트보드를 울퉁불퉁한 시골길에서 타면 넘어진다.

— 도둑 (4표) : 평화로운 농촌이라 선생님과 아이의 아름다운 이야기일 것 같다. 농촌은 주로 농사를 짓는 곳인데, 도시처럼 보석이나 비싼 물건을 파는 가게는 적을 테니까 뭔가를 훔칠 것 같지 않다.

* 책을 다 읽고 나서 정답을 확인합니다. 정답은 '지갑, 꾸중, 이사, 반성문'입니다.
* '지우개 지우기' 활동지는 교육과실천 밴드에서 보실 수 있습니다.

## '말과 책임' 신뢰 서클 하기

〈피바디 선생님의 사과〉를 통해 말이 가진 힘과 진정한 사과(책임)의 모습을 살폈다면, '아!' 하는 순간의 통찰이 학생들의 삶에 스며들 수 있도록 서클을 합니다. 첫 번째 주제 질문으로 피바디 선생님처럼 떠도는 말이나 소문을 경험한 적이 있다면, 그때 어떤 '마음'이었는지를 묻습니다. "제가 공부를 잘하는 편이긴 한데, 집에서도 공부만 한다는 소문이 돌아서 억울했어요. 친구들이 저를 어떻게 생각할지 걱정됐어요." "저랑 누군가가 사귄다는 소문이 나서 황당했어요. 누가 그런 말을 했는지 물어봤는데, 다들 아니라고 해서 답답했어요. 소문은 있는데 소문을 낸 사람은 없었으니까요." "3학년 때 제일 친한 친구한테 저의 비밀을 말해줬는데, 반 전체에 알려졌어요. 너무 슬프고, 말한 게 후회됐어요."

근거 없는 소문, 타인의 시선에 대한 걱정, 내뱉은 말에 대한 후회 등 누구나 공감할 수 있는 이야기가 나옵니다. 상처로 남은 자신의 기억을 털어놓고, 서로에게 따뜻한 눈빛과 경청으로 위로와 공감을 보냅니다. 쉽게 내뱉는 말이 당사자에게는 얼마나 큰 상처인지를 인식하고, 한 사람의 행동이 공동체에 영향을 준다는 것도 다시 한번 깨닫습니다. 이러한 깨달음을 문장 만들기 활동으로 연결합니다.

센터 피스에 단어 카드를 배치하고, 포스트잇을 나눠준 뒤 문장 만들기를 합니다. 선생님의 예시로 방법을 안내합니다. "말은 '장미'입니다. 왜냐하면 다정한 말은 아름다운 '꽃'과 같지만, 잘못 말하면 '가시'가 되어 남에게 상처를 주기 때문입니다. 여러분은 말을 무엇이라고 생각하나요?" 단어 카드를 천천히 눈으로 살펴보고, '말은 ( )다. 왜냐하면 ( )이기 때문이다.' 형태로 문장을 만들어 이야기를 나눕니다. "말은 신호등이다. 신호를 지킬 때는 사람을 지켜주지만, 반대로 신호를 지키지 않으면 누군가를 다치게 할 수 있기 때문이다." 문장 만들기를 통해 학생들 자신의 언어로 '말'의 힘을 표현합니다. 따뜻한 말은 우리에게 응원과 위로가 되고 관계를 돈독하게 해줍니다. 하지만 무심하게 내뱉은 나쁜 말은 서로에게 상처를 남기고 관계를 훼손합니다.

끝으로 우리 반에서 좋지 않은 말이 나올 때는 어떻게 대처하는 게 좋을지, 자신이 할 수 있는 말과 행동을 떠올려봅니다. 삶에서 실천할 수 있는 것을 한 가지씩 정해 문장 만들기 포스트잇에 이어서 쓰고, 모두가 보는 앞에서 약속합니다. "말은 도박이다. 말 한마디로 천 냥 빚을 갚는다는 말이 있다. 하지만 말 한마디로 천 냥 빚을 얻을 수도 있다." 이 말을 한 학생은 "그래서 나는 누가 안 좋은 말을 하면 그런 말은 하지 말라고 직접 이야기할 것이다." 이렇게 다짐했습니다. 완성한 '말과 책임'의 결과물은 모아서 교실에 전시합니다.

| 회복적 질문, 이렇게 나눠보세요 |

| | |
|---|---|
| 주제 질문 | - 피바디 선생님처럼 누군가에 대해 떠도는 말, 소문을 경험한 적이 있나요? 있다면 그때 여러분의 '마음'을 이야기해주세요. 만약 그런 경험이 없다면 여러분이 피바디 선생님의 입장이라면, 어떤 마음일지 이야기해주세요. (이 질문은 특정 소문을 나누거나 소문의 진실을 가리기 위한 것이 아니므로, 나에 대해 떠도는 이야기나 소문을 들었을 때 '마음'이 어떠했는지, 감정 위주로 이야기하도록 안내합니다.)<br>- 여러분은 말을 무엇이라고 생각하나요? 중앙에 펼쳐진 단어 카드를 천천히 눈으로 살펴보고, '말은 ( )다. 왜냐하면 ( )이기 때문이다.'로 각자 문장을 만들어봅시다. |
| 실천 질문 | - 좋지 않은 말은 당사자는 물론 공동체도 영향을 받습니다. 이럴 때 우리는 어떻게 대처할 수 있을까요? 여러분이 실천할 수 있는 말과 행동을 약속해주세요. |
| 배움 질문 | - 〈피바디 선생님의 사과〉를 읽으며 '말'의 힘을 깨닫고, 진정한 '책임'에 대해 살폈습니다. 오늘 수업에서 든 생각과 느낌, 깨달은 점을 나눠주세요.<br>→ 책의 맨 마지막 장에서 토미가 깃털을 주워 베개를 꿰맨 부분이 인상 깊었습니다. 말로만 사과하는 것이 아니라 진짜 반성하고 책임지려고 노력하는 게 대단합니다.<br>→ 선생님이 토미에게 깃털 베개로 깨달음을 알려준 부분이 너무 놀라웠습니다. 말이 깃털만큼 잘 퍼지고, 오랫동안 사람들에게 남는 것임을 알게 되었습니다.<br>→ 저는 베개의 깃털을 모두 찾아 넣지는 못했다고 생각합니다. 소문이 나기 전으로 똑같이 되돌리기는 힘들다는 것을 깨달았습니다. 그래서 함부로 말하지 않겠다고 다짐했습니다. |

■ '말은 ( )다. 왜냐하면 ( )이기 때문이다.' 문장 만들기

— 말은 민들레다. 민들레 씨를 불면 여기저기 다 날아가듯 한 사람이 낸 소문은 다 퍼지기 때문이다.

— 말은 풍선이다. 말을 지나치게 하면 풍선이 터져서 다른 사람의 마음이 다치기 때문이다.

— 말은 음악이다. 음악으로 여러 가지를 표현하듯이 말로도 여러 가

지를 표현할 수 있기 때문이다.

■ '말'에 대한 실천 약속 다짐하기

— 말은 마이크다. 마이크에 대고 말하면 크게 들리는 것처럼 좋지 않은 말은 점점 퍼져 소문이 되기 때문이다. 그래서 나는 소문을 들어도 다른 사람에게 말하지 않고 당사자에게 말할 것이다.

— 말은 도박이다. 말 한마디로 천 냥 빚을 갚는다. 하지만 말 한마디로 천 냥 빚을 얻을 수도 있다. 그래서 나는 누가 안 좋은 말을 하면 그런 말은 하지 말라고 이야기하고, 그 말로 힘들어하는 친구의 이야기를 들을 것이다.

___말___ 을(를) 한 단어로...

**말** 은(는) **마이크** 이다.

왜냐하면, 마이크를 대고 말하면 크게 들리는 것처럼 좋지않은 말은 점점 퍼져 소문이 되기 때문다. 그렇기 때문에 내가 그 소문을 들어도 다른사람에게 말하지 않고 그 친구한테 말한다.

___말___ 을(를) 한 단어로...

**말** 은(는) **도박** 이다.

왜냐하면, 그런 말이 있기 때문이다. 말 한 마디에 천냥 빚갚는다. 하지만 말 한마디로 천냥빚을 얻을수도 있기 때문이다.

# 4장
# 평화 감수성 키우기

 사람들은 언제 평화로움을 느낄까요? 저는 하루 일과를 마치고 편안한 마음으로 침대에 누울 때, 가족과 맛있는 식사를 할 때, 친구와 도란도란 이야기를 나눌 때 평화를 느낍니다. 그럼 '평화' 하면 무엇이 떠오르시나요? 혹시 비둘기나 종전 선언, 남북회담의 한 장면이 스쳐 지나가지는 않는지요. 우리는 분명 일상에서 평화로움을 실감할 때가 많은데, 이상하게도 평화라는 단어는 멀고 낯설게 느껴집니다. 우리에게 평화가 삶의 방식으로 존재하는 것이 아니라 사전 속 단어로만 머물러 있기 때문입니다. 미국이나 덴마크 같은 나라에서 평화 하면 '자유'와 '행복'을 떠올리는 것과 사뭇 다르지요.

 공동체의 평화는 일상적으로 겪는 갈등과 폭력을 서로 협력하여 평온한 상태로 전환하는 데서 이루어집니다. 그러려면 '평화를 가르치는' 인지 교육이 아니라 '평화로 살아가는' 방법을 몸에 배도록 '평화 감수성 훈련'을 해야 하고요. 평화에 반하는 일상의 작은 폭력을 감지하고, 그것을 해결할 방법을 고민하여, 여기서 나온 방법들을 삶에서 실천할 때 평화로운 일상을 누릴 수 있습니다. 평화 감수성은 먼저 자신을 일깨우는 데서 싹틉니다. 내 마음과 감정과 욕구를 잘 살펴서 드러내고, 배려와 존중과 공감으로 양질의 관계를 맺을 때, 평화 감수성은 나에게서 너로 그리고 우리로 확장해나갈 수 있습니다. 평화가 자리 잡은 세상에서 살아가다 보면 일상의 작은 폭력에도 민감하게 반응하는 감수성이 자라납니다. 공동체에서 자신의 존재를 발견하고 소속감과 유대감을 경험한 사람은 폭력을 남의 일이 아닌 나의 일로 받아들일 수 있게 되는 것이지요. 회복적 생활교육의 '감정 신호등', '존중의 약속', '신뢰 서클'은 평화 감수성을 기르기 위한 기초 활동들입니다.

이번 장 '평화 감수성 키우기'에서는 직접적으로 '폭력과 평화'를 다룹니다. '갈등 인식과 매듭 풀기', '너와 나의 연결 고리' 활동으로 갈등을 전환하는 방법을 배우고, 관계망을 확장하며 서로가 연결되어 있음을 느껴봅니다. '정체성 찾기'와 '팀을 찾아라' 활동을 통해서는 일상을 낯설게 바라봄으로써 폭력을 발견하고 평화를 실천하는 방법을 익힙니다. 모두 일상의 폭력을 평화로 바꾸는 평화 감수성 훈련에 해당합니다. 이런 경험을 통해 학생들은 나중에 이 사회와 지구 공동체를 위해서도 움직일 수 있게 될 것이라 믿습니다.

# 1. 갈등 인식하기
# 갈등 인식과 매듭 풀기

> **이 책을 읽었어요**
>
> ### 다리
> (하인츠 야니쉬 글 / 헬가 반쉬 그림 / 김서정 옮김 / 주니어RHK)
>
> 하나의 다리를 두고 왼쪽에서는 큰 곰이, 오른쪽에서는 거인이 다가오고 있습니다. 거인과 곰 모두 목적지로 가기 위해서는 다리를 건너야 합니다. 거대한 곰과 거인은 다리 한가운데서 만납니다. 곰과 거인 둘 다 물러날 생각이 전혀 없어 보입니다. 곰과 거인은 평화롭게 다리를 건널 수 있을까요?

## '갈등'을 자연스러운 일로 받아들입니다

여러분의 눈앞에서 오렌지 하나를 두고 두 사람이 다투고 있습니다. 그럴 때 오렌지를 어떻게 나눠줘야 할까요? 아마 많은 사람들이 오렌지를 반으로 잘라서 공평하게 반씩 나눠주겠지요. 그런데 그 속사정을 들여다보니, 한 사람에게 필요한 것은 향수를 만들 '오렌지 껍질'이고, 다른 사람에게 필요한 것은 간식으로 먹을 '오렌지 알맹이'였습니다. 오렌지를 공평하게 반씩 나눠줘도 둘 다 불만족한 상황에 처하게 되는 것이지요.

갈등은 이 오렌지 일화와 같습니다. 각자의 목표와 지향점이 다를 때 대치하게 됩니다. 각자에게 오렌지 껍질과 오렌지 알맹이는 너무 중요해서 둘은 부딪히고, '너보다 나한테 오렌지가 더 필요해!' 충돌하면서 갈등의 늪에 빠집니다. 여기서 늪은 본래의 목적을 잊고 '상대에게 절대 양보하지 않겠다', '너한테 지지 않겠다'는 오기입니다. 견고하게 마음의 벽을 쌓고 다투는 데 몰두하다 보면, 결국 모두가 본래의 목적을 달성하지 못한 채 감정과 관계만 상하게 됩니다. 오렌지 껍질도, 오렌지 알맹이도 얻지 못하게 되지요. 서로의 목적에 매몰된 상태에서는 합리적인 결론이 떠오르지 않는 법입니다.

사람마다 가치관과 삶의 목표가 다르기에 공동체에는 늘 갈등이 존재합니다. 하지만 갈등에 대해 자세히 알아보려는 사람은 드뭅니다. 갈등에는 감정적 피로가 뒤따르고 때로는 관계를 훼손하기도 하니까요. 갈등 상황이 생기면 무조건 양보하거나 회피하려는 사람이 많은 것도 이 때문일 것입니다. 반대로 갈등을 투쟁으로 인식하여 무조건 공격적인 태도를 보이는 사람도 있습니다. 그러니 갈등이 무엇인지를 아는 것이 중요하겠지요.

먼저 갈등에 대한 기존 인식을 이야기 나눠보고, 낭떠러지 위 좁은 다리에서 대치하는 곰과 거인의 이야기 〈다리〉를 읽으며 갈등을 해결할 방법을 모색해봅니다. 익숙하지만 낯선 단어 '갈등'의 어원을 살펴, 갈등이 살면서 겪을 수 있는 자연스러운 일임을 인식하는 과정도 필요합니다. 갈등을 없앨 수는 없지만 갈등에 대응하는 방법은 선택할 수 있으니까요. '갈등 대응 유형 검사'를 통해 자신의 갈등 대응 방법도 알아봅니다. 사람마다 갈등에 대응하는 방법이 다르다는 것을 알면 상대를 이해하는 폭이 넓어질 수 있습니다. 끝으로 '매듭 풀기' 활동을 합니다. 서로 맞잡은 손을 놓지 않고 매듭을 풀기는 어렵지만 이런저런 시도를 해본 끝에 마침내 매듭을 풀면, 절로 환호가 터집니다. 삶의 일부로서 갈등을 받아들이고, 여기에 평화롭게 대응하는 것, 결국 나로부터 평화가 시작된다는 것을 깨닫게 합니다.

| 배움 목표 | 〈다리〉를 읽고 '갈등'을 인식하고, '매듭 풀기'로 평화로운 대응 방식 익히기 |

| 단계 | 회복적 활동 | 회복적 활동 과정 |
| --- | --- | --- |
| 1 | 〈다리〉 함께 읽기 | - '갈등' 그리기<br>- 〈다리〉 함께 읽기 |
| 2 | '갈등' 인식하기 | - '갈등의 어원'으로 갈등의 의미 알아보기<br>- '갈등 대응 유형' 알아보기 |
| 3 | '매듭 풀기' | - '매듭 풀기' 활동으로 평화로운 대응 방법 익히기 |

## 〈다리〉 함께 읽기

'갈등' 하면 무엇이 떠오르나요? 혹시 싸움, 비난, 폭력, 불편함… 이런 단어들이 떠오르지 않나요? 사람에게는 누구나 부정적인 것을 피하려는 경향이 있습니다. 기쁘다, 행복하다는 표현은 쉽게 하지만 슬프다, 불행하다는 표현은 속으로 삼키곤 합니다. 갈등의 첫인상이 부정적인 것도 나와 다른 사람의 생각이 달라서 난감했던 경험이 있기 때문입니다. 특히 갈등은 옳고 그름의 문제라기보다 가치관의 문제일 때가 많아서 '모두가 만족하는 해결책'을 찾기가 쉽지 않습니다. 평화롭게 갈등을 해결해본 경험이 드문 이유이기도 합니다. 하지만 갈등은 늘 우리와 함께합니다. 친구랑 만나서 한식을 먹을까 양식을 먹을까, 동료의 말을 따를까 내 의견을 주장할까, 기분 나쁜 일에 한마디 할까 참을까…. 매 삶의 순간마다 갈등합니다. 갈등을 피할 수는 없지만 대응 방식은 선택할 수 있습니다. 차이에 대한 이해와 존중, 배려를 통해 갈등을 평화롭게 맞이할 수도 있습니다. 공동체가 건강해지기 위해서는 갈등을 자연스럽게 인식하고, 평화롭게 대응하는 방법을 찾아야 합니다. 좁은 다리 위에서 대립하는 곰과 거인의 이야기 〈다리〉를 펼쳐봅니다.

책 읽기에 앞서 '갈등 그리기'부터 합니다. 학생들은 A4 용지(180g)를 반으로 접어 위 칸에 '갈등하면 떠오르는 생각과 느낌'을 그림으로 표현합니다. 그리고 왜 그렇게 표현했는지 서클로 나눕니다. 학생들이 표현한 갈등에는 '싸움(다툼)'이 가장 많이 등장했습니다. 한 학생은 '갈등은 싸움이다'라고 해놓고, 한 사람이 피를 흘린 채 쓰러져 있는 장면을 그렸습니다. 다음으로 많이 등장한 것은 '화난 표정'과 '불안감'입니다. 돌아보면 갈등 상황은 잘 기억나지 않는데 그때의 분노와 불안감만은 생생하다고 합니다. 학생들에게 갈등은 '싸움, 분노, 불안함'을 뜻하고 있습니다. 갈등에 대한 긍정적 인식은 찾을 수 없었지요.

그림책 〈다리〉를 펼칩니다. 곰과 거인이 다리 한가운데서 딱 마주칩니다. 좁고 긴 다리가 금방이라도 끊어져 천 길 아래 강으로 빠질 것만 같습니다. 곰은 으르렁거리며 거인을 위협하지만 둘 다 서로를 노려볼 뿐 양보할 생각은 없어 보입니다. 이 상황에서 '만약 나라면 어떻게 행동할지' 묻습니다. 학생들은 자신의 생각을 벌집맵에 쓰고 '나도·나만'으로 발표합니다. 첫 번째 발표자가 "나는 곰을 옆으로 밀치고 갈 것입니다"라고 말하자, 같은 내용을 쓴 학생이 "나도~"라고 외치며 칠판에 보석맵이 연결되도록 붙입니다. 다음 발표자가 "나는 가위바위보로 순서를 정할 것입니다"라고 말하자, 아무도 "나도~"라고 하지 않습니다. 발표자는 "나만!"이라고 외치며 보석맵을 칠판에 붙입니다. 칠판에는 학생들의 생각이 한눈에 펼쳐집니다. 가장 많은 대답은 '길을 양보하는 것'입니다. 뒤이어 '물리적 힘의 행사'와 '말싸움'이 등장합니다. 학생들의 대답을 통해 평소 갈등에 어떻게 대응하는지 엿볼 수 있습니다.

곰과 거인은 갈등을 어떻게 해결할까요? 둘은 서로 물러나지 않으려고 팽팽히 대치합니다. 학생들이 예상한 장면입니다. 하지만 다리가 불안하게 흔들리자 해결책을 찾는 데 동의합니다. 설왕설래가 이어지다 거인이 한 가지 방법을 제안합니다. 서로를 꼭 붙들고 밀착한 다음 몸을 조금씩 돌리자는 것입니다. 서로에 대한 믿음으로 꼭 껴안은 둘은 마치 춤을 추듯이 조금씩 발을 옮깁니다. 마침내 목적지에 도착한 곰과 거인은 서로에게 다정하게 손을 흔듭니다. 갈등 속에서도 목적을 달성하고 돈독한 관계를 맺었습니다. 모두에게는 각자의 목적이 있습니다. 때로는 그 목적이 너무 중요해서 귀를 막고 자신의 말만 하다가 다툼으로 번지지요. 그러면 원래의 목적은 잊히고 상한 감정과 훼손된 관계만 남습니다. 우리에게는 상대의 말에 귀 기울이고 함께 해결책을 찾는 자세가 필요합니다. 서로를 믿고 끌어안음으로써 목적지에 도달한 곰과 거인처럼 말입니다.

| 회복적 질문, 이렇게 나눠보세요 |
| --- |

| 주제 질문 | – '갈등' 하면 떠오르는 것을 그림으로 표현해주세요.<br>– '갈등' 하면 떠오르는 것을 소개하며, 왜 그렇게 생각했는지 말해주세요.<br>– 좁은 다리에서 곰과 거인이 마주쳤어요. 여러분이라면 어떻게 행동할 건가요? |
| --- | --- |

■ 갈등 그리기 : 갈등은 싸움이다

형이랑 놀이동산에서 싸운 일이 떠올라요. 엄마가 준 돈으로 함께 마실 음료를 사야 하는데, 서로 마시고 싶은 게 달라서 싸웠어요. 가게 앞에서 말다툼을 하다 서로 때리기까지 했어요.

■ 벌집맵으로 '나도·나만' 발표하기

## '갈등' 인식하기

'갈등'이라는 말은 어디에서 나왔을까요? 누구나 갈등을 겪지만 갈등에 대해 진지하게 생각해본 사람은 드뭅니다. 갈등은 우리가 살아가는 모습 그 자체인데도 말입니다. 그래서 '갈등(葛藤)'의 어원을 살피면서 새롭게 인식해보기로 합니다. 갈등은 칡의 '갈(葛)'과 등나무의 '등(藤)'이 합쳐진 말입니다. 둘 다 줄기가 뻗어나가는 덩굴식물입니다. 그런데 칡은 반시계 방향으로 감아 올라가고, 등나무는 시계 방향으로 감아 올라갑니다. 갈등은 '서로 나아가는 방향이 달라서 얽히고 꼬인 칡과 등나무의 모습과 같습니다. 갈등의 어원을 설명하고, 두 가지 메시지를 학생들과 나눕니다.

첫째, 갈등은 자연스러운 현상입니다. 칡이 왼쪽으로, 등나무가 오른쪽으로 감아 올라가는 것은 옳고 그름의 문제가 아니라 서로 나아

가는 방향이 '다를' 뿐입니다. 단 한 번도 갈등을 경험해보지 않은 사람은 없습니다. 사람이 모이는 곳에는 어디나 갈등이 있기 마련입니다. 사람은 각자 고유한 성격과 가치관을 지닌 단 하나의 존재이기에, 그런 사람들이 만나 함께 살아가다 보면 갈등이 생기는 것은 당연한 일입니다.

둘째, '갈등 해결'이 아니라 '갈등 전환'을 목표로 삼아야 합니다. 흔히 갈등이 생기면 내가 옳다고 생각하는 방법으로 해결하려고 합니다. 하지만 갈등은 대체로 해결해야 할 옳고 그름이 아니라 가치관의 차이에서 비롯한 문제일 때가 많습니다. 칡과 등나무의 방향을 바꾸려고 나무에 힘을 가해봤자 시간이 지나면 원래의 방향으로 돌아가는 것처럼 말입니다. 나무도 그러한데 다른 사람의 마음을 내 뜻대로 바꾸는 일은 불가능에 가깝고, 그렇게 하는 것이 바람직하지도 않습니다. 한편, 해결하기 어렵겠다 싶으면 갈등 자체를 없애려고도 합니다. 나무에 비유한다면 아예 잘라버리는 것이지요. 이렇게 하면 숱한 잎과 가지, 기둥까지 잃게 됩니다. 사람도 마찬가지입니다. 갈등의 순간마다 단절을 선택하면 인간은 더 이상 배우고 성장할 수 없습니다. 자신의 입장을 강요해서 갈등을 해결하려고 하거나 무조건 피하려는 자세를 취하기보다 갈등을 변화의 원동력으로 삼는 것이 현명합니다.

그렇다면 갈등을 성장과 배움의 기회로 전환하기 위해서는 어떻게 해야 할까요? 서로의 목적을 존중하는 '소통'이 필요합니다. 아래 그림에서 두 당나귀의 모습을 살펴봅니다. 눈앞에 있는 자신의 목적만 생각한 당나귀들은 계속 대치합니다. 학생들은 그림을 보자마자 간단히 "둘 다 먹으려고 하는 건데, 얘기를 나눠야지!" "같이 가서 먹으면 되지!"라고 말합니다. 서로의 목적을 이해한 두 당나귀도 비로소 나란히 먹이를 먹습니다. 그런데 현실에서 우리는 과연 당나귀들처럼 지혜롭게 대응하고 있을까요?

갈등에 대한 새로운 인식을 나눴다면, 이번에는 '갈등 대응 유형 검사'를 실시합니다. 검사의 목적은 유형을 정확하게 선별하는 것이 아니라 자신의 성향을 알아보고, '사람마다 갈등에 다르게 대응한다'는 것을 깨닫는 데 있습니다. 따라서 학생들의 이해 수준에 맞춰 수정한 활동지를 활용합니다. 우리는 제각각의 방법으로 갈등에 대응합니다. 자신의 의견을 밀어붙이는 사람도 있고, 양보하는 사람도 있습니다. 결론이 날 때까지 대화를 하려는 사람이 있는가 하면, 시간을 두고 천천히 생각하는 사람도 있습니다. 이러한 '다름'을 좋고 나쁨이 아니라 생각의 전환을 이끌어내는 '기회'로 받아들이도록 합니다. 공동체의 갈등을 함께 고민하면 다양한 방안이 등장합니다. 빠른 의사 결정이 필요할 때는 경쟁형의 적극성이 필요하고, 상황을 깊이 있게 살피고 싶을 때는 협력형의 소통 능력이 필요하며, 양보를 이끌어내서 결정을 내려야 할 때는 타협형의 진행 능력이 필요합니다. 때로는 회피형의 신중함으로 정보를 더 모을 수도 있고, 순응형의 관계 지향적 성향이 평화로운 관계를 유지할 수 있게 해주기도 합니다. 공동체의 다양한 구성원이 '함께' 공동의 일에 참여할 때 더 나은 길을 찾을 수 있습니다.

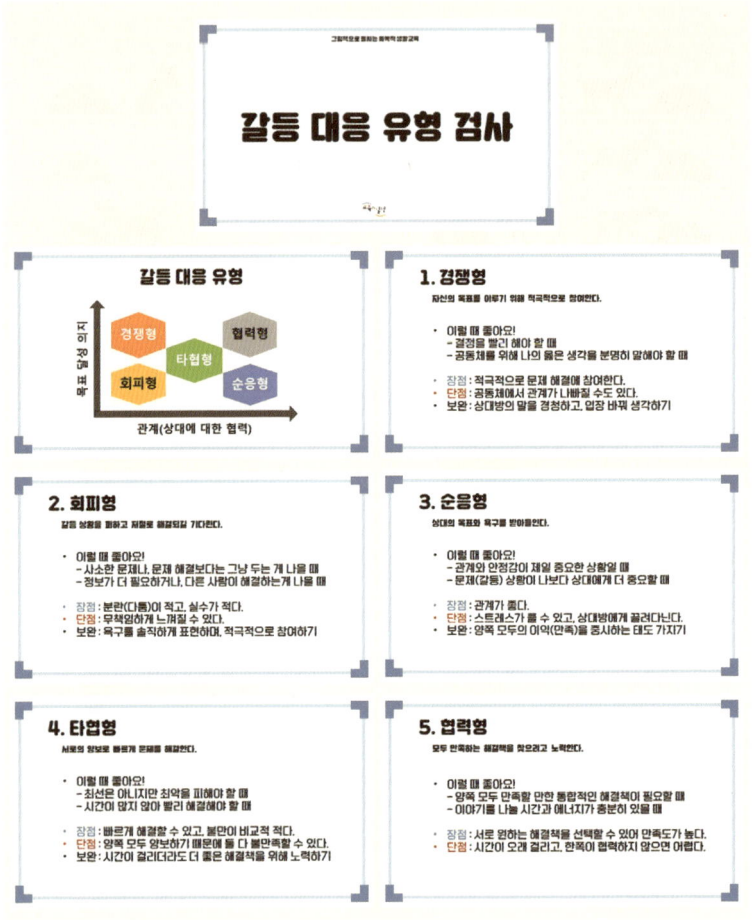

갈등 대응 유형[10]

끝으로 활동지 아래 칸에 다시 한번 '갈등 그리기'를 해봅니다. 갈등을 싸움으로 표현했던 학생이 이번에는 '갈등은 양파'라고 합니다. "양파를 깔 때는 눈물이 나지만 다 까고 나면 어떻게 생겼는지 알 수 있다. 갈등이 생기면 싸울 수도 있지만 서로의 이야기를 들으면 뭐가 필요한지 알게 되고, 좋은 방법을 찾을 수 있다. 갈등이 생겨도 평화롭게 살 수 있다." 갈등을 이기고 지는 것으로만 여겼다가 변화와 성장의 기회가 될 수도 있음을 깨달은 것입니다. 자신의 삶을 되돌아봅니다. "갈등을 평화롭게 대응한 경험이 있나요? 갈등을 통해 더 좋아졌다고 느낀 적이 있나요?" 곰곰이 생각해보면 우리는 갈등을 통해 성장합니다. 갈등은 언쟁이나 불안감, 분노를 동반하기에 고통스럽지만 '꼭 나눠야 할 이야기'를 마주하게 합니다. 이를 통해 사람과 삶에 대한 이해가 깊어지고, 균형 잡힌 시각으로 세상을 넓게 바라볼 수 있게 해줍니다. 살면서 절대 피할 수 없는 갈등, 직면하고 소통함으로써 건강하고 풍성한 공동체로 거듭납니다.

■ 갈등 그리기 : 갈등은 양파다

| 양파를 깔 때는 눈물이 나지만 다 까고 나면 어떻게 생겼는지 알 수 있다. 갈등이 생기면 싸울 수도 있지만 서로의 이야기를 들으면 뭐가 필요한지 알게 되고, 좋은 방법을 찾을 수 있다. 갈등이 생겨도 평화롭게 살 수 있다. |  |

| 회복적 질문, 이렇게 나눠보세요 | |
|---|---|
| 주제 질문 | - 갈등 없는 세상이 있을까요? 여러분은 어떤 갈등을 경험해보았나요?<br>- 두 당나귀가 갈등을 겪고 있습니다. 이 갈등에 평화롭게 대응할 수 있을까요?<br>- 여러분의 '갈등 대응 유형'은 무엇인가요?<br>→ 우리의 갈등 대응 방법이 '다른' 덕분에, 함께 고민할 때 더 좋은 길을 찾을 수 있습니다.<br>- 다시 한번 '갈등' 하면 떠오르는 것을 그려봅시다. 왜 그렇게 표현했나요?<br>- 평화롭게 갈등에 대응했던 경험이 있나요? 갈등을 통해 더 좋아졌다고 느낀 적이 있나요? |
| 실천 질문 | - 갈등에 대해 새롭게 알게 된 것이나 생각, 느낌을 그림으로 표현해주세요. |

\* '갈등 대응 유형 검사지'와 '갈등 유형' PPT 자료는 교육과실천 밴드에서 보실 수 있습니다.

## 평화 감수성 훈련 '매듭 풀기'

몸으로 '평화적 갈등 대응'을 느낄 수 있는 '매듭 풀기'에 도전합니다. 팔을 꼰 다음, 친구와 손을 맞잡아 갈등을 상징하는 매듭을 만듭니다. 그리고 친구와 매듭을 어떻게 풀지 고민합니다. 손을 놓으면 쉽게 매듭을 없앨 수 있지만 친구와의 연결이 끊어집니다. 따라서 손을 풀지 않고 매듭을 풀 방법을 찾습니다. 두 명이 만든 매듭을 성공적으로 풀면 네 명이 모여 매듭을 풀고, 마지막에는 전원이 모여 매듭 풀기에 도전합니다. 시간이 걸리더라도 함께 머리를 맞대고 생각해낸 방법으로 매듭을 풀었을 때 큰 기쁨과 유대감을 느낄 수 있습니다.

## 매듭 풀기 방법

  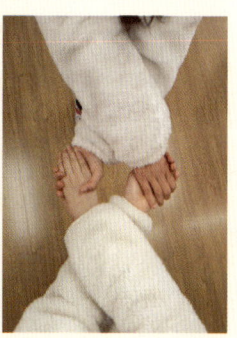

① 두 사람이 짝을 짓고 마주 본다.
② 왼쪽 손바닥이 하늘을 향하도록 펼친 후, 왼팔을 내민다.
③ 오른손 손바닥이 땅을 향하도록 펼치고, 왼팔 위에 오른팔을 얹는다.
④ 이 상태에서 상대방과 손을 마주 잡는다.
⑤ 두 명이서 매듭 풀기에 성공하면 이어서 4명, 8명, 전체 단위로 매듭을 풀어본다.

### 회복적 질문, 이렇게 나눠보세요

| | |
|---|---|
| **주제 질문** | - '매듭 풀기' 활동을 해보니 어떤 생각과 느낌이 들었나요? |
| **실천 질문** | - '갈등'에 평화롭게 대응하기 위해 여러분은 어떤 말과 행동을 할 수 있나요? |
| **배움 질문** | - 오늘 수업에서 든 생각이나 느낌, 새롭게 깨달은 것은 무엇인가요? |

## 2. 관계와 연결 느끼기
## 너와 나의 연결 고리

> **이 책을 읽었어요**

**사랑하는 당신**
(고은경 글 / 이명환 그림 / 엑스북스)

아내가 세상을 떠난 뒤 할아버지는 혼자 요리하고 외출하며 일상을 이어갑니다. 하지만 집, 길가, 병원 등 곳곳에서 불쑥불쑥 아내가 떠오릅니다. 외출에서 돌아온 할아버지는 어두운 방에 혼자 눕습니다. 할머니가 없는 할아버지는 과연 잘 살아갈 수 있을까요?

## 관계를 되돌아보고 서로가 연결되어 있음을 느낍니다

'나비효과'라는 말이 있습니다. 어느 한 곳에서 일어난 작은 나비의 날갯짓이 지구 반대편에서 태풍을 일으킬 수도 있다는 이론으로, 초기 조건의 사소한 변화가 전체에 막대한 영향을 미칠 수 있음을 이르는 말입니다. 즉, 누군가의 사소한 행동이 다른 사람에게 큰 영향을 미칠 수도 있다는 이야기죠. 교실도 구성원 한 명 한 명이 깊이 연결되어 있습니다. 따뜻한 말 한마디가 퍼져 서로 의지하며 기댈 수도 있고, 사소한 다툼으로 반 전체가 심각한 갈등 상황에 놓일 수도 있습니다. 아프리카에도 '우분투'라는 말이 있는데 '우리가 있기에 내가 있다'라는 뜻입니다. 관계와 연결, 어떻게 상호작용을 하고 있을까요?

여러분이 소중하게 여기는 사람은 누구인가요? 부모, 형제, 배우자, 자녀 그리고 친구와 동료에 이르기까지, 많은 사람이 떠오를 것입니다. 그렇다면 그들에게 따뜻한 인사를 건넨 것은 언제인가요? 우리는 인생에서 가장 소중한 것으로 '사랑하는 사람'을 손꼽으면서, 바쁜 일상에 치여 다정한 말 한마디 건넬 여유가 없습니다.

그림책 〈사랑하는 당신〉으로 관계를 돌아보고, 소중한 존재를 떠올리는 시간을 가져봅니다. 주인공 할아버지는 언제나 곁에 있을 줄 알았던 할머니와의 이별로 허전하고 외롭습니다. 밥을 먹고 양말을 신는 모든 삶의 순간에서 할머니를 떠올리지요. 사랑한다는 그 쉬운 말 한마디를 하지 못하고 살아온 할아버지의 모습은 우리와 닮아 있습니다. 할아버지의 마음에 공감하며 '너와 나의 연결 고리'[11] 활동을 해봅니다. 나와 관계를 맺은 누군가를 영영 만날 수 없을 때 내가 받게 될 영향은 무엇일까요? 그리고 나에게 소중한 누군가가 사라졌을 때 영향을 받는 사람은 누가 있을까요? 이렇게 관계를 확장하다 보면 모든 사람이 연결되어 있다는 걸 깨닫게 됩니다.

'관계와 연결'을 몸으로 직접 느껴보기 위해 '숲 밧줄'로 '너와 나의 연결 고리' 활동을 해봅니다. 밧줄을 잡은 모든 구성원이 서로를 믿고 의지하며 무게의 균형을 맞춰야만 원형을 유지할 수 있듯이, 우리의 삶도 그러합니다. 좁게 보면 가정과 교실이 있고, 넓게 보면 지구 반대편에서 벌어지는 일도 나와 관련이 있습니다. 내가 발 딛고 있는 이 자리에서 관계와 연결을 서서히 넓혀나갑니다.

**배움 목표** <사랑하는 당신>을 읽고, 관계를 살핀 후 서로 연결되어 있음을 느끼기

| 단계 | 회복적 활동 | 회복적 활동 과정 |
|---|---|---|
| 1 | <사랑하는 당신> 함께 읽기 | - 관계를 살펴 '연결 고리' 만들기 |
| 2 | 평화 감수성 훈련<br>'너와 나의 연결 고리' | - '너와 나의 연결 고리' 활동하기 |
| 3 | '숲 밧줄'로 '너와 나의 연결 고리' 활동하기 | - '숲 밧줄'로 '너와 나의 연결 고리' 활동하기 |

## 〈사랑하는 당신〉 함께 읽기

　책 제목에서 '사랑하는' 부분을 가리고 표지를 보여줍니다. 표지에 등장하는 두 남녀의 모습을 보면서 빈칸에 어떤 형용사가 들어갈지 자유롭게 예상해봅니다. 자연스럽게 표지를 자세히 살피게 되고, 책에 대한 호기심과 집중도가 높아집니다. 교사는 칠판에 마인드맵으로 학생들의 예상을 써나가며, 왜 그렇게 생각했는지 이야기를 나눕니다. 제목 〈사랑하는 당신〉을 공개한 뒤에는 각자 자신이 사랑하는 사람들을 떠올리며 관계를 되돌아봅니다. 그리고 나를 중심으로 한 관계망, '연결 고리'를 만듭니다. 학생들에게 원형 종이 한 장과 직사각형 종이 5장을 줍니다. 원형 종이에는 자신의 이름을 쓰고, 직사각형 종이에는 자신이 사랑하는 사람들의 이름을 씁니다. 반려동물을 써도 좋습니다. 다 쓰고 나면 원형을 중앙에 두고, 원형의 테두리에 직사각형 종이를 붙여서 나의 관계망을 상징하는 '연결 고리'를 완성합니다.

　이제 자신이 사랑하는 사람들을 떠올리며 책을 펼칩니다. 할아버지는 요리를 하는 순간, 양말을 찾는 순간, 버스를 기다리는 순간 등 모든 일상에서 할머니가 떠오릅니다. '호스피스' 병동에 도착한 할아버지는 그리움에 사무칩니다. 호스피스라는 단어를 처음 접한 학생들이 그 뜻을 추측해봅니다. 단순히 요양 병원인 줄 알았는데 편안한 죽음을 맞이하기 위해 가는 곳이라는 것을 알고 깜짝 놀랍니다. 한 학생이 질문합니다. "그런데 호스피스 병동에 왜 아이가 있어요?" 이별은 나이와 상관없이 찾아온다는 것을 새삼 깨닫습니다. 할아버지와 할머니는 마지막 순간까지 함께합니다. 할머니는 할아버지에게 요리법을 적어놓은 공책을 남깁니다. 공책에는 혼자 남겨질 할아버지에 대한 걱정과 사랑이 가득 담겨 있습니다. 그 마음이 우리에게도 전해져 눈물을 글썽이게 됩니다. 할아버지가 어두운 방에 홀로 누워 허전함과 상실감에 빠져 있을 때 다른 가족에게서 연락이 옵니다. 할머니를 잃은 할아버지의 일상은 낯설고 무겁지만 액자 사신에 담긴 할머니의 모습을 바라보며 꿋꿋이 살아갑니다. 학생들은 사랑하는 이와의 이별을 상상하는 것조차 쉽지 않지만 누구나 경험하는 '이별'에 대해, 그리고 자신의 관계에 대해 돌아보며 그 소중함을 다시 한번 느낍니다.

**회복적 질문, 이렇게 나눠보세요**

| | |
|---|---|
| **여는 질문** | - '( ) 당신', 빈칸에는 어떤 말이 들어갈까요? 표지를 살펴보고 제목을 예상해봅시다. |
| **주제 질문** | - 여러분이 관계를 맺고 있는 사람을 떠올려봅시다. 원형 종이에 이름을 적고, 직사각형 종이에는 여러분이 사랑하는 사람의 이름을 써주세요. 반려동물을 써도 좋습니다.<br>- 할아버지가 도착한 장소는 어디일까요? 호스피스 병동은 어떤 곳일까요?<br>- 찬바람을 마주하듯 온몸이 떨린 이유가 뭘까요? '마음의 준비'는 무엇을 뜻할까요?<br>- 할머니가 '요리법 공책'을 준비한 이유는 뭘까요? |

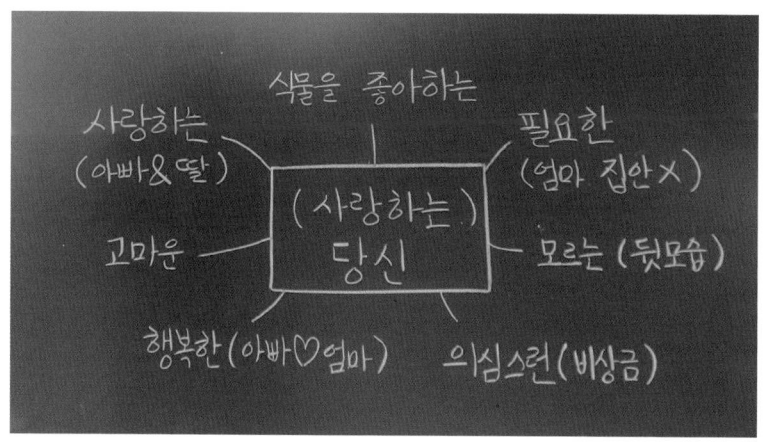

### 평화 감수성 훈련, '너와 나의 연결 고리'

이제 책을 삶으로 연결할 차례입니다. 앞서 만든 자신의 '연결 고리'를 책상 위에 놓고 눈을 감습니다. 교사는 연결 고리를 모으고 섞어서 다른 사람의 책상에 하나씩 뒤집어놓습니다. 그리고 학생들이 눈을 뜨면 책상 위에 있는 연결 고리의 직사각형 종이를 구기도록 합니다. '연결 고리를 구기라'는 교사의 말에 놀라서 토끼눈을 하는 학생도 있고, 왜 그래야 하는지 묻는 학생도 있습니다. 학생들이 종이 구기기를 망설이는 이유는 책상 위에 있는 누군가의 연결 고리가 당사자에게 소중한 존재임을 알기 때문입니다. 내가 전혀 모르는 사람이라도 그 사람이 누군가에게는 소중한 존재임을 이해하기에 함께 아껴주려고 합니다. 이러한 공감과 연결, 깨달음이 평화 감수성 훈련의 시작입니다.

구겨진 연결 고리가 원래 주인에게 돌아가자, 학생들의 얼굴에 속상해하는 마음이 고스란히 드러납니다. 연결 고리를 받자마자 손으로, 자로, 필통으로 구겨진 종이를 펴려고 애씁니다. 이제 활동지로 그 마음을 살핍니다. 첫 번째 질문을 던집니다. "찢어진 연결 고리(관계망)를 받았을 때 여러분의 마음(감정)은 어땠나요?" 한 학생이 말합니다. "사랑하는 사람들의 이름이 구겨져 있으니까 내가 그 사람들에게 실제로 상처를 준 것은 아닌지, 갑자기 이 사람들이 떠나가면 어쩌지, 무섭고 슬픈 마음이 들었어요." 학생의 말처럼 구겨진 연결 고리는 관계의 훼손, 단절, 이별을 뜻합니다. 그 의미를 알기에 학생들은 구겨진 연결 고리에 분노와 속상함을 드러낸 것입니다. 두 번째 질문입니다. "실제로 그 사람과 더 이상 만날 수 없게 된다면 여러분은 어떤 영향을 받을까요?" 당황스러움과 슬픔, 후회, 그리움, 괴로움 등 수많은 감정이 학생들을 압도합니다. 상상하는 것만으로 마음이 아프다는 것을 알 수 있지요. 밥을 먹을 때, 옷을 입을 때, 등·하교할 때, 잠이 들 때 등 일상의 매 순간이 텅 비게 된다는 것을 깨닫습니다. 늘 익숙하게 여겼던 존재가 얼마나 크고 소중한지 다시 한번 느낍니다. 세 번째 질문을 제시합니다. "이 일로 여러분 말고 영향을 받을 사람은 누가 있으며, 어떤 영향을 받을까요?" 곰곰이 생각하던 학생들은 떠난 사람의 가족과 친구, 반려동물 등을 떠올립니다. 그 사람과 연결된 모든 존재가 영향을 받는다는 것을 알게 됩니다. 그들은 모두 누군가의 가족이자 친구니까요. 연결 고리를 자꾸 넓혀나가다 보면 내가 잘 모른다고 생각했던 이도 나와 연결되어 있음을 깨닫게 됩니다. 이웃, 친구, 친척 등의 관계를 맺고 있을 수도 있고, 나이, 성별, 국가, 인종, 생명이라는 공통점으로 연결되기도 합니다. '나'를 중심으로 좁게 한정되어 있던 연결 고리(관계망)가 점점 넓어집니다. 이러한 연결을 느낌으로써 다른 사람이 겪는 어려움을 자신의 문제로 바라보는 힘을 키워갑니다.

**회복적 질문, 이렇게 나눠보세요**

| 주제 질문 | – 연결 고리를 구기라고 했을 때, 마음이 어땠나요? 마음이 무거웠던 이유는 무엇인가요?<br>– 찢어진 연결 고리(관계망)를 받았을 때, 여러분의 마음(감정)은 어떠했나요?<br>– 실제로 그 사람과 더 이상 만날 수 없게 된다면, 여러분은 어떤 영향을 받을까요?<br>– 이 일로 여러분 말고 영향을 받을 사람은 누가 있으며, 어떤 영향을 받을까요? |
|---|---|

\* '너와 나의 연결 고리' 활동지는 교육과실천 밴드에서 보실 수 있습니다.

## '숲 밧줄'로 '너와 나의 연결 고리' 활동하기

'숲 밧줄'로 '너와 나의 연결 고리' 활동을 합니다. 나와 옆 사람이 반 팔 간격(60~100cm) 정도 되도록 넓게 원형으로 섭니다. 교사가 원 모양에 맞춰 밧줄을 놓으면 학생들은 두 손으로 밧줄을 잡고 일어섭니다. 그리고 나와 밧줄로 연결된 친구는 누구인지 좌우를 살펴본 다음, 서로를 믿고 밧줄에 의지하여 뒤로 기대봅니다. 천천히 밧줄에 자신의 몸을 실으며 균형을 가늠합니다. 밧줄을 잡고 있는 사람 중 하나라도 손을 놓거나 과하게 무게를 실으면 그 순간 원은 균형을 잃고 무너져 내립니다. 서로에 대한 믿음과 적절한 무게, 균형감을 유지하는 것이 중요합니다. 이번에는 동시에 밧줄에 의지하여 뒤로 기대보도록 합니다. 모두가 원 하나로 연결되는 순간 "우와~" 탄성이 터집니다. 이제 서로의 존재를 느껴봅니다. "여러분은 밧줄로 연결되어 있습니다. 서로를 지탱하며 동그란 원을 만들었네요. 지금부터 서로의 존재와 연결을 느껴보세요. 밧줄이 미세하게 떨리면서도 단단하게 여러분을 받치는 것을 느낄 수 있을 거예요." 밧줄에 의지하여 기댄 몸은 편안하게 이완되고, 고요한 분위기에서 친구들의 움직임이 만드는 작은 진동이 전달됩니다. 미처 생각지 못했던 감각이 깨어나며 서로의 존재와 연결을 느낍니다.

## 숲 밧줄, 너와 나의 연결고리

**준비물 : 숲 밧줄 6mm 이상 추천, 길이는 학생 수에 맞게 잘라서 조절하기**

① 서로 일정한 간격(60~100cm)을 두고 넓게 원으로 선다.
② 밧줄(한 줄)을 잡고 일어선 후, 원을 유지하며 뒤로 기댄다.
③ 밧줄을 잡고 뒤로 기댄 상태로, 일정 시간(30초~1분) 동안 서로의 존재와 연결을 느낀다.
④ 밧줄을 8자로 접어, 두 줄이 된 밧줄을 잡고 뒤로 기대며 서로의 존재와 연결을 느낀다.
  (밧줄의 길이를 줄여가며 좁은 간격으로 밧줄을 잡을 때까지 반복해서 활동하되, 두세 줄이 마지막 단계)
⑤ 회복적 질문을 나눈다.

### 회복적 질문, 이렇게 나눠보세요

| | |
|---|---|
| 주제 질문 | - 숲 밧줄, '너와 나의 연결 고리'를 해보니, 친구의 떨림과 움직임이 느껴지던 가요?<br>→ 우리는 이 '연결 고리'처럼 서로 연결되어 있습니다. 친구의 움직임과 떨림이 내게 전해진 것처럼 말이에요. 친구가 손을 놓거나, 무게를 과하게 싣는다면 여러분도 분명 그 영향을 받게 될 것입니다. 우리는 서로 영향을 주고받으며 살아가는 '공동체'입니다. |
| 실천 질문 | - 우리가 만든 '연결 고리'처럼, 서로 믿고 의지하면서 살아가기 위해 이 교실에서 여러분이 할 수 있는 말과 행동에는 무엇이 있나요? |
| 배움 질문 | - 오늘 활동을 하면서 들었던 생각과 느낌, 배움을 나눠주세요. |

# 3. 편견 자각하기
# 정체성 찾기

**이 책을 읽었어요**

### 빨간 안경
(오소리 글·그림 / 길벗어린이)

파란 늑대는 복면 쓴 늑대가 자신에게 '빨간 안경'을 씌우는 꿈을 꿉니다. 그런데 잠에서 깬 파란 늑대의 눈에 하늘이 빨갛게 보이고, 물고기와 음식이 사라졌습니다. 심지어 가장 친한 친구인 주황 늑대마저 자기를 보지 못하고 스쳐 지나갑니다. 파란 늑대는 다시 오색찬란한 세상을 볼 수 있을까요?

## 내 안의 '편견'을 발견하며 '평화 감수성'이 싹틉니다

우리는 어렸을 때부터 편견과 차별이 나쁘다고 배웠기 때문에 '나는 편견을 가진 사람이 아니'라고 착각하며 살기 쉽습니다. 그런데 편견과 차별이 무엇인지를 '아는 것'과, 자신이 하는 편견과 차별적 행동을 '자각'하는 것은 엄연히 다릅니다. 어이없게도 나는 편견이 없다는 믿음이 오히려 편견과 차별을 만들어낼 수도 있지요. 그럼 편견은 어디에서 생기는 걸까요?

1974년 미국 아이오와 주에 사는 교사 제인 엘리엇은 한 가지 실험을 합니다. 학생들을 갈색 눈과 파란 눈의 두 집단으로 나누고, '파란 눈이 갈색 눈보다 더 똑똑하고 잘생겼다'고 말해줍니다. 그리고 파란 눈 집단에게 특권을 주자, '갈색 눈은 열등하다'는 편견이 빠르게 전파되면서 갈색 눈 가진 사람을 무시하기 시작합니다. 다음 날, 교사는 이번에는 갈색 눈이 더 우월하다고 말을 바꿉니다. 그러자 어제와는 정반대 현상이 재현됩니다. 14년 뒤, 이 실험의 대상자였던 학생들은 당시를 떠올리며 '그토록 짧은 시간에 악마 같은 마음이 생긴다는 사실에 놀랐다'고 고백합니다. 불과 이틀 만에 서로를 편견이라는 색안경을 끼고 바라보게 되었으니까요. 편견은 이렇게 아무 근거가 없어도 빠른 속도로 전염됩니다.

자기도 모르게 편견의 색안경을 쓸 때가 있습니다. 특정 집단에 대한 개인적인 경험이 쌓이고, 그것을 과신하게 되면 그렇습니다. 사회·문화저으로 형성된 편견도 있습니다. 가령 아프리카 하면 굶주린 사람들이 떠오르는 것은 아프리카 기부 영상을 많이 접했기 때문입니다. 또 다른 예로, '한국을 빛낸 100명의 위인들'이란 노래에 등장하는 여성이 단 4명에 불과한 사실은 무의식중에 남성이 여성보다 우월하다는 편견을 심어줄 수 있습니다. AI로 영화를 분석해보니 여성 캐릭터의 평균 연령이 남성 캐릭터보다 어릴 뿐 아니라 수동적인 역할이 많은 것 또한 마찬가지입니다. 여성 주인공이 활을 다루는 영회 〈헝거게임〉, 남성 주인공이 발레를 배우는 영화 〈빌리 엘리어트〉가 개봉한 뒤에 궁도와 발레를 배우는 10대 소녀·소년이 크게 증가한 것만 보아도, 개인적 경험과 사회·문화적 환경이 편견을 형성하거나 깨뜨리는데 지대한 영향을 미친다는 사실을 반증합니다.

편견 하면, 장애인이나 인종을 먼저 떠올리는 사람도 있습니다. 장애를 나와는 다른 '남의 일'로 느끼며 함부로 추측하고, 인종에 따라 우월 또는 열등의식을 갖기도 합니다. 이 밖에도 외모, 직업, 지역 등에 대한 수많은 편견이 사방에 널려 있습니다. 우리는 날마다 편견의 피해자이자 가해자로 살아갑니다. 남의 일이 아니라 나의 일인데도 일상 곳곳에 자연스럽게 스며들어 있어서 의식하지 못하고 살아갈 뿐입니다. 학생들에게 '나에게도 이런 편견이 있구나'를 자각하는 계기를 만들어주고, 자기 안의 편견을 마주하게 하는 순간, 비로소 평화감수성이 싹트기 시작합니다.

| 배움 목표 | <빨간 안경>을 읽고, '정체성 찾기' 활동으로 내 안의 편견 깨닫기 | |
|---|---|---|
| 단계 | 회복적 활동 | 회복적 활동 과정 |
| 1 | <빨간 안경> 함께 읽기 | – '어느 나라 사람일까요?' 퀴즈 풀기<br>– 빨간 안경을 쓰고 <빨간 안경> 읽기 |
| 2 | 평화 감수성 훈련<br>'정체성 찾기' | – '정체성 찾기' 활동하기<br>– '편견과 차별' 영상 보기<br>– 이미지 프리즘으로 문장 만들기 |

## <빨간 안경> 함께 읽기

혹시 얼굴만 보고 그 사람의 국적을 알 수 있을까요? 많은 사람이 '외모'로 그 사람의 국적을 판단합니다. 흔히 가질 수 있는 편견이지요. 학생들에게도 그런 편견이 있을까요? 책을 읽기 전에 퀴즈부터 풀어봅니다. 퀴즈에는 다양한 인종과 외모, 옷차림을 한 사람들이 등장합니다. 사진을 차례대로 보여주자, 학생들이 자신만만하게 대답합니다. 통통한 체형에 빨간 옷을 입은 사람을 보고는 '중국인'이라고 합니다. 이유를 묻자, 중국 사람들이 빨간색을 좋아하고, 여행을 갔을 때 통통한 체형을 많이 보았기 때문이라고 합니다. 백인 남성의 사진을 보고는 러시아, 미국, 프랑스 등 서양권 국가를 떠올립니다. 이번에는 인종을 근거로 국적을 판단한 것이지요. 학생들에게 보여준 인물들이 어느 나라 사람인가를 두고 의견이 분분하면서도, 한 가지 공통점이 있었습니다. 바로 모든 학생이 각자가 생각하는 나라별 외모와 옷차림을 기준으로 국적을 예상한 것입니다. 퀴즈에서 보여준 사람들은 모두 '한국인'이지만, 그 누구도 '외모와 국적'이 별개일 수 있음을 생각하지 못했습니다. 열렬하게 퀴즈에 참여하던 학생들이 정답은 무엇이냐고 묻습니다. 이때 정답은 나중에 공개하기로 합니다. 〈빨간 안경〉을 읽고 편견에 대해 생각해본 뒤, 스스로 인식하지 못했던 편견이 있음을 '자각'하기 위해서입니다.

〈빨간 안경〉의 표지를 관찰하고 예상해봅니다. '빨간 안경'을 쓰면 세상이 어떻게 보일까요? 빨간 안경을 쓴 늑대에게는 무슨 일이 일어날까요? 이제 모둠별로 책을 한 권씩 주고, 〈빨간 안경〉을 두 번에 걸쳐서 읽습니다. 첫 번째로 읽을 때는 빨간 안경을 쓰고 책을 읽습니다. 그러자 장면 곳곳이 텅 비어 있습니다. 식탁에는 음식이 없고, 어항에는 물고기가 없습니다. 주인공 파란 늑대는 주황 늑대의 목소리를 들으면서도 그 모습은 보지 못합니다. 보이지 않기 때문에 자신의 곁에 있는 주황 늑대를 믿지 못합니다. 하루아침에 파란 늑대의 세상은 바뀌었습니다. 이제 빨간 안경을 벗고 다시 한번 〈빨간 안경〉을 읽습니다. 빨간 안경을 쓰고 읽었을 때와 다른 점은 무엇일까요? 빨간 안경을 썼을 때는 어두침침했던 배경이 안경을 벗고 보니 노란색, 분홍색, 초록색 등 다양한 색이었다는 것을 알게 됩니다. 또 아까는 보이지 않던 액자, 커튼의 무늬, 물고기, 음식도 보입니다. 다른 그림 찾기를 하듯 '우와'를 연발하며 책을 읽는 학생들에게 빨간 안경에 초점을 맞춘 질문을 던져봅니다.

"복면 늑대가 파란 늑대에게 빨간 안경을 씌운 이유는 무엇일까요?" 학생들이 대답합니다. "빨간 안경을 끼면 세상이 제대로 안 보이고, 결국 소중한 것까지 못 본다는 사실을 체험하게 해주려고요." "색이 제대로 보이는 것이 얼마나 소중한지 알게 해주려고요." 빨간 안경을 쓴 파란 늑대는 일상의 수많은 것은 물론이고, 가장 소중한 친구마저 보지 못합니다. 빨간 안경, 즉 편견이 세상을 온전하게 보지 못하도록 왜곡하기 때문입니다. 그렇다면 마지막에 파란 늑대의 안경이 벗겨진 이유는 무엇일까요? "내가 보는 것이 전부가 아니라는 것을 알게 되자, 안경이 벗겨졌어요." 파란 늑대가 자신의 편견을 자각하면서 비로소 편견으로부터 자유로워진 것입니다. 다른 학생은 이렇게 말합니다. "파란 늑대가 자신을 보지 못하는데도 항상 곁에 있는 주황 늑대의 우정 덕분에 빨간 안경을 벗을 수 있게 됐어요." 편견에 사로잡힌 누군가가 있을 때, 그에게 화를 내는 대신 곁에서 기다리고 품어주는 '연대'가 중요함을 느끼는 순간입니다. 회복적 질문을 통해 〈빨간 안경〉을 깊이 있게 읽습니다.

### 회복적 질문, 이렇게 나눠보세요

| | |
|---|---|
| **여는 질문** | – (퀴즈) 얼굴만 보고 어느 나라 사람인지 맞힐 수 있을까요? 어느 나라 사람일까요?<br>– (표지) 무엇이 보이나요? 빨간 안경을 쓰면 어떻게 보일까요? 이 책에는 어떤 이야기가 담겨 있을까요? |
| **주제 질문** | – '빨간 안경'을 끼고 책을 읽으니, 어떻게 보였나요? 배경은 무슨 색인가요?<br>– '빨간 안경'을 벗고 책을 읽으니, 무엇이 새롭게 보이나요?<br>– 복면 늑대가 파란 늑대에게 '빨간 안경'을 씌운 이유는 뭘까요?<br>– 마지막에 파란 늑대가 '빨간 안경'을 벗을 수 있게 된 이유는 뭘까요? |

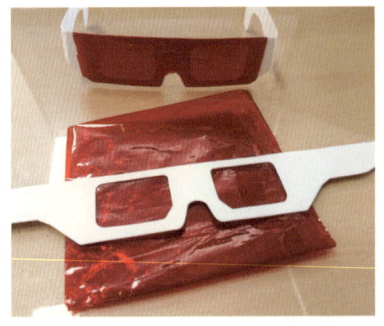

* 우리 교실에서는 미리 빨간 안경을 만들었습니다. 시중에서 파는 종이 안경테에 빨간 셀로판지로 안경알 부분만 돌돌 말아서 붙이면 금방 만들 수 있습니다.

## 평화 감수성 훈련 '정체성 찾기'

'정체성 찾기'는 한 명이 '사회적 소수자' 역할을 맡고 다른 학생들이 질문을 던지면서 우리에게 내재된 편견과 차별을 살펴보고, 사회적 소수자가 겪는 어려움과 아픔을 간접 체험하는 활동입니다. 서클로 모여 앉아 한 학생에게 '휠체어를 탄 장애인'의 정체성을 부여합니다. 본인만 자신의 정체성을 모르는 상태입니다. 지금부터 휠체어를 탄 장애인이 '많이 들을 것 같은 질문'을 서클로 돌아가면서 말합니다. '정체성'을 직접적으로 언급하면 안 되지만 질문은 중복해서 할 수 있습니다. 정체성을 맡은 학생은 친구들의 질문을 듣기만 하고 대답은 할 수 없습니다.

"괜찮아?"

"맨날 집에만 있어?"

"불편하지 않아?"

"자동차 운전은 할 줄 아니?"

"어쩌다 그렇게 됐어?"

"다리는 안 아파?"

"나중에 어떻게 살 거야?"

"가족이 많이 도와주지?"

"어떻게 씻어?"

"매일 앉아만 있어?"

휠체어를 탄 장애인에게 질문 세례가 이어집니다. 질문이 끝나고 역할을 맡은 학생에게 '자신이 누구인 것 같은지' 묻습니다. 놀랍게도 학생은 바로 '다리가 불편한 장애인'임을 알아맞힙니다. 순간 '와아~ 맞혔다' 하는 반응이 여기저기서 나옵니다. 이때, 교사가 차분히 말합니다. "정체성 찾기에서 여러분이 던진 질문들은 가짜가 아닙니다. 우리나라 사람의 5%는 장애인입니다. 여러분이 던진 질문과 시선 속에서 살아가야 하는 많은 사람이 있습니다. 우리에게는 활동이지만 그들에게는 현실이고 삶입니다. 여러분이 매일 이런 질문을 들으며 살아가야 한다면 어떨 것 같나요?" 정답을 알아맞히는 활동이라고만 생각했는데, 이것이 누군가에게는 현실이라는 사실을 이해하는 순간, 교실에 침묵이 찾아옵니다. 교사는 휠체어를 탄 장애인 역할을 맡은 학생에게 질문을 던집니다. "질문을 계속 들으면서 어떤 생각과 느낌이 들었나요? 진짜 그 사람이라면 어떤 마음일지 말해주세요." "계속 제 장애랑 관련한 이야기만 해서 듣기 힘들고 화가 났어요. 또 무슨 말을 들을지 무섭기도 했고요. 비슷한 질문을 여러 명이 하니까 나만 혼자인 것 같아서 외로웠어요."

학생들은 자신이 무심결에 던진 한마디가 불쾌함과 분노를 넘어서 외로움과 슬픔이 되었음을 친구의 말을 통해 직면합니다. 아울러 말 한마디는 물론 흘끗거리는 시선 또한 폭력이 될 수 있음을 인지합니다. 서클 중 한 학생(4학년)이 "편견이랑 차별은 뭐가 다른가요?"를 묻습니다. 우리는 이 질문을 계기로 한쪽으로 치우친 생각인 '편견'과, 차이를 두고 대하는 '차별'에 대해서도 이야기를 나눴습니다.

### 정체성 찾기

**준비물 : 정체성 카드(정체성 머리띠 등 다양한 형태 가능)**
① 서클로 둥글게 앉은 후, 학생 한 명에게 '사회적 소수자' 정체성을 부여한다.
  - 사회적 소수자 정체성 : 휠체어를 탄 장애인, 베트남에서 온 외국인 노동자, 새터민(탈북자)
  - 정체성을 부여받는 사람은 자신의 정체성을 모르며, 나머지 학생들은 알고 있다.
② 나머지 학생들은 '사회적 소수자'가 많이 들을 것 같은 질문을 돌아가며 한다.
  - '정체성(역할)'을 직접 언급하지 않도록 안내한다.
  - 중복 질문도 가능하며, 질문이 떠오르지 않으면 패스할 수 있다.
  - 역할을 맡은 학생은 질문에 대답할 수 없고 듣기만 한다.
③ 역할을 맡은 친구는 자신이 누구인지 예상해보고, 자신의 정체성을 확인한다.
  - 필요에 따라 두 바퀴까지 돌아가며 말할 수 있다.
④ 회복적 질문을 나눈다.
  - 정체성을 2~3가지 정해서, 반복해서 활동할 수 있다.
  * 그 외 정체성 예시 : 자퇴 청소년, 딩크 부부, 독신주의자, 왕따, 한국에서 태어나고 자란 흑인, 시각장애인, 다문화 가정의 자녀, 혼자 아이를 키우는 싱글맘, 혼자 사는 노인, 동성애자, 양심적 병역거부자 등

이번에는 영상을 시청합니다. 사람들은 자신이 가진 편견을 잘 인식하지 못합니다. 편견이 나쁘다는 것을 이미 알고 있으니까 스스로 '나는 편견이 없다'고 생각합니다. 하지만 편견은 '이유 없이 씌운 빨간 안경'과 같습니다. 사회·문화적 환경에 의해 '나도 모르는 사이'에 만들어지기 때문입니다. 소개하는 두 영상은 이를 여실히 드러내 보입니다. 첫 번째 영상은 BBC가 제작한 성차별 실험입니다. 아이와 놀아주는 사람은 아이의 이름과 옷을 보고 성별을 예상합니다. 자신이 판단한 성별에 따라 남자아이에게는 공간 지각적인 장난감을, 여자아이에게는 부드러운 인형을 내밉니다. 피험자는 '나는 편견이 없고, 성별에 따라 차별하지 않는다'고 말했지만, 성별에 따라 장난감을 제공하는 자신의 모습을 보고는 화들짝 놀랍니다. 두 번째 영상은 EBS 다큐프라임 '인간의 두 얼굴'입니다. 백인과 동남아시아인 두 남성이 시내에서 길을 묻습니다. 사람들은 백인에게는 친절하게 대답해주지만, 동남아시아인의 질문에는 차갑게 응대하거나 무시하는 모습을 보입니다. 사람들은 인종차별을 하지 않는다고 말했지만, 동남아시아인은 1시간 넘도록 차가운 거리를 헤매야 했습니다.

이어서 책을 읽기 전에 했던 퀴즈의 정답을 발표합니다. 학생들이 국적을 예상했던 사람들은 모두 '한국인'입니다. 학생들은 이 퀴즈를 통해 자신의 편견이 깨지는 경험을 합니다. 자기도 모르게 편견을 가지고 있었다는 사실에 놀라지요. 이를 말미암아 우리가 가진 생각 중에 '편견'이 있는지 천천히 되돌아봅니다. 안경 쓴 사람은 공부를 잘한다, 뚱뚱한 사람은 많이 먹고 운동을 못한다, 남자는 눈물이 적고 여자는 미술을 잘한다, 동남아 사람은 가난하고 미국 사람은 부자다, 장애인은 도움이 필요하다, 몸을 쓰는 노동자는 공부를 못한다…. 외모, 성별, 인종, 장애, 나이, 직업과 관련한 수많은 편견이 우리에게도 있다는 것을 깨닫고, 내 안의 편견을 직시하는 시간입니다.

평화로운 세상을 만들기 위해 우리가 할 수 있는 말과 행동은 무엇일까요? 손가락질하지 않기, 차가운 시선 보내지 않기, 사람을 비하하는 말 하지 않기, 다른 사람의 입장에서 생각하고 행동하기 등을 약속합니다. 오늘의 배움을 문장 만들기로 나눕니다. 서클 중앙에 센터피스로 이미지 프리즘을 놓습니다. 학생들은 자신의 배움을 나타낼 수 있는 이미지를 고르고, 편견을 깨는 문장을 만듭니다. 서클로 문장을 발표하고, 그 결과물을 사진과 함께 학교 곳곳에 전시하여 교실 구성원은 물론이고, 학교 구성원 전체가 편견과 차별에 대해 생각해 볼 수 있도록 합니다.

■ 이미지 프리즘으로 배움 나누기

보이는 수는 다르지만 나머지 주사위와 할 수 있는 것은 똑같습니다.

사람의 한 부분만 보고 판단하는 것, 그것이 편견입니다. 돋보기로 다른 사람을 바라보지 마세요.

우리 한 명, 한 명이 편견과 차별을 버린다면 누군가의 돌덩이처럼 힘든 마음이 가벼워집니다.

당신의 작은 행동, 누군가에게는 죽을 만큼 힘듭니다.

**회복적 질문, 이렇게 나눠보세요**

| 주제 질문 | - 이 사람이 평소 주변 사람에게서 많이 들을 것 같은 질문을 떠올려봅시다. 그리고 돌아가면서 질문을 하나씩 말해봅시다. 이미 나왔던 질문을 다시 해도 되고, 질문이 떠오르지 않으면 패스해도 좋습니다.<br>→ 베트남에서 온 외국인 노동자 : 잘 먹고 사니? 힘들지 않아? 돈은 있어? 돈 좀 줄까? 그 나라에서는 무슨 일해? 너희 나라로 언제 돌아가? 한국어 알아? 인종차별 당해봤니? 밥 잘 챙겨 먹니? 돈 많이 필요해? 한국 생활에 적응했니? 가족에게 돈은 얼마나 보내?<br>→ 탈북자(새터민) : 사람들 눈치 안 보여? 힘들지? 여기서 잘 지내? 말투가 왜 그래? 평양냉면 맛있어? 집 있어? 어떻게 빠져나왔어? 왜 왔어? 결정하기 힘들었지? 총 맞은 사람도 있어? 가족은 걱정 안 돼? '날래날래~' 이런 말 실제로 해? 땅굴 파봤어?<br>- '정체성 찾기' 활동에서 여러분이 했던 질문은 가짜가 아닙니다. 이런 질문과 시선 속에서 살아가는 수많은 사람이 있습니다. 우리에게는 활동이지만 그들에게는 현실이고 삶입니다. 여러분이 매일 이런 질문을 들으며 살아가야 한다면 어떨까요? |

- 장애인 : 251만 7천명, 전체 인구의 5% (2020 통계로 보는 장애인의 삶)
- 외국인 주민 : 221만 6,612명 (2019 지방자치단체 외국인 주민 현황)
- 탈북자 : 3만 3천명 이상 (2019 통일백서, 2019년 8월 기준)

4장 평화 감수성 키우기

| | |
|---|---|
| 주제 질문 | - (정체성을 맡은 학생에게) 질문을 계속 들으면서, 어떤 생각과 느낌이 들었나요? 그 사람이라면 어떤 마음일지 말해주세요.<br>→ 베트남에서 온 외국인 노동자 : '도대체 네가 뭔데 나를 평가하니?'라는 생각이 들어서 화가 나요. 밖으로 나가기가 싫을 것 같아요. 고향에 있는 가족이 생각날 것 같아요.<br>→ 탈북자 : 저를 놀리는 것 같아서 기분 나쁘고 불쾌해요. 밖에 나가면 북한 말투를 안 쓸 거예요. 탈북자인 걸 알고, 가족과 관련한 질문을 했을 때는 슬프고 속상했어요.<br>- (질문을 던진 친구) 활동을 하면서 어떤 생각과 기분이 들었나요?<br>→ 장애 관련한 질문만 계속 하니까 그 친구가 안쓰러웠어요. 질문을 하고 나니 미안했어요.<br>→ 외국에서 혼자 돈을 버는데, 그런 말을 들으면 가족이 있는 나라로 돌아가고 싶을 것 같아요.<br>→ 가만히 질문을 듣다 보니까, 사람을 놀리는 것 같다는 생각이 들었어요.<br>→ 궁금해서 한 질문이긴 한데, 그런 말을 들으면 기분이 나쁘고 속상할 것 같아요.<br>- 편견과 차별에 대해 이야기 나누기<br><br>• 편견 : 공정하지 못하고 한쪽으로 치우친 의견이나 <u>생각</u><br>• 차별 : 어떤 기준을 두어 대상을 구별하고 다르게 대우하는 것 (말·행동)<br><br>- 여러분은 편견을 가지고 있나요? 스스로 편견을 가지고 있다고 생각하는 친구는 손을 들어봅시다. 이제부터 영상을 감상하겠습니다.<br><br>• BBC 성차별 실험<br>  - Girl toys vs boy toys : https://youtu.be/vzIAcO92Ah4<br>• EBS 다큐프라임<br>  - 인간의 두 얼굴 : https://youtu.be/LJBESSlzJAI<br><br>→ (퀴즈 정답 발표) 모두 한국의 다문화 가정에서 태어나고 자란 '한국인'입니다.<br>→ 놀랍게도 스스로 편견이 없다고 했던 사람도 편견과 차별이 있었어요. 〈빨간 안경〉에서도 '이유 없이' 빨간 안경을 씌웠지요. 우리가 가지고 있는 편견에는 무엇이 있나요? |
| 실천 질문 | - 평화로운 세상을 위해 여러분이 할 수 있는 말이나 행동은 무엇인가요?<br>  실천을 다짐하며 약속해봅시다. |
| 배움 질문 | - 이미지 프리즘을 보고 여러분의 배움을 문장으로 표현해주세요.<br>  편견을 깰 수 있는 문장을 만들어도 좋습니다. |

## 4. 일상의 폭력을 감지하는 민감성 키우기
# 팀을 찾아라

### 이 책을 읽었어요

**이 선이 필요할까?**
(차재혁 글 / 최은영 그림 / 노란상상)

"이 선은 넘어오지 마!" 동생의 말에 소년은 궁금해집니다. '이 선은 누가 그어놓은 거지?' 소년은 선을 따라가며 모으기 시작합니다. 선은 교실, 공원, 회사, 마을, 심지어 세상 곳곳에 그어져 있습니다. 소년이 따라간 선의 끝에는 무엇이 있을까요? 과연 이 선이 필요할까요?

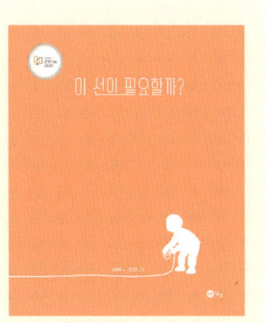

## 일상을 낯설게 바라보며 지금 여기서부터 평화를 실천합니다

영화 〈우리들〉은 아이들의 가위바위보 소리로 시작합니다. 운동장에 모인 아이들이 팀을 나누고 있습니다. 가위바위보에서 이긴 주장이 팀원이 될 친구들을 호명합니다. 카메라는 한 소녀를 비춥니다. 한 명 한 명 이름이 불리자, 어색한 미소를 짓던 소녀가 이내 눈치를 봅니다. 눈을 마주친 선생님에게 괜찮다는 듯 웃어 보이지만, 마지막까지 선택받지 못한 소녀의 마음이 괜찮을 리 없습니다. 만약 카메라 앵글이 즐거운 아이들 무리를 비췄다면 우리는 대수롭지 않게 이 장면을 지나쳤을 것입니다. 하지만 카메라는 친구들 사이에서 '소외'되는 한 소녀만을 응시합니다. 덕분에 우리는 이 장면을 낯설게 바라볼 수 있게 되고, 소녀를 제외한 모두가 팀을 나누며 즐거워하는 그 시간이 소녀에게는 '폭력과 아픔'의 시간일 수밖에 없다는 것을 알게 됩니다.

"현장 체험학습 가는 버스에서 원하는 사람이랑 앉게 해주세요." "수학여행 가서 친한 친구랑 잘래요." "저희끼리 팀 짤래요." 학교생활을 하다 보면 이런 순간들과 맞닥뜨립니다. 그때 '나는 어디에 끼어야 하지? 차라리 선생님이 짜주면 좋은데.' 눈치를 살피는 학생들이 보입니다. 여러분은 외롭게 남겨진 누군가를 보면 어떻게 행동하나요? 대부분 '내 일도 아닌데 어쩔 수 없지 뭐' 하고 그냥 내버려두지 않나요? 나와 상관없다는 생각에 다른 사람의 외로움과 아픔을 외면하고도 그게 문제라는 자각을 별로 못합니다. 평화는 일상생활 속에 스며들어 있는 이렇게 보이지 않는 폭력에 '불편함'을 느끼고, 혼자 있는 친구에게 먼저 손 내미는 것으로 시작합니다.

평화 감수성 훈련 '팀을 찾아라'[12]를 하면서 학생들에게 어떤 기준으로 팀을 나눴는지를 물어보면, 그동안 의식하지 못한 나와 남을 구분 짓는 '선'에 대해 알게 됩니다. 팀을 나누는 과정에서 홀로 남은 학생의 마음은 어땠을까요? 공동체에서 배제되는 순간 친구가 느낀 외로움과 고통을 마주합니다. 자신의 일상을 낯설게 바라보면 '눈에 보이지 않는 폭력'을 발견하는 민감성이 자극을 받습니다. 그리고 찬찬히 우리 삶을 들여다보면, 일상에 숨어든 폭력이 나, 너, 우리 모두에게 작용하고 있다는 걸 깨닫게 됩니다. 이렇게 일상에서 발견한 폭력 문제에 목소리를 내어야만 평화에 대한 공감대를 쌓고, 평화를 실천할 수 있습니다. 우리 교실에 그룹에 속하지 못하고 눈치를 살피는 친구, 토의 중에 다수 의견이 아니라서 움츠러드는 친구, 혐오 표현을 무감각하게 사용하는 친구가 없도록 함께 평화를 실천합니다.

**배움 목표** <이 선이 필요할까?>를 읽고, '팀을 찾아라'로 '폭력 민감성' 키우기

| 단계 | 회복적 활동 | 회복적 활동 과정 |
| --- | --- | --- |
| 1 | <이 선이 필요할까?> 함께 읽기 | - <이 선이 필요할까?> 함께 읽기<br>- '선'의 의미 살피기 |
| 2 | 평화 감수성 훈련 '팀을 찾아라' | - 평화 감수성 훈련 '팀을 찾아라' 활동하기 |

## 〈이 선이 필요할까?〉 함께 읽기

책을 180도로 활짝 펼쳐서 표지부터 살핍니다. 소년이 선을 잡고 있습니다. 선을 놓는 것 같기도 하고, 모으는 것 같기도 합니다. 〈이 선이 필요할까?〉에서 선은 무엇을 뜻할까요? 릴레이 서클로 모두가 자기 자리에서 '선' 하면 떠오르는 것을 이야기 나누며 호기심을 높입니다. 이 책은 글이 적고, 그림 비중이 높습니다. 따라서 그림을 천천히, 자세히 살펴보며 글을 읽습니다. 방에서 놀고 있는 두 형제 사이에 선이 그어져 있습니다. "이 선은 넘어오지 마! 형은 거기서만 놀아!" 동생의 말에 형은 의문을 갖습니다. '이 선은 누가 그어놓았지?' 소년은 선을 모으기 시작합니다. 선은 친구 사이에도 있고, 혼자 있는 사람, 연인과 가족 사이에도 있습니다. 잠시 책 읽기를 멈추고 선이 무엇을 의미하는지 생각해봅니다. 선은 친구와 친구가 아닌 사람을 구분하는 경계선 같기도 하고, 등 돌린 연인의 복잡한 마음을 나타내는 것 같기도 합니다. 이렇게 선에 주목하며 책을 읽습니다.

선은 학교, 회사, 마을, 국가, 전 세계로 확장합니다. 누가 선을 그었을까? 왜 선이 있는 걸까? 선은 어디까지 있을까? 의문을 품고 낯설게 바라봅니다. 장면마다 잠시 멈춰서, 무엇을 기준으로 선을 그었을지 예상해봅니다. 교실에서는 공부를 잘하는지 못하는지, 선생님 수업을 잘 듣는지 아닌지, 친한 친구인지 아닌지로 선을 그은 게 아닐까 짐작해봅니다. 회사에서는 일을 잘하는 사람과 그렇지 않은 사람, 인턴(비정규직)과 정규직, 사원·사장·회장(직위)에 따른 구분을 떠올려봅니다.

장소가 점점 확장하면서 선은 수백 명이 모인 군중 사이에 그어집니다. 이내 선은 가시가 돋친 철조망으로 바뀌고, 전쟁까지 벌어집니다. 그때 소년의 반대쪽에서 선을 줍는 할머니가 보입니다. 선을 모으던 소년과 할머니가 만납니다. "이 선은 누가 계속 그어놓는 거예요?" "글쎄, 잘 모르겠네. 하지만 이 선이 꼭 필요할까?" 할머니의 대사를 학생들에게 그대로 되묻습니다. "이 선이 필요할까요?" 학생들은 '필요하지 않다'고 외칩니다. 선 때문에 갈등과 다툼, 전쟁까지 생기고 세상이 '평화롭지 않기' 때문입니다. 너와 나를 구분하던 선은 쓰레기통에 버려집니다.

마지막 장에는 아이, 남성과 여성, 장애인, 임산부, 할머니, 흑인 학생, 대통령, 강아지, 외계인까지 등장합니다. 그들은 마구 엉켜 있는 색색의 선을 잡고 있습니다. 가만히 그 선을 따라가다 보면 누군가를 만납니다. 여태까지의 선이 사람을 구분했다면, 이번에는 선이 서로를 '연결'합니다. 물론 선은 마구 뒤엉켜 있어서 서로 연결되기까지 많은 에너지가 필요할 것 같습니다. 하지만 끊어내지 않는 한 새로운 만남과 연대가 이뤄질 것입니다. 이 장면에서 잠시 멈춰 모든 사람이 평화롭게 살아가는 세상은 어떤 모습일지 묻습니다. "노인도 일자리를 가질 수 있어요." "교사와 학생이 서로 존중해요." "한국인이라는 것과 피부색이 상관없는 것처럼, 편견과 차별이 없는 세상이에요." "남한과 북한이라는 국가보다 더 소중한 가치가 있어요." 표현은 제각각이지만 학생들의 대답에는 사회적 약자에 대한 이해, 나이와 직위를 넘어선 존중, 인종과 사상을 넘어선 화합 등 평화를 향한 길이 담겨 있습니다. 〈이 선이 필요할까?〉에서 '버려야 할 선'은 '편견과 차별을 품은 선'입니다. 반대로 소년과 할머니를 만나게 해주는 '연결과 연대의 선'은 우리에게 절실히 필요합니다. 지금 우리 교실에는 어떤 선들이 있을까요?

**회복적 질문, 이렇게 나눠보세요**

| | |
|---|---|
| 여는 질문 | - (표지) '선' 하면 무엇이 떠오르나요?<br>- (7~18쪽) 어떤 상황일까요? 이 장면에서 '선'은 어떤 의미가 있나요? |
| 주제 질문 | - (19~36쪽) 무슨 기준으로 선을 그었을까요?<br>- (31쪽) 선에 가시가 생긴 이유는 무엇일까요?<br>- (40쪽) 선을 쓰레기통에 버렸습니다. 어떤 의미가 있을까요?<br>- (41쪽) 선으로 연결되어 있네요.<br>　모두가 평화롭게 살아가는 세상은 어떤 모습일까요? |

## 평화 감수성 훈련 '팀을 찾아라'

'팀을 찾아라'는 일상에 숨어 있는 폭력을 감지하는 '민감성'을 키우는 활동입니다. 이 활동에서 각자 어떤 기준으로 팀을 나눴는지를 이야기하며, 팀에 소속되지 못한 친구의 마음을 직면합니다. 그리고 자신의 삶을 되돌아보며 '편 가르기'에 담긴 폭력 때문에 마음이 불편했던 경험을 드러냅니다. 일상 속에 스며들어 있는 폭력을 자각하고, 문제의식을 느껴봅니다.

| 팀을 찾아라 |
|---|

**준비물 : 4가지 색의 스티커(파랑, 빨강, 초록, 노랑)**
* 유의사항 : 활동에 신체적 접속이 있음을 미리 알리고, 동의를 받아 실시한다.
* 서클로 둘러앉은 상태에서 활동한다.
① 눈을 감은 학생의 얼굴에 파랑, 빨강, 초록, 노란색 스티커를 붙인다.
   - 스티커는 이마, 볼, 턱 등 위치에 상관없이 얼굴에 붙인다.
   - 한 명에게만 노란 스티커를 붙이고, 남은 인원을 나눠 파란색, 빨간색, 초록색 스티커를 붙인다.
   - 노란 스티커를 붙일 학생은 평소 학급 구성원과 두루 잘 어울리는 사람으로 정한다.
② 눈을 감은 상태에서 활동을 안내한다.
   "지금부터 여러분은 말을 할 수 없습니다. 지금부터 눈을 뜨고 자신의 팀을 찾아주세요. 같은 팀끼리 모여 어깨동무를 해주세요."
③ 팀을 다 찾으면 서로의 모습을 바라보도록 한다.
   - 상황을 살펴 활동 시간을 안내할 수 있다. (예) 이제 팀을 찾을 시간이 30초 남았습니다.
④ 주제 질문과 배움 질문을 나눈다.

활동을 안내받은 학생들이 눈을 뜹니다. 친구들의 얼굴을 확인한 학생들은 정답을 알겠다는 듯 자신만만하게 팀을 찾습니다. 같은 색 스티커를 가진 학생끼리 모이기 시작합니다. 다른 색 스티커를 붙인 친구가 다가오면 '넌 우리 팀이 아니야'라는 의미를 담은 X자 표시를 하거나 다른 방향을 가리킵니다. 노란 스티커를 붙인 학생이 친구들에게 다가가지만 다른 데로 가라는 신호만 받습니다. 학생에게서 당혹스러움과 난처함이 묻어납니다. 활동 시간이 끝나자 파란색 팀과 빨간색 팀, 초록색 팀 그리고 홀로 서 있는 노란색 학생이 남습니다. 팀이 없는 노란색 학생에게 다가가 묻습니다.

"혼자만 팀이 없는데, 어떤 생각과 마음이 들었나요?"
"너무 당황스럽고 슬프고 속상해요. 투명인간이 된 것 같았어요."

"다른 친구들이 어떻게 해줬으면 좋겠다고 생각했나요?"
"친구가 제 옆에 있었으면 좋겠다고 생각했어요. 저를 팀에 넣어줬으면 좋겠어요."

방금까지 즐겁게 팀을 찾던 학생들의 얼굴에서 웃음기가 사라집니다. 이제 자기 자리로 돌아가 어떻게 팀을 찾았는지 이야기합니다. 눈을 뜨니 스티커가 보여서 스티커로 팀을 찾았다, 친구랑 팀을 하고 싶었는데 다른 친구가 끌고 갔다, 자기 팀을 찾느라 노란색 친구를 혼자 둬서 미안하다는 이야기들이 나옵니다.

"선생님은 '팀을 찾으세요'라고 했지, 색을 기준으로 팀을 찾으라고는 하지 않았습니다. 그런데 여러분은 색을 기준으로 팀을 나누었네요." 학생들에게서 '아~' 하는 탄식이 흘러나옵니다. 누구와도 팀이 될 수 있었지만, 마치 약속이라도 한 듯 모두가 색을 기준으로 팀을 나눴으니까요. 이제 자신의 삶에서 나·너, 우리·너희로 구분했던 경험을 떠올립니다. 성별, 나이, 키 등으로 구분했던 경험이 가득합니다. 혹시 그 구분 속에서 마음이 불편했던 적이 있는지 묻습니다.

"여자애가 왜 남자애들이랑 노느냐고 했을 때요."
"카페에 갔는데, 2층부터는 노 키즈 존이라고 1층에만 있으라고 했을 때요."
"농구할 때, 키 큰 사람이 좋다고 저한테 다른 팀으로 가라고 했을 때요."

"친구랑 이야기하고 있는데, 지나가던 어른이 저한테 '어린 게 뭘 아느냐'고 했을 때요."

마음이 불편하고, '이건 아닌데'라고 느꼈음에도 그냥 지나쳤던 일들이 봇물 터지듯 나옵니다. 일상에 숨어 있던 폭력을 발견하고, 그때 느낀 불편한 마음을 밖으로 드러냅니다. '다름에 대한 존중' 없이 구분하고 편을 가를 때 폭력이 시작됩니다. 사소한 말과 행동이 상대에게는 잊히지 않는 상처로 남기도 하지요. 그렇다면 누구나 행복하고 평화롭게 살아가기 위해 우리가 할 수 있는 말과 행동에는 무엇이 있을까요? 평화를 위해 일상에서 할 수 있는 것을 찾습니다. 혼자 있는 친구에게 먼저 말 걸기, 편견 갖지 않기, 친구가 다른 사람에 대해 함부로 말하거나 행동하면 말리기 등을 약속합니다. 한 학생은 '팀을 찾아라'를 할 때 노란 스티커 친구와 함께 있었는데 다른 친구들을 따라간 것이 후회스럽다고 말하며, 앞으로는 다른 사람이 뭐라고 해도 홀로 있는 친구와 함께 있겠다고 다짐합니다. 아주 작은 출발점이지만, 지금 여기서 시작하는 한 사람 한 사람의 말과 행동으로 평화가 싹틉니다.

**회복적 질문, 이렇게 나눠보세요**

| | |
|---|---|
| 주제 질문 | - 지금부터 여러분은 말을 할 수 없습니다. 눈을 뜨고 자신의 팀을 찾아보세요. 팀을 찾으면 어깨동무(팔짱)를 해주세요.<br>- (팀이 없는 학생) 팀에 속하지 못했을 때, 어떤 생각과 마음이 들었나요? 다른 친구들이 어떻게 해줬으면 좋겠다고 생각했나요?<br>- (팀을 이룬 학생) 어떻게 팀을 찾았나요? 그렇게 한 이유는 무엇인가요?<br>→ 선생님은 "팀을 찾으세요"라고 말했어요. 색으로 팀을 찾으라고 말하지 않았습니다.<br>- 살아가면서 나, 너 혹은 우리, 너희로 구분하며 편을 나눠본 경험이 있나요?<br>- 혹시 그 '구분' 속에서 마음이 불편했던 적이 있나요?<br>→ 내가 남과 '다른 것'은 당연한 일입니다. 하지만 '다름'에 대한 '존중' 없이 서로를 구분하고 편을 나누면 편견과 차별이라는 폭력이 일어날 수도 있습니다. |
| 실천 질문 | - 누구나 행복하고 평화롭게 살기 위해 여러분이 할 수 있는 말과 행동에는 무엇이 있나요? 일상에서 실천할 수 있는 것을 한 가지씩 약속해봅시다. |
| 배움 질문 | - 활동을 하면서 들었던 생각과 느낌, 배움을 이야기해주세요. |

 닫는 글

# 꽃피어야만 하는 것은, 꽃핀다

〈그림책으로 펼치는 회복적 생활교육〉 어떻게 읽으셨나요? 저는 가슴이 두근거립니다. 회복적 생활교육에 관심을 가지고 이 책을 읽어주셔서 고맙고, 우리 아이들의 이야기, 수업 이야기, 살아가는 이야기를 함께 나눌 그날이 기다려져서요. "회복적 학급살이 좀 들려주세요." 시작은 옆 반 선생님과 같은 학교 선생님들이었습니다. 그러한 나눔이 점점 확대해서 회복적 생활교육에 관심을 가진 다양한 지역의 선생님들과 학부모님들까지 뵙게 되었습니다. 그때마다 비슷한 질문을 받았습니다.

"회복적 생활교육, 듣기는 좋은데 교실에서 실제로 할 수 있나요? 어떻게 하는 건지 감이 안 와요."
"선생님은 학생들과 어떻게 하세요? 구체적으로 어떻게 실천했는지가 궁금해요."

"사실 시간이 별로 없잖아요. 선생님은 그 많은 이야기를 무슨 시간에, 어떻게 다 나누세요?"

많은 분들이 회복적 가치가 교실에서 어떤 모습으로 그려지고 있는지를 알고 싶어 했습니다. 그러고 보니 회복적 생활교육의 '철학'과 관련한 책은 많은데, '한 학급에서 지속적으로 실천하며 공동체를 만들어나간' 책은 없었습니다. 우리 교사들이 정말 궁금해하는 내용인데도 말입니다. 그래서 저는 학생들과 제가 주고받은 한마디까지 담고자 노력했습니다. 아 이런 모습이구나, 그림책을 읽고 이런 이야기를 나누는구나, 회복적 학급은 이렇게 만들어지는구나, 하는 것을 책을 통해 직접 실감하면서 선생님들이 실천할 만한 단서를 제공할 수 있기를 기대했습니다.

다만, 한 가지 당부드리고 싶습니다. 회복적 생활교육은 학생들이 좋은 말과 행동을 하게 하는 기술이나 방법이 아닙니다. '회복적 생활교육을 실천한다'는 것은 교사와 학생들이 함께 쌓아올린 '회복적 문화로 살아가는 것'입니다. 수업은 물론이고 학급 환경과 일상에 존중·책임·관계·공동체라는 회복적 가치가 녹아 있어야 합니다. 그러니 회복적 생활교육을 '방법론적'으로만 접근하지 마시고, 그 철학과 방향에 대해 깊이 생각해보셨으면 합니다. 우리는 끊임없는 실천과 시행착오 속에서 교사로 다시 태어납니다. 이 책을 자양분 삼아 이거 한 번, 저거 한 번 시도해보면서 선생님만의 길을, 새로운 빛깔을 찾아보시기 바랍니다.

회복적 생활교육을 실천하는 과정이 결코 쉽지만은 않았습니다. 스쳐 지나갈 수 있는 한 아이를 깊이 있게 들여다보고 끊임없이 소통해야 하고, 몇 분이면 처리할 수 있는 일이 몇 시간으로 늘어나기도 했으니까요. 때로는 교실 밖에서 상처를 받기도 했습니다. 우리는 연결보다 단절을, 회복보다 응보를 중요하게 여기는 시대를 살아가고 있으니까요. '교육자로서 옳다고 생각하는 길'과 '교사로서 평탄한 길'은 다를 수 있기에, 고백하건데 제게도 눈물 나는 일이 여러 번 있었습니다. 그간의 노력이 헛되게 느껴지는 순간을 마주하고 흔들리기도 했습니다. 그래도 꽃 피어야 할 것은 결국 꽃 핀다는 진리를 믿습니다.

회복적 생활교육을 실천하는 모든 선생님이 외롭지 않기를, 선생님 곁에 같은 길을 걷는 선생님들이 많다는 것을 늘 기억하셨으면 좋겠습니다. 무엇보다 존중·관계·책임의 가치 속에서 공동체로 살아본 아이들은 언제고 그 싹을 틔어낼 것이라고 확신합니다. 회복적 생활교육을 함께하는 모든 선생님을 지지하고 응원합니다.

황진희 드림

* 류시화 엮음, 〈마음 챙김의 시〉(수오서재), 라이너 쿤체의 '녹슨 빛깔 이파리의 알펜로제'에 나오는 문장입니다.

# 주

19쪽
1 이재영·정용진, 〈회복적 정의 이해와 실천 I 통합과정 워크북〉, 피스빌딩, 2019, p.122

22쪽
2 이재영, 〈회복적 정의, 세상을 치유하다〉, 피스빌딩, 2020, p.230

28쪽
3 이재영, 〈회복적 정의, 세상을 치유하다〉, 피스빌딩, 2020, p.228

29쪽
4 이재영·정용진, 〈회복적 정의 이해와 실천 I 통합과정 워크북〉, 피스빌딩, 2019, p.144~145

30쪽
5 이재영·정용진, 〈회복적 정의 이해와 실천 I 통합과정 워크북〉, 피스빌딩, 2019, p.45~46

38쪽
6 정진, 〈회복적 생활교육 학급운영 가이드북〉, 피스빌딩, 2016, p.177

41쪽
7 이재영·정용진, 〈회복적 정의 이해와 실천 I 통합과정 워크북〉, 피스빌딩, 2019, p.238

97쪽
8 정진, 〈회복적 생활교육 학급운영 가이드북〉, 피스빌딩, 2016, p.146

114쪽
9 이재영·정용진, 〈회복적 정의 이해와 실천 I 통합과정 워크북〉, 피스빌딩, 2019, p.199~207

292쪽
10 Thomas & Kilmann 갈등 관리 유형

298쪽
11 한국평화교육훈련원·경기도청소년상담복지센터, 〈회복적 정의 패러다임에 기초한 청소년 갈등전환 프로그램 둥글게 만나기〉, 2015, p.43

321쪽
12 한국평화교육훈련원·경기도청소년상담복지센터, 〈회복적 정의 패러다임에 기초한 청소년 갈등전환 프로그램 둥글게 만나기〉, 2015, p.66

## 참고 문헌 및 자료

- 경남교육청 민주시민교육과, 회복적 생활교육 조정자 과정 연수, 2021
- 경남교육연수원, 회복적 생활교육 조정자 과정 연수, 2020
- 경남교육청 민주시민교육과, 회복적 생활교육 연수, 2020
- 김해교육지원청, 회복적 생활교육 조정자 과정 연수, 2019
- 경남교육청 학생생활과, 과정별 회복적 생활교육 심화 과정 연수, 2018
- 김해교육청, 회복적 생활교육 RD2 기본 과정 연수, 2017
- 경남교육연수원, 평화로운 학교 공동체를 위한 회복적 생활교육 연수, 2017
- 경상남도교육연수원, 회복적 생활교육 RD1으로 마을 교육 공동체 만들기 연수, 2017
- 경남교육청, 회복적 생활교육 연수, 2016
- 한국평화교육훈련원, 김해봉황초등학교, 회복적 학교 연수, 2017~2020

- 네이선 메이드너·브래드 와인스타인, 〈오늘부터 시작하는 회복적 생활교육〉, 우리학교, 2020
- 박숙영, 〈회복적 생활교육을 만나다〉, 좋은교사, 2014
- 비벡 H. 머시, 〈우리는 다시 연결되어야 한다〉, 한국경제신문, 2020
- 이재영, 〈회복적 정의, 세상을 치유하다〉, 피스빌딩, 2020
- 이재영·정용진, 〈회복적 정의 이해와 실천 I 통합과정 워크북〉, 피스빌딩, 2019
- 정진, 〈회복적 생활교육 학급운영 가이드북〉, 피스빌딩, 2016
- 조세핀 킴, 〈교실 속 자존감〉, 비전과리더십, 2014
- 캐롤린 보이스 – 왓슨·케이 프라니스, 〈서클로 나아가기〉, 대장간, 2018
- 한국평화교육훈련원, 갈등을 넘어 함께 만들어가는 평화 연수 자료집
- 한국평화교육훈련원·경기도청소년상담복지센터, 〈회복적 정의 패러다임에 기초한 청소년 갈등 전환 프로그램 둥글게 만나기〉, 2015

- BBC Stories – Girl toys vs boy toys : The experiment
- EBS 다큐프라임 – 인간의 두 얼굴

* 미처 밝히지 못한 자료가 있다면 양해 부탁드립니다. 문제 시 연락 주시면 알맞은 조치를 취하겠습니다.

• 교육과실천이 펴낸 책들 •

### 교사의 시선
**김태현 지음**

'교사의 시선'으로 교사가 매일 경험하는 일상, 그 보통의 하루가 가지는 가치를 깊이 들여다본다. 시선, 심미안, 메시지, 커뮤니티, 콘텐츠, 디자인으로 교사의 삶을 만나보자. 그리고 교사이기 이전에 한 인간으로서 겪어야 하는 보편적인 고통에 대해서도 생각해본다.

### 지랄발광 사춘기, 흔들리는 사십춘기
**김지영, 김신실 지음**

아이의 성장을 응원하고 자기만의 색을 찾아가는 엄마들을 위한 따뜻한 관계심리학.
전문상담교사이자 상담심리전문가인 두 저자가 아이와 함께 읽던 그림책을 통해 나를 지키며 아이와 공감하는 최고의 비법을 알려준다.

### 초등 그림책 수업
**그림책사랑교사모임 지음**

한 해의 주제 수업을 고민하는 교사들에게 그림책으로 주제 수업을 열어 보기를 제안한다. 주제에 꼭 맞는 그림책을 세심하게 정하여, 그림책을 함께 읽고 창의적인 체험 활동을 한 27개의 수업 사례를 소개한다.

### 14가지 빛깔의 그림책 수업
**그림책사랑교사모임 지음**

교실에서 시도한 14가지의 활동 수업을 차시에 따라 자세히 소개한다. 창작 수업부터 온라인 협력 수업까지 다양한 활동 속에서 즐겁고 자연스럽게 배움이 일어나는, 새롭고 도전적인 수업 방법들을 알려 준다.

### 그림책 성교육
**김경란, 신석희 지음**

성교육의 중요성과 필요성은 누구나 공감하지만, 다양한 가치관 앞에서 무엇을 어떻게 가르쳐야 할지 고민이 생기고, 수업으로 이어지기까지 망설여지기도 한다. 그림책을 통해 '성교육'을 편안하고 친근하게 접근할 수 있게 안내한다.

### 그림책 생각놀이
**그림책사랑교사모임 지음**

단순히 정보를 떠올리는 기억 놀이에서부터 정보를 조합해 새로운 가치를 만들어내는 창의 놀이까지 그림책을 처음 접하는 사람도 쉽게 이해 하고 활용할 수 있도록 친절하게 안내한다.

### 그림책 토론
**권현숙, 김민경, 김준호, 백지원, 조승연, 조형옥 지음**

누구나 쉽고 재미있게 생각과 감정을 나눔으로써 토론이 재밌어지고, 수업이 즐거워진다. 책 선정에서 읽는 방법, 실제 수업까지 그림책으로 토론해보고 싶은 교사를 위한 친절한 가이드

## 그림책, 교사의 삶으로 다가오다

김준호 지음

삶에 지쳐 힘들 때 그림책을 펼쳐보자. 그림책은 삶에 지친 우리의 마음에 지금 충분히 잘하고 있다고, 억지로 무엇을 더 할 필요가 없다고 위로와 위안을 건네줄 것이다.

## 리질리언스 : 다시 일어서는 힘

천경호 지음

현직 교사인 저자는 '어떻게 하면 아이들이 역경을 성장의 밑거름으로 삼도록 도울 수 있는지', 아이들에게 리질리언스를 키워주려면 가정과 사회가 어떤 노력을 해야 하는지 이야기한다.

## 격려수업, 격려수업 워크북

김성환 옮김

새로운 사람처럼 생각하고 느끼고 행동하게 하는 아들러 심리학에 기반한 8주간의 '격려 상담'. 당신이 겪고 있는 문제와 관련된 정보를 찾고 그로부터 그 문제를 해결하도록 돕는다.

## 예술, 교육에 스며들다

이다정 지음

우리 교육이 동일한 것으로 환원하는 것에서 벗어나 차이를 생성하고, 고정된 틀을 벗어나 상상하고, 자신만의 철학과 이야기를 다양한 감각을 통해 공유하기 위해서는 어떻게 해야 할까? 그 해답의 하나로 저자는 교육 전반에 예술이 스며들어야 가능할 것이라고 이야기한다.

## 포노 사피엔스를 위한 진로 교육

김덕년, 유미라, 허은숙 지음

아이들이 행복한 진로 교육이란 바로 가치의 경중을 따지지 않는 진로 교육이다. 쓸모가 있건 없건 생명이 있는 존재는 모두 소중하다. 이 책은 이런 소중한 생명들에게 어른들이 해주어야 하는 진로 교육은 무엇인지를 논한다.

## 제라드의 우주쉼터

제인 넬슨 지음, 빌 쇼어 그림, 김성환 옮김

'긍정의 훈육'의 창시자인 제인 넬슨은 이 책에서 아이 스스로 감정을 조절할 수 있는 '긍정의 타임아웃'이 무엇인지, 이 공간을 활용하여 어떻게 자기감정을 조절할 수 있는지 알려준다.

## 소피아의 화를 푸는 방법

제인 넬슨 지음, 빌 쇼어 그림 | 김성환 옮김

'긍정의 훈육' 창시자 제인 넬슨은 이 책에서 화가 나 엉킨 마음을 자신이 선택한 방법으로 풀어내게 함으로써 다른 사람에게 해를 끼치지 않고 화를 건강하고 안전하게 풀어내는 방법을 알려준다.

# 초등독서수업 끝판왕

## 전6권

학생들에게 있어 독서 능력은 변화하는 미래 세계에 잘 적응하고 대처할 수 있는 기초 체력입니다. 학습의 튼튼한 기초 체력은 꾸준한 독서 습관, 생각하는 힘, 함께하는 즐거운 책 읽기가 어우러질 때 비로소 완성됩니다. 이 책에서 이 3가지 모두를 조화롭게 경험할 수 있습니다.

각 독서협회 및 기관이 선정한 수상 도서와 추천도서 엄선
학년별 특성에 맞는 다양한 활동과 바로 뽑아 쓰는 '독서 활동지'
하브루타, 온 작품 읽기, 한 학기 한 권 읽기 만능 가이드

초등독서수업 끝판왕 · 1학년 | 228쪽 | 15,000원
초등독서수업 끝판왕 · 2학년 | 228쪽 | 15,000원
초등독서수업 끝판왕 · 3학년 | 220쪽 | 15,000원
초등독서수업 끝판왕 · 4학년 | 224쪽 | 15,000원
초등독서수업 끝판왕 · 5학년 | 256쪽 | 16,000원
초등독서수업 끝판왕 · 6학년 | 288쪽 | 17,000원